商务馆 语言学教材书系

当代语义学教程

A Course in
Contemporary Semantics

熊仲儒 编著

U0431420

商务印书馆
创于1897 The Commercial Press

本书出版受北京市支持中央在京高校共建项目资助

目　录

前　言 ⋯⋯⋯⋯⋯⋯⋯⋯⋯⋯⋯⋯⋯⋯⋯⋯⋯⋯⋯⋯ 1

零　绪论 ⋯⋯⋯⋯⋯⋯⋯⋯⋯⋯⋯⋯⋯⋯⋯⋯⋯⋯ **30**

1. 描述语义关系 ⋯⋯⋯⋯⋯⋯⋯⋯⋯⋯⋯⋯⋯⋯⋯ 30

2. 预测各种歧义 ⋯⋯⋯⋯⋯⋯⋯⋯⋯⋯⋯⋯⋯⋯ 34

3. 建构语义规则 ⋯⋯⋯⋯⋯⋯⋯⋯⋯⋯⋯⋯⋯⋯ 36

推荐阅读 ⋯⋯⋯⋯⋯⋯⋯⋯⋯⋯⋯⋯⋯⋯⋯⋯⋯ 38

练习 ⋯⋯⋯⋯⋯⋯⋯⋯⋯⋯⋯⋯⋯⋯⋯⋯⋯⋯⋯ 39

第一章　语义类 ⋯⋯⋯⋯⋯⋯⋯⋯⋯⋯⋯⋯⋯ **47**

1. 语义类的定义 ⋯⋯⋯⋯⋯⋯⋯⋯⋯⋯⋯⋯⋯⋯ 47

2. 动词性成分的语义类 ⋯⋯⋯⋯⋯⋯⋯⋯⋯⋯ 52

3. 名词性成分的语义类 ⋯⋯⋯⋯⋯⋯⋯⋯⋯⋯ 56

　3.1　普通名词的语义类 ⋯⋯⋯⋯⋯⋯⋯⋯ 57

　3.2　量化短语的语义类 ⋯⋯⋯⋯⋯⋯⋯⋯ 60

　3.3　限定词的语义类 ⋯⋯⋯⋯⋯⋯⋯⋯⋯ 62

4. 本章结语 ⋯⋯⋯⋯⋯⋯⋯⋯⋯⋯⋯⋯⋯⋯⋯ 63

练习 ⋯⋯⋯⋯⋯⋯⋯⋯⋯⋯⋯⋯⋯⋯⋯⋯⋯⋯⋯ 64

第二章　语义表达式 ⋯⋯⋯⋯⋯⋯⋯⋯⋯⋯⋯ **67**

1. 语义的表达方式 ⋯⋯⋯⋯⋯⋯⋯⋯⋯⋯⋯⋯ 67

2. λ抽象与λ还原 ……………………………………… 70

  2.1　λ抽象 …………………………………………… 70

  2.2　λ还原 …………………………………………… 73

3. 义与类的对应性 …………………………………… 75

4. 本章结语 …………………………………………… 81

练习 …………………………………………………… 82

第三章　句子的语义 …………………………………… **88**

1. 部分规则系统 ……………………………………… 88

2. 简单句 ……………………………………………… 91

  2.1　不及物动词构成的简单句 ……………………… 91

  2.2　单及物动词构成的简单句 ……………………… 93

  2.3　双及物动词构成的简单句 ……………………… 95

3. 复合句 ……………………………………………… 98

  3.1　含否定词的复合句 ……………………………… 98

  3.2　含析取联结词的复合句 ………………………… 99

  3.3　含合取联结词的复合句 ………………………… 101

  3.4　含蕴涵联结词的复合句 ………………………… 107

  3.5　含等值联结词的复合句 ………………………… 110

4. 本章结语 …………………………………………… 111

练习 …………………………………………………… 111

第四章　量词理论 …………………………………… **114**

1. 基本量词 …………………………………………… 114

  1.1　全称量词 ………………………………………… 114

  1.2　存在量词 ………………………………………… 118

  1.3　限定词 …………………………………………… 121

2. 广义量词 …………………………………………… 125

3. 限定词的属性 ……………………………………… 133
　3.1 守恒性 …………………………………………… 133
　3.2 对称性 …………………………………………… 135
　3.3 单调性 …………………………………………… 138
4. 本章结语 …………………………………………… 144
推荐阅读 ……………………………………………… 145
练习 …………………………………………………… 146

第五章　成分提升 ……………………………………… **154**
1. 可解释性 …………………………………………… 154
2. 话题提升与被动提升 ……………………………… 156
　2.1 话题提升 ………………………………………… 156
　2.2 被动提升 ………………………………………… 164
3. 量化提升 …………………………………………… 166
　3.1 量化短语 ………………………………………… 166
　3.2 专有名词 ………………………………………… 168
　3.3 量化歧义 ………………………………………… 169
4. 定中结构 …………………………………………… 177
　4.1 形容词做定语 …………………………………… 177
　4.2 介词短语做定语 ………………………………… 180
　4.3 关系子句做定语 ………………………………… 181
5. 本章结语 …………………………………………… 186
推荐阅读 ……………………………………………… 187
练习 …………………………………………………… 187

第六章　谓词短语内部主语假设 ……………………… **197**
1. 动词短语内部主语假设 …………………………… 197

1.1 假设的提出 ·· 197

1.2 辖域歧义 ·· 200

1.3 专有名词 ·· 201

1.4 包含先行语的删除结构 ······················· 203

2. 介词短语内部主语假设 ····························· 208

2.1 介词短语内部无主语的情形 ·············· 208

2.2 介词短语内部有主语的情形 ·············· 210

3. 名词短语内部主语假设 ····························· 215

3.1 系词构成的句子 ································· 215

3.2 中心语为关系名词的名词短语 ·········· 218

3.3 中心语为绝对名词的名词短语 ·········· 223

4. 本章结语 ·· 226

推荐阅读 ·· 227

练习 ·· 227

第七章 约束理论 ·· **233**

1. 句法上的约束 ·· 233

1.1 约束三原则 ······································· 233

1.2 汉语中的"自己" ····························· 238

2. 语义上的约束 ·· 242

2.1 句法约束促使语义约束 ····················· 242

2.2 受约变量需要句法约束 ····················· 249

3. 语义解释 ·· 254

3.1 约束代词的专有名词 ························· 254

3.2 约束代词的量化短语 ························· 256

4. 本章结语 ·· 260

推荐阅读 ·· 261

练习 ·· 261

第八章　无定短语·················· **266**

　1. 无定短语的问题 ·················· 266

　2. 无定短语的解读 ·················· 269

　　2.1　插入存在量词 ·················· 269

　　2.2　由量化算子约束 ·················· 276

　　2.3　代词的先行语 ·················· 280

　3. 相关问题处理 ·················· 285

　　3.1　疑问代词 ·················· 285

　　3.2　"都" ·················· 294

　4. 本章结语 ·················· 300

　推荐阅读 ·················· 301

　练习 ·················· 302

第九章　焦点理论·················· **313**

　1. 弱跨越效应 ·················· 313

　2. 焦点句的语义 ·················· 315

　　2.1　焦点、预设集与预设 ·················· 315

　　2.2　焦点句的语义表达 ·················· 319

　3. 焦点敏感词 ·················· 324

　　3.1　否定词 ·················· 324

　　3.2　"只" ·················· 329

　　3.3　"都" ·················· 336

　4. 本章结语 ·················· 341

　推荐阅读 ·················· 342

　练习 ·················· 343

第十章　事件语义·················· **348**

　1. 事件论元 ·················· 348

2. 包含题元角色的语义计算 ·················· 352

  2.1　题元角色 ·························· 352

  2.2　量词理论 ·························· 359

3. 引进轻动词的语义计算 ·················· 364

  3.1　事件参与者的引进 ·················· 364

  3.2　轻动词的语义 ···················· 368

  3.3　题元角色的定义 ·················· 371

4. 本章结语 ·························· 374

推荐阅读 ···························· 375

练习 ······························ 375

附　录 ······························ **383**

主要的句法范畴标记及其语义类 ·············· 383

英汉译名对照表 ························ 384

后　记 ······························ **389**

前　言

　　语义学研究的是词、短语与句子的意义。语义的研究，经历了指称论、观念论、真值论等阶段。指称论认为词语是用来指称事物、为它命名的，所以，词语的意义就是它的所指对象。但有些词语虽然有意义，却没有指称对象，例如"玉皇大帝、王母娘娘"等。为弥补指称论的不足，人们提出了观念论。观念论认为意义是词语在说话者和听话者头脑中产生的形象或者观念。说词语的意义是形象，太具体，因为同一个词可以唤起不同的形象；说词语的意义是观念，又太笼统，因为观念本身是未知数，靠观念来确定意义，不过是用一个未知数代替另一个未知数。由于观念论说明不了意义，有些哲学家便试图另辟途径，确立词语与世界的联系，并认为语句的意义与命题的真假有关。这种观点称为真值论。在真值论基础上发展出来的语义学，叫真值条件语义学（Truth-conditional Semantics）；因为它采用的是逻辑学的形式方法，所以也称为逻辑语义学（Logical Semantics）或形式语义学（Formal Semantics）。真值条件语义学认为，了解一个句子的语义就是了解该句子的真值条件，即它在什么条件下真实反映世界上的情况。这里的"世界"，不一定指当时当地的现实世界，也可以指过去的、未来的、遥远的，甚至是幻想中的一切可能的世界。本书以逻辑语义学为基础，采用组合原则考察词、短语与句子的意义及各种意义的关系。章节内容、使用说明与教程目标如下：

一、章节内容

除绪论外，全书可以分为三个模块：前六章是一个模块，第七至第九章是一个模块，第十章是一个模块。这种分法是大致的，第一个模块跟名词性成分有关，第二个模块跟变量的约束有关，第三个模块跟动词有关。

第一个模块是谓词逻辑，是基础。它像句法学一样，也把语义学分成两个部分，一是词库，二是计算系统。词库部分包括词项的范畴与语义；计算系统包括终端节点规则、非分枝节点规则、函数运算规则、附加规则、变量赋值规则、并列规则、成分提升与谓词短语内部主语假设等。主要内容如下：

词库	范畴	第一章
	语义	第二章
计算系统	终端节点规则 非分枝节点规则 函数运算规则	第三章
		第四章
	成分提升	第五章
	附加规则	
	变量赋值规则	
	并列规则	
	谓词短语内部主语假设	第六章

第一章讲词项的语义类，但不限于词项，短语与句子也有语义类。语义类是以专有名词和句子为基础来进行设置和推导的，如专有名词的语义类为 e（e 是 entity 的首字母），句子的语义类为 t（t 是 truth 的首字母），然后由 e 与 t 推导其他成分的语义类。在语义类的推导中，先推导不及物动词与谓语的语义类，接着推导单及物动词的语义类，然后推导双及物动词的语义类。不及物

动词以及充当谓语的动词短语需要一个专有名词才能构成句子，所以它的语义类为 <e, t>，其中有一个 e；单及物动词需要一个专有名词才能构成谓语，需要两个专有名词才能构成句子，所以它的语义类为 <e, <e, t>>，其中有两个 e；双及物动词需要三个专有名词才能构成句子，所以它的语义类为 <e, <e, <e, t>>>，其中有三个 e。语义类的推导，是由专有名词与句子的语义类推出各种动词的语义类，然后再由动词和句子的语义类推导各种名词性成分的语义类，到最后，专有名词的语义类甚至可以不是 e，因为"贾宝玉"这个专有名词，既指谓"贾宝玉"这个个体，也指谓由一堆属性构成的集合。

语义类的重要作用是决定成分的合并与移位。不及物动词的语义类是 <e, t>，它的意思是说不及物动词需要一个语义类为 e 的成分跟它合并，它才会饱和（saturated）。例如：

（1）a. # 跑了。

b. 贾宝玉跑了。

c. * 贾宝玉跑了林黛玉。

例（1a）信息不完整，为不饱和现象。例（1b）信息完整，为饱和现象。饱和之后，就不能添加其他成分了，否则就会不合法，如例（1c）。所以，不及物动词为一元谓词，需要跟一个名词性成分合并。

及物动词的语义类是 <e, <e, t>>，它的意思是说及物动词需要两个语义类为 e 的成分跟它合并，它才会饱和。例如：

（2）a. # 贾宝玉喜欢。

b. # 喜欢林黛玉。

c. 贾宝玉喜欢林黛玉。

d. * 贾宝玉喜欢林黛玉给薛宝钗。

例（2a）与例（2b）都信息不完整，为不饱和现象。例（2c）信息完整，为饱和现象。饱和之后，就不能添加其他成分了，否则就会不合法，如例（2d）。所以，及物动词为二元谓词，需要跟两个名词性成分合并。

名词性成分和动词合并成短语或句子。跟语义类为 <e, <e, t>> 的动词合并的名词性成分，其语义类可以是 e，也可以不是 e。例如：

（3）a. 贾宝玉喜欢林黛玉。

b. 贾宝玉喜欢一个姑娘。

例（3a）中的"林黛玉"的语义类是 e，例（3b）中的"一个姑娘"的语义类不是 e，后者会跟"喜欢"的语义类不匹配，最终会逼迫着"一个姑娘"在语义层发生移位。这就是量化提升或移位现象。

语义类不仅决定着合并与移位，还决定着索引的引进与规则的应用，如为什么要引进索引，什么时候运用函数运算规则，什么时候运用并列规则（谓词修饰规则），等等。

第二章讲词项的语义表达式，但不限于词项，短语与句子也有语义表达式。词项有意义，比如说"喜欢"：

（4）喜欢：对人或事物有好感或感兴趣。

例（4）是《现代汉语词典》中的释义，它忽略了经验者，即忽略了"对人或事物有好感或感兴趣的人"。在语义表达式中，这个经验者一定要表达出来，并用算子进行约束。例如：

（5）喜欢：λx. λy. [y 对 x 有好感或感兴趣]

例（5）中的 y 代表经验者，x 代表对象。在"贾宝玉喜欢林黛玉"中，"贾宝玉"就是经验者，"林黛玉"就是对象，把它们代入到例（5）中就可以得到"贾宝玉喜欢林黛玉"的语义，如"贾宝玉对林黛玉有好感或感兴趣"。语义学中的语义表达式可参考词典中的解释，也可以更简单些，如例（5）也可以写作：

（6）a. ‖喜欢‖ = λx. λy.［y 喜欢 x］

　　　b. ‖喜欢‖ = λx. λy. 喜欢 (x)(y)

　　　c. ‖喜欢‖ ={<y, x>| y 喜欢 x}

例（6a）可读性强，例（6b）可读性弱。但语义计算的时候，人们通常采用例（6b），可以想象成一种区别，即把自然语言和逻辑语言区别开来。在例（6）中，x 代表对象，如"林黛玉"，y 代表经验者，如"贾宝玉"。词项有了语义表达式之后，短语、句子也就有了语义表达式。句子的语义表达式，就是句子所反映的命题为真的条件。例（6a—b）中的表达式为函数表达式，例（6c）中的表达式为集合表达式，采用的是谓词法。由句义，到短语义，到词义，可采用 λ 抽象运算；由词义，到短语义，到句义，可采用 λ 还原运算。

词项的语义表达式和词项的语义类之间有对应关系。在语法研究中，人们也想在词类与语义之间寻找对应性，如在名词跟事物、动词跟活动、形容词跟属性之间建立对应关系，这种对应关系能够帮助我们确定词类，虽然会有偏差。语义表达式与语义类之间的对应性，也会如此，在初学阶段可以把这种对应性看作一种方便，如由语义类确定语义表达式。

第三章是建立三大基本规则，并应用于简单句与复合句的语义计算。三大基本规则是终端节点规则、非分枝节点规则和函数运算规则，它们是根据句法结构建立的语义规则，反映着"规则对规则"的假设。"终端节点规则"，是说句法结构中词的意义来自于它在词库中的意义；"非分枝节点规则"，是说单分枝结构在意义上具有传递性，即将女儿节点的意义传递给母亲节点；

"函数运算规则"，是说双分枝结构在意义上具有组合性，即将两个女儿节点的意义通过 λ 还原的方式整合成母亲节点的意义。有了这三个语义规则，我们就可以根据句法结构，自底向上地计算出部分短语与部分句子的语义来。说是部分短语与部分句子，主要是因为名词性成分较复杂，它有可能造成语义类的不匹配，使计算难以进行。为展示语义规则的应用，我们在这一章涉及的名词只是语义类为 e 的专有名词，如包含专有名词的简单句与包含专有名词的复合句。简单句主要讲不及物动词、单及物动词与双及物动词构成的句子。例如：

（7）a. 贾宝玉哭了。

　　　b. 贾宝玉喜欢林黛玉。

　　　c. 贾宝玉送林黛玉《西厢记》。

例（7a）中的"哭"是不及物动词，例（7b）中的"喜欢"是单及物动词，例（7c）中的"送"是双及物动词。在这一章，不要举非专有名词的例子。例如：

（8）a. 所有的男孩都哭了。

　　　b. 有的男孩哭了。

（9）a. 贾宝玉喜欢一个女孩。

　　　b. 贾宝玉送了林黛玉一本书。

例（8）涉及量词，要到第四章学习；例（9）既涉及量词，又涉及语义类的不匹配，要到第五章学习。学习和教学都要逐步展开。

学习简单句，要熟悉结构的层次性和简单的句法学知识。学习复合句，主要是学习否定词、析取联结词、合取联结词、蕴涵联结词、等值联结词等真值联结词的语义类和语义表达式。能够熟练地运用三大基本规则也是本章的要求。

第四章是运用这三大基本规则计算包含量词的句子的语义，即量词理论。名词性成分很复杂，我们是一点一点地铺开，这一章涉及的名词性成分是主语位置上的各种名词性成分。首先讲基本的量词，例如：

（10）a. 每个男人都喜欢林黛玉。

　　　b. 有的男人喜欢林黛玉。

例（10a）中的"每个男人"与例（10b）中的"有的男人"并没有具体的所指，不像"林黛玉"，其中"每个"与"有的"可以借助于基本量词进行刻画。基本量词包括全称量词和存在量词。例（10a）与例（10b）可以分别刻画如下：

（11）a. $\forall x$［男人 $(x) \rightarrow$ 喜欢（林黛玉 $)(x)$］

　　　b. $\exists x$［男人 $(x) \wedge$ 喜欢（林黛玉 $)(x)$］

例（11a）是对例（10a）的刻画，它表示：对任一 x 而言，如果 x 是男人，则 x 喜欢林黛玉。例（11b）是对例（10b）的刻画，它表示：至少存在一个 x，x 是男人，并且 x 喜欢林黛玉。例（11）中还涉及蕴涵联结词与合取联结词。名词短语中含限定成分时，也可以借助存在量词、全称量词与蕴涵联结词、合取联结词进行刻画。例如：

（12）a. 这个男人喜欢林黛玉。

　　　b. $\exists x$［男人 $(x) \wedge \forall y$［男人 $(y) \rightarrow x=y$］$\wedge$ 喜欢（林黛玉 $)(x)$］

并非所有的名词短语都可以用存在量词与全称量词进行刻画，另外，例（11）这样的语义表达式也不自然，因为对应的自然语言如例（10）也并没有连词。为了更自然地刻画所有的名词短语，我们引入了广义量词理论。例如：

（13）a. 每个男人都喜欢林黛玉。

　　　　b. (每个′(男人′))(都喜欢林黛玉′)

　　　　c. 每个′(男人′)(都喜欢林黛玉′)

（14）a. 有的男人喜欢林黛玉。

　　　　b. (有的′(男人′))(喜欢林黛玉′)

　　　　c. 有的′(男人′)(喜欢林黛玉′)

（15）a. 大部分男人喜欢林黛玉。

　　　　b. (大部分′(男人′))(喜欢林黛玉′)

　　　　c. 大部分′(男人′)(喜欢林黛玉′)

在这里，广义量词有两部分，一部分是定语，一部分是中心语，定语部分被称为限定词或量化词（量词），中心语被称为限制部分。谓语部分被称为核心域。在句法上，定语和中心语组合；在语义上，限定词以限制部分为论元。在句法上，主语和谓语组合；在语义上，主语以谓语为论元。这种计算，符合语义类的匹配要求。像限定词的语义类为 $<<e, t>, <<e, t>, t>>$，它的中心语的语义类为 $<e, t>$，所以前者可以以后者为论元；主语位置的名词短语的语义类为 $<<e, t>, t>$，谓语的语义类为 $<e, t>$，所以主语可以以谓语为论元。例（13—15）中的 b 组采用的两两组合，为双分枝结构；c 组采用的是三分枝结构，形为"D(P)(Q)"，P 为 D 的左侧论元（左元），Q 为 D 的右侧论元（右元）。左元与右元都可以采用集合进行描述，如"男人"的语义为"男人"的集合，"喜欢林黛玉"的语义为"喜欢林黛玉"的人所构成的集合，限定词的语义被描述为集合关系的函数。"每个"的语义为"$\lambda P.\lambda Q.P \subseteq Q$"，P 包含于 Q，例（13a）的语义是"男人"的集合包含于"喜欢林黛玉"的集合。"有的"的语义为"$\lambda P.\lambda Q.P \cap Q \neq \varnothing$"，P 交于 Q，例（14a）的语义是"男人"的集合交于"喜欢林黛玉"的集合。"大部分"的语义为"$\lambda P.\lambda Q.|P \cap Q| > |P-Q|$"，例（15a）的直观意义是喜欢林黛玉的男人比不喜欢林

黛玉的男人多。广义量词理论采用的是集合论，在语义表达上更直观。

在广义量词理论中，限定词有一些属性，教材主要介绍了守恒性、对称性与单调性。守恒性是将 P 与 Q 的关系化为 P 与 P、Q 交集的关系，突出了限定词左元的重要性，在检验命题 D(P)(Q) 的真值时，可利用守恒性，对集合 P 以及集合 P 中和 Q 相交的部分进行研究即可，而不需要对集合 P 和集合 Q 的所有部分进行研究。比如说例（15a），现在只需要考虑"男人的集合"与"男人的集合"和"喜欢林黛玉的集合"的交集的关系，只要这个交集覆盖了"男人集合"的一半以上，就为真。

对称性，是考察 P、Q 交换位置之后，关系是否发生变化，关系不变就对称，关系改变就不对称，关系变不变就看同不同义。例如：

（16）a. 每个语言学家都是男人。

　　　b. 每个男人都是语言学家。

（17）a. 有的男人是语言学家。

　　　b. 有的语言学家是男人。

例（16）中的两个句子不同义，说明"每个"具有不对称性；例（17）中的两个句子同义，说明"有的"具有对称性。对称性会影响到名词短语的分布。

单调性，是根据左元或右元集合的扩大与缩小，考察两个句子之间的蕴涵关系。例如：

（18）a. 有的男人是语言学家。

　　　b. 有的人是语言学家。

（19）a. 所有的男人都是语言学家。

　　　b. 所有的人都是语言学家。

当左元的集合由"男人"扩大为"人"后，例（18a）可以蕴涵例（18b），例（19a）不能蕴涵例（19b），所以，"有的"是左元递增量词，"所有的"不是左元递增量词；当左元的集合由"人"缩小为"男人"后，例（18b）不能蕴涵例（18a），例（19b）可以蕴涵例（19a），所以，"有的"不是左元递减量词，"所有的"是左元递减量词。单调性可以限制广义量词的并列与决定"否定极性词"的分布。

第五章是对三大基本规则的扩充，其动因是有些双分枝结构出现语义类错配现象，无法运用"函数运算规则"，为了计算的顺利进行，采用成分提升与标注索引等手段，并引进附加规则、变量赋值规则；此外还引进了并列规则。第三章、第四章的句法结构很简单，采用的是生成语法的经典理论。从这一章开始，就需要采用 1980 年代之后的理论了，特别是以 C 为核心的 CP 结构。在教学的时候，需要引进一个功能核心，至于用什么标记，没有特别的规定。针对话题提升，可标记为 Top(ic)；针对量化提升，可标记为 Q(uantifier)，也可以标记为 C。学生有句法学基础，可告诉学生这是标句范畴 C；没有句法学基础，只需要告诉学生 C 是一种范畴标记，没有特别的含义。这一章所涉及的提升主要是话题提升、量化提升与关系化提升，也涉及被动提升，即话题化、量化、关系化与被动化。

话题提升，从语义计算来看，必须引进一个功能核心，教材标记为 Top，该功能核心起着谓词抽象的作用，即将对应于 S 的语义类 t 转化为 <e, t>，这样一来，它就可以顺利地跟语义类为 e 或 <<e, t>, t> 的话题进行语义计算。从语义表达式来讲，该功能核心引进一个索引"i"，该索引跟移到它指示语位置的话题的语迹索引相同。索引 i 要构成广义的 λ 算子，如"λg(i)"。让"λg(i)"像前缀一样附加于它的补足语之前，我们提出"附加规则"，让"λg(i)"约束语迹 t_i 引出的变量。为解释变量，我们提出"变量赋值规则"。例如：

（20）a. ... i ... t_i

　　　b. $\lambda g(i). \| ...t_i... \|^g$

　　　c. $\lambda x. [...x...]$

例（20a）是句法移位，引进索引，并留下语迹，语迹跟索引同标。例（20b）运用的是附加规则，例（20c）运用的是变量赋值规则，将索引转为变量。

被动提升，主要是演练话题提升中所提出的各种操作，如提升操作与引进索引操作，也是演练附加规则和变量赋值规则。英语中的被动操作要引进系动词，所以让系动词直接引进索引。

话题提升与被动提升，通过引进索引或者说功能核心，化解了句首成分的语义类错配现象。量化提升，则是通过移位，化解动词与宾语间的语义类错配现象，语义计算方式跟话题提升、被动提升相同，都要引进索引，都要运用附加规则与变量赋值规则。专有名词与非专有名词，都是广义量词，语义类都可以是 $<<e, t>, t>$，在宾语位置都可以通过量化提升进行语义计算。如果一个句子中有多个量化短语，在提升的时候可能会造成量化歧义。例如：

（21）Every boy loves a girl.

　　　a. [a girl] i [every boy loves t_i]

　　　b. [every boy] j [[a girl] i [t_j loves t_i]]

例（21a）表示量化短语 a girl 像话题一样进行量化提升，提升到比 every boy 更高的位置，所以 a girl 取宽域，表示特定的女孩。例（21b）表示量化短语 every boy 也像话题一样进一步提升，提升到比 a girl 更高的位置，这时候，a girl 取窄域，表示不同的女孩。也就是说，例（21）既可以表示"所有的男孩都喜欢某个特定的女孩"，也可以表示"所有的男孩都喜欢各自喜欢的一个女孩"。

为了讲解关系化提升，我们通过普通的定中结构引进并列规则。在定语和中心语的语义类都为 <e, t> 的时候，这个并列规则也叫谓词修饰规则，因为语义类为 <e, t> 的成分也叫谓词，它起着修饰的作用，所以叫谓词修饰。我们称并列规则，是因为语义表达式中有合取联结词，所针对的语义类也可以是 <e, t> 之外的其他非基本类。在此基础上，我们处理了关系化提升，假定关系子句中有算子提升，该算子的语义类为 <<e, t>, <e, t>>，一方面该语义类的算子为解决错配问题而不得不提升，另一方面使得所在定语的语义类为 <e, t>，可以方便运用并列规则进行语义计算。

第六章没有增加任何的规则，只是引进了谓词短语内部主语假设，它一方面可以尽量避免应用语义类的转换规则（type-shifting rule），另一方面也可以减少计算的复杂性。这一章的句法结构是 1980 年代后期的句法理论，采用的是如下句法构型：

（22）句法构型

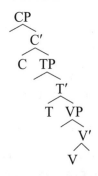

这是生成语法中句法结构的标准构型，它包括三层：以动词为核心的动词短语（VP），以时制范畴为核心的时制短语（TP），

以标句范畴为核心的标句短语（CP），分别被称为题元层、形态层和话语层。若学生没有句法学基础，也可以不作交代。本书是按照语义学本身的要求来安排句法结构的，如 C 主要是为了解决句首成分的语义类匹配问题，T 是为了引进索引以约束主语的语迹。

　　本章是从否定词导入的，在第三章，我们将否定词处理为副词，让它的语义类为 <<e, t>, <e, t>>。这种语义类不符合直觉，它应该是否定一个命题以得到一个新命题，所以语义类为 <t, t> 更合适。为此，我们引入动词短语内部主语假设，即假定主语在动词短语内部，这时候动词短语的语义类就不再是 <e, t>，而是 t。例如：

　　（23）a. 贾宝玉不喜欢林黛玉。

　　　　　b. 不（贾宝玉喜欢林黛玉）

　　　　　c. 不 [$_{VP}$ 贾宝玉喜欢林黛玉]

　　　　　d. [$_{TP}$ [贾宝玉] [$_{T'}$ [$_T$ i] [不 [$_{VP}$ t$_i$ 喜欢林黛玉]]]]

例（23b）是例（23a）的粗略诠释，也跟句法结构相对应，如例（23c）。但例（23c）不是自然语言，要得到自然语言，还必须让主语"贾宝玉"移到"不"的前面，为约束"贾宝玉"的语迹 t$_i$，语义上需要引入一个带索引 i 的功能核心，我们将这个功能核心标记为 T，如例（23d）。

　　有了动词短语内部主语假设之后，我们就可以重新考察辖域歧义。像例（21）中宾语位置的 a girl 的优势解读是取窄域，在之前的计算时，却需要多次量化提升：首先是为了语义类匹配，a girl 升到句首；接着为了得到窄域解读，主语 every boy 又需要再次提升。在采用动词短语内部主语假设之后，主语由动词短语内部提升是强制的，语义类为 <<e, t>, t> 的宾语，其提升也是强制的，只是后者的着陆点有两种可能：一是 TP 之上，并由此获得宽域解读；二是 VP 之上，并由此获得窄域解读。根据动词短语内部主语假设，我们还处理了专有名词的提升与包含先行语的删略结构。

动词短语内部主语假设，更概括的说法是，谓词短语内部主语假设，所以还存在介词短语内部主语假设与名词短语内部主语假设等。

第二个模块跟变量的约束相关，分别是约束理论、无定短语与焦点理论，这三部分的内容也可以看作三个独立的模块。这三部分既有相关性，也有独立性。相关性在于都涉及约束（binding）或照应（anaphora），代词、无定短语与焦点都可以引入变量，句子为了获得解释，就必须对这些变量进行约束；独立性在于理论策略可以完全不同。

第七章是约束理论，涉及的是单句内照应代词与代词的约束问题，它不仅要满足句法上的约束，也要满足语义上的约束。句法上的约束只要满足同标和成分统制关系。例如：

（24）NP_i … 自己 / 他 $_i$ …

例（24）中，NP 跟"自己 / 他"同标，并成分统制"自己 / 他"，所以 NP 约束"自己"与"他"。"自己"与"他"对约束还有一些个性化的要求，可参见约束原则 A 与约束原则 B。

语义上的约束需要经由索引才能得到，我们在第五章曾提到成分提升，提升的成分会留下一个有索引的语迹，如 t_i，该成分会提升到带相同索引 i 的功能核心的指示语位置。例如：

（25）a. $NP\ i$ … t_i …

　　　b. $\lambda x. [\ …\ x…\ ]\ (\alpha)$

例（25a）表达的是 NP 的提升，及相关索引；例（25b）是运用附加规则和变量赋值规则获得的结果，α 是 NP 的语义表达式。由例（25b）中的 λ 表达式可知，例（25a）中的索引 i 约束语迹 t_i。

在语义上，一个名词性短语 NP 要想约束其他成分，如"自己"或"他"，需要经由索引。例如：

（26）a. NP i … [t_i …自己 / 他 $_i$ …]

b. λx. […x … x …] (α)

例（26a）中，NP 在语义上约束"自己"与"他"，是通过索引 i 约束的，即 i 约束 NP 的语迹 t_i 的同时，又约束"自己"与"他"。

约束原则要求同时满足句法约束与语义约束。语义约束的前提是句法约束，如果违反句法约束，句子就会不合法，如弱跨越效应和强跨越效应。

索引不仅具有谓词抽象的作用，也有约束变量和解释语义约束的作用。约束还为谓词短语内部的主语提升提供了动因。宾语位置的成分提升是为了解决语义类的错配问题，主语位置的成分提升是为了解决潜在的约束问题。这使得第五章中的索引引进与第六章中的主语提升成了必要操作。

第八章是无定短语，涉及的是无定短语引入的变量的约束问题，也包括跨句中代词的约束问题或照应问题，后者跟第七章不同，第七章解决的是单句中代词的约束问题或照应问题。例如：

（27）a. 贾宝玉喜欢一个姑娘 $_i$，她 $_i$ 去了寺庙。

b.* 贾宝玉喜欢每个姑娘 $_i$，她 $_i$ 去了寺庙。

例（27a）中的"她"可以跟"一个姑娘"照应，例（27b）中的"她"不能跟"每个姑娘"照应。如果"一个姑娘"和"每个姑娘"都像之前一样处理作量化短语，例（27a）与例（27b）的对立就不太好解释。目前的话语表达理论（Discourse Representation Theory）认为像"一个姑娘"这样的无定短语，其本身并无固定的量化语力（quantificational force），其量化语力依语境而定。也就是说，无定短语不能处理为存在性量化短语了。

无定短语的作用在于引进新的话语指称，即变量，其引进的变量或由语境中的算子约束，或由插入的存在量词约束。语境引进的算子或所插入的存在量词不仅约束着无定短语引进的变量，也约束着无定短语所照应的代词。例如：

（28）a. $\exists_i$ 一个姑娘$_i$〔贾宝玉喜欢 t_i，她$_i$去了寺庙〕

　　　b. $\exists x.$ 姑娘 (x)〔喜欢 (x)(贾宝玉)，去寺庙 (x)〕

　　　c. $\exists x.$〔姑娘 (x)∧喜欢 (x)(贾宝玉)∧去寺庙 (x)〕

例（28a）插入一个存在量词，例（28b）用变量赋值规则将索引解释为变量，例（28c）是根据存在量词的论元具有合取关系和并列子句间的合取关系改写的。

（29）a. 如果一个小偷看见了一个驴子，他就偷它。

　　　b. 必然$_{ij}$〔一个小偷$_i$ 一个驴子$_j$ 如果 t_i 看见了 t_j〕，
　　　　 〔他$_i$就偷它$_j$〕

　　　c. $\forall x,y$〔小偷 (x), 驴子 (y), 看见 (y)(x)〕偷 (y)(x)

　　　d. $\forall x,y$〔小偷 (x)∧驴子 (y)∧看见 (y)(x)〕→偷 (y)(x)〕

例（29a）是个条件句，由语境提供必然算子，如例（29b），可诠释为全称量词，如例（29c）。如果谓词短语内部只留变量或常量，"一个小偷"与"一个驴子"都会移出，如例（29b）。索引可经由变量赋值规则进行诠释，如例（29c）。例（29d）是根据开放子句间的内部关系添加的合取联结词与蕴涵联结词。

　　这一章还处理疑问代词与"都"。疑问代词像无定短语一样引进变量，如"什么$_i$"为"东西 (x)"，"一个驴子$_i$"为"驴子 (x)"，这个变量是由无定成分移位所引出的索引带来的。"都"被处理为全称量词，"每个 NP"则被处理为无定短语。在之前的各章中，"都"被处理为隐义词，而"每个"被处理为全称量词。

第九章是焦点理论，也跟约束有关，焦点在移位后会引入索引，索引就是变量，变量就需要约束。为了突显焦点的移位，我们以弱跨越效应为例进行导入。例如：

（30）a. His$_i$ dog bit John$_i$.

b. *His$_i$ dog bit JOHN$_i$.

（31）a. *His$_i$ dog bit everyone$_i$.

b. *Who$_i$ did his$_i$ dog bite t$_i$?

例（30a）中的 John 尽管跟 his 同标的，但由于 his 不成分统制 John，所以，John 不受 his 约束，不违反约束原则 C，句子合法。在例（30b）中，JOHN 是焦点，句子不合法。对照例（31），可认为焦点像量化短语、疑问短语一样发生了提升，焦点提升也造成语义上的约束跟表层结构上的无约束之间的矛盾，即弱跨越效应。

焦点提升，像第五章的话题提升一样，需要引入带索引的功能核心，我们由此探讨了预设、预设集与焦点句的语义表达。例如：

（32）$[_{FocP} [ZP] [_{Foc'} [_{Foc} i] [_{YP}...t_i...]]]$

在这里，预设对应于 YP 的意义，预设集对应于 Foc′ 的意义。例如：

（33）［贾宝玉］$_F$ 喜欢林黛玉。

a. x 喜欢林黛玉

b. λx.［ x 喜欢林黛玉 ］

例（33a）是预设，用自然语言说，就是"有人喜欢林黛玉"；例（33b）是预设集，采用的是函数表达，它是喜欢林黛玉的人所构成的集合，如 { 贾宝玉，薛宝钗，晴雯 }。预设集的列举表达也叫选项集。

焦点句的语义表达可表示为预设集与焦点 <Ps, F> 这样的有序二元组，也可以表示为焦点、选项集与预设集 <F, A, Ps > 这样的有序三元组。例如：

（34）贾宝玉喜欢［林黛玉］$_F$。

　　　a. <λx. 贾宝玉喜欢 x, 林黛玉 >

　　　b. < 林黛玉，A，λx. 贾宝玉喜欢 x >

例（34a）是二元组表达，例（34b）是三元组表达，焦点放在序列的后端还是前端，是无所谓的。

（35）贾宝玉只喜欢［林黛玉］$_F$。

　　　a. 只 <λx. 贾宝玉喜欢 x, 林黛玉 >

　　　b. 只 < 林黛玉，A，λx. 贾宝玉喜欢 x >

例（35）将焦点敏感词"只"当作二元或三元算子，"只"的语义表达式中有全称量词。例如：

（36）a. $\forall y$［贾宝玉喜欢 y → y = 林黛玉］

　　　b. $\forall y \in A$［贾宝玉喜欢 y → y = 林黛玉］

例（36a）是说凡贾宝玉喜欢的皆为林黛玉，例（36b）用选项集规定了 y 的范围，后者更合适，后者允许贾宝玉喜欢选项集之外的人和物。假定例（36）的选项集为｛林黛玉，薛宝钗，晴雯｝，则在贾宝玉喜欢王夫人与贾母的时候，句子依然为真。

　　第三个模块是第十章，讲的是新戴维森事件语义学，为避免语义类的转换规则，我们像处理定语一样处理状语，即都采用了并列规则，为此我们引进事件论元。例如：

（37）贾宝玉偷偷地喜欢林黛玉。

　　　a.（偷偷地（喜欢））（林黛玉）（贾宝玉）

　　　b. $\exists e$.［喜欢 (e) ∧ 经验者 (e) = 贾宝玉 ∧ 对象 (e) = 林黛玉

　　　　∧ 方式 (e) = 偷偷地］

例（37a）是之前各章所能采用的语义表达式，例（37b）是事件语义学中的语义表达式。在之前的各章，动词都有个体论元，在本章，动词只有事件论元。例如：

（38）a. ‖ 喜欢 ‖ = λx.λy. 喜欢 (x)(y)

  b. ‖ 喜欢 ‖ = λe. 喜欢 (e)

本章让轻动词为动词引入个体论元，所采用的句法理论是当前生成语法正在使用的轻动词理论。例如：

（39）张三切这把刀。

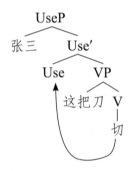

在例（39）中，由轻动词 use 为"切"引入施事"张三"与工具"这把刀"。

二、使用说明

为了阅读和教学的方便，本书的句法结构采用的是树形图，这样处理虽然费空间，但比较直观。教材虽然采用了大量的树形图，但需知道语义学是一门独立的学科，它不依赖于句法学。也就是说，没有学过句法学理论的读者或学生，也可以直接阅读和学习语义学。如果所在学校有句法学课程，可以适当把语义学延后安排。

首先，不会画树形图不要紧。没有句法基础的学生，稍微训练之后，大概也能为例（40）指派如下结构：

（40）贾宝玉喜欢林黛玉。

理论上，凡能指派出例（40）这样的结构，就可以进行语义计算，至于知不知道 S、NP、N、VP、V 这样的范畴标记，在语义计算和规则假设中并不非常重要。有了这样的结构，我们就可以推导出"喜欢"的语义类来，就可以抽象出"喜欢"的语义表达式来，就可以提出函数运算规则来，还可以导出问题和解决策略来。例如：

（41）贾宝玉喜欢一个姑娘。

比如说，我们推导出"喜欢"与"一个女孩"的语义类，就会知道这两个成分在语义类上不匹配，也知道例（41）有意义，所以会提出策略来，如成分提升与索引标注等。例如：

（42）贾宝玉喜欢一个姑娘。

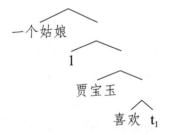

其次，慢慢地引导学生学习句法学知识。我们建议在教学的过程慢慢地引导学生学习一些句法学知识，因为当代语义学的基本定位是解释性的，它的任务是对句法学作出解释。本书的句法理论一开始采用的是短语结构语法理论，例如：

（43）a. S → NP + V$_i$P

b. V$_i$P → $\left\{\begin{array}{l} V_i \\ V_t+NP \\ V_tP + NP \end{array}\right\}$

c. V$_t$P → V$_d$+NP

d. NP → N

第五章开始讨论 S 的左边界，引进标句范畴 C，然后让相关成分提升到 C 的指示语位置，差别在索引的位置。例如：

（44）a. $[_{CP}\,[\,\alpha_i\,]\,[_{C'}[\,C\,]\,[_s\,...t_i...\,]\,]\,]$

b. $[_{CP}\,[\,\alpha\,]\,[_{C'}[\,c\ i\,]\,[_s\,...t_i...\,]\,]\,]$

例（44a）是句法结构，将索引标在移位成分之后；例（44b）是语义结构，将索引标在接受移位成分的功能核心的位置，如 C 位置，并假定索引引进 λ 算子并约束同索引的变量。在约束理论中把这种思想发挥到极致。之所以这么处理，主要就是想赋予功能核心以意义。在无定短语这一章，稍有不同，这一章是将索引标在移位成分之后，也没有假定接受成分移位的功能核心，这是因为与之相关的话语表达理论是基于 1980 年代初的句法理论，移位成分采用的是乔姆斯基那个年代的嫁接方式。

第六章采用的谓词短语内部主语假设，即将主语放置在谓词短语的内部，然后让它移位，为了约束移位成分的语迹，自然也就引出了新的核心，如时制范畴：

（45）$[_{TP}[\,Subj\,]\,[_{T'}[\,T\,]\,[_{VP}[\,t\,]\,[_{v'}[\,V\,]\,[\,Obj\,]\,]\,]\,]\,]$

宾语的提升可以在 VP 之上，也可以在 TP 之上，所以可以得到如下图示：

（46）$[_{CP}[\ ]\,[_{C'}[\,C\,]\,[_{TP}[\,Subj\,]\,[_{T'}[\,T\,]\,[_{cP}[\ ]\,[_{c'}[\,c\,]$
$[_{VP}[\,t\,]\,[_{v'}[\,V\,]\,[\,Obj\,]\,]\,]\,]\,]\,]\,]\,]\,]$

最后一章引进轻动词句法，据此，我们可以得到一个较为完整的句法图谱：

（47）句法图谱

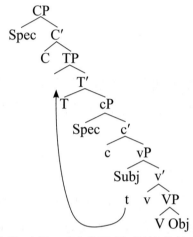

在教学的时候，可采用循序渐进的方式，由例（43）中的S，再到例（44）中的 CP，再到例（45）中的 TP，最后到例（47）中的 vP，慢慢地导入即可。如果学生已经有了完备的句法学知识，可以发挥隐义词的作用，即在一开始假设一些成分没有意义，然后慢慢地赋予它们意义。比如说：

（48）贾宝玉喜欢林黛玉。

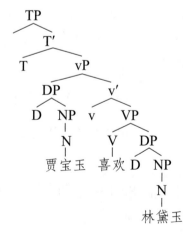

先把例（48）中的 D、v 与 T 这些成分当作没有语义贡献的成分，即可。教学的时候，最好还是从 S 开始，由浅显到精深。这个教学的过程，也能方便学生了解理论的发展动因。事实和理论之间的张力，是推动理论不断修正与扩充的动力。

再次，通过语义计算掌握规则与操作要领。语义学研究的是词、短语与句子的意义，词、短语与句子的意义也就是教学的重点，围绕着语义计算的相关规则自然是教学的难点。好在本教程的规则不多，并且是采用逐章扩充的方式，应该难度不大。计算方式也很简单，为替换法，例如：

（49）如果 x=4，y=6，请求 z=x+y 的值。

解：∵ z=x+y

x=4

y=6

∴ z = 4+6　　　　　　　　　　　　①

=10

（50）如果 || 贾宝玉 ||= 贾宝玉，|| 林黛玉 ||= 林黛玉，|| 喜欢 ||
=λxλy. 喜欢 (x)(y)，请求 || 贾宝玉喜欢林黛玉 || 的语义。

解：∵ || 贾宝玉 ||= 贾宝玉，

|| 林黛玉 ||= 林黛玉，

|| 喜欢 ||=λxλy. 喜欢 (x)(y)

∴ || 喜欢林黛玉 ||=|| 喜欢 ||(|| 林黛玉 ||)　　①

= [λxλy. 喜欢 (x)(y)]（林黛玉）　　②

=λy. 喜欢（林黛玉)(y)　　　　　③

∴ || 贾宝玉喜欢林黛玉 ||

=|| 喜欢林黛玉 ||（贾宝玉）

= [λy. 喜欢（林黛玉)(y)]（贾宝玉）

= 喜欢（林黛玉)（贾宝玉）

例（49）采用的是替换法，如①。例（50）也是采用替换法，如②用"林黛玉"替换 ‖ 林黛玉 ‖，③用"林黛玉"替换 x，①根据的是函数运算规则。例（49）中的"+"与例（50）中的" ‖ 喜欢 ‖ "，都是表示关系，所以例（49）也可以改为例（50）这样的形式：

（51）如果 x=4，y=6，✠ =λyλx. +(y)(x)，请求 z=x✠y 的值。

解：∵ x=4，y=6，✠ =λyλx.+(y)(x)

∴ ✠y= ✠ (y)　　　　　　　　　　　　　①

= ⌈ λyλx.+(y)(x) ⌉ (y)　　　　　　②

= ⌈ λyλx.+(y)(x) ⌉ (6)　　　　　　③

= λx.+(6)(x)　　　　　　　　　④

∴ x✠y=✠y(x)

= ⌈ λx.+(6)(x) ⌉ (x)

= ⌈ λx.+(6)(x) ⌉ (4)

= +(6)(4)

= 10

∵ z = x✠y

∴ z = 10

例（51）的计算方式跟例（50）相同，首先采用函数运算规则，如①，接着采用替换法，如②—④。掌握规则以后，语义的计算应该不会太难。为了方便自学，教程给出了详细的语义计算过程。

词义的描述，只要学生具备初步的集合知识就可以了。"跑"的意义虽然不像"贾宝玉"那么具体，但可以通过具体的个体来展现"跑"的意义，例如：

（52）跑：{ 贾宝玉，林黛玉，薛宝钗 }

我们通过这些个体了解"跑"的意义。（52）是个集合，它采用的是列举法。我们还可以通过谓词法（定义法）来描述"跑"这个集合，或用函数刻画"跑"的意义。例如：

（53）a. 跑：$\{x \mid x$ 跑 $\}$

　　　b. 跑：$\lambda x.$ 跑 (x)

集合应该比较直观，函数稍微抽象一些，它们间的转换应该不太难。碰到意义很难刻画的时候，我们还会回到集合上。

这样一来，根据词义和规则，就能够计算出短语与句子的语义来。计算的结果正确与否，就要看它是否符合说话者的直觉。比如说：

（54）a. 贾宝玉吃西瓜。

　　　b. $\exists x($ 西瓜 $(x) \wedge$ 吃 $(x)($ 贾宝玉 $))$

（55）a. 贾宝玉吃勺子。

　　　b. $\exists x($ 勺子 $(x) \wedge$ 吃 $(x)($ 贾宝玉 $))$

两个结果放在一块，其中有一个结果一定不充分。比如说将例（55b）改作如下结果，感觉就会好些：

（56）$\exists x(($ 勺子 $($ 吃 $(x)))($ 贾宝玉 $))$

例（56）是说，存在一个东西 x，贾宝玉用勺子吃 x。当然还可以进一步精细化，如：

（57）a. $\exists e [$ 吃 $(e) \wedge$ 施事 $(e)=$ 张三 $\wedge$ 受事 $(e)=$ 西瓜 $]$

　　　b. $\exists e [$ 吃 $(e) \wedge$ 施事 $(e)=$ 张三 $\wedge$ 工具 $(e)=$ 勺子 $]$

例（57）区分了"西瓜"与"勺子"在"吃"的宾语位置上的题元角色。

最后，引导学生用语义学手段分析问题。语义规则和词义在教学中就会显得非常重要，要引导学生去发现词义和语义规则，并用其解释相关的语言现象。我们举几个案例进行说明。

　　第一，解释"自己"的歧义。汉语"自己"很复杂，可以近指，也可以远指。近指时遵循约束原则A，远指时违反约束原则A，后者吸引了很多学者的注意。例如：

　　（58）a. 林黛玉喜欢自己。

　　　　　b. 贾宝玉知道林黛玉喜欢自己。

例（58a）中的"自己"指"林黛玉"，例（58b）中的"自己"既可以指"林黛玉"，也可以指"贾宝玉"。这说明"自己"的语义不同于英语中的反身代词，近指的时候为遵守约束原则A的反身代词，远指的时候为算子。远指的使用条件，是位于涉己态度词的补足语中。

　　第二，解释删略所造成的歧义。在动词短语删略时，如果内部包含代词时，会出现歧义。例如：

　　（59）贾宝玉喜欢他的妹妹，薛蟠也是。

例（59）中的"他"是变量，受约束原则B限制，它有多种意义，如"贾宝玉喜欢王仁的妹妹，薛蟠也喜欢王仁的妹妹""贾宝玉喜欢贾宝玉的妹妹，薛蟠也喜欢贾宝玉的妹妹""贾宝玉喜欢薛蟠的妹妹，薛蟠也喜欢薛蟠的妹妹"，这也可以从语义规则的角度进行解释，即删略要符合等同限制，例如：

　　（60）a. 贾宝玉 $1t_1$ 喜欢他 $_8$ 的妹妹，薛蟠 2 也是 t_2 喜欢他 $_8$ 的妹妹。

　　　　　b. 贾宝玉 $1t_1$ 喜欢他 $_1$ 的妹妹，薛蟠 2 也是 t_2 喜欢他 $_1$ 的妹妹。

　　　　　c. 贾宝玉 $1t_1$ 喜欢他 $_2$ 的妹妹，薛蟠 2 也是 t_2 喜欢他 $_2$ 的妹妹。

例（60a）中的"他 $_8$"是指称性代词，在语境中可指派"王仁"解。例（60b）中的"他 $_1$"在第一个子句中是受约代词，取"贾宝玉"解，根据等同限制，薛蟠也只能喜欢贾宝玉的妹妹，不能喜欢王仁的妹妹或自己的妹妹。例（60c）中的"他 $_2$"在第二个子句中是受约变量，取"薛蟠"解，所以贾宝玉也只能喜欢薛蟠的妹妹，不能喜欢王仁的妹妹或自己的妹妹。如果例（59）还可以表示"贾宝玉喜欢贾宝玉的妹妹，薛蟠喜欢薛蟠的妹妹"，说明还存在以下情形，例如：

（61）a. 贾宝玉 1 t_1 喜欢他 $_8$ 的妹妹，薛蟠 1 也是 t_1 ~~喜欢他~~ $_8$ ~~的妹妹~~。

　　　b. 贾宝玉 1 t_1 喜欢他 $_1$ 的妹妹，薛蟠 1 也是 t_1 ~~喜欢他~~ $_1$ ~~的妹妹~~。

　　　c. 贾宝玉 1 t_1 喜欢他 $_2$ 的妹妹，薛蟠 1 也是 t_1 ~~喜欢他~~ $_2$ ~~的妹妹~~。

其中的例（61b）表示的就是"贾宝玉喜欢贾宝玉的妹妹，薛蟠喜欢薛蟠的妹妹"。例（60）涉及 V′ 的删略，而例（61）涉及 VP 的删略。例（59）不会出现"贾宝玉喜欢王仁的妹妹，薛蟠也喜欢贾宝玉的妹妹"的情形，因为这会违反等同限制。

　　第三，解释"都"的语义关联。"都"既可以左向语义关联，又可以右向语义关联，例如：

（62）a. 小说，贾宝玉都读了。

　　　b. 贾宝玉都读了小说。

"都"在例（62）中都跟"小说"关联，但句子的意义有所不同，可分别刻画为：

（63）a. $\forall x$ ［小说 (x) → 读 (x)（贾宝玉）］

　　　b. $\forall x$ ［读 (x)（贾宝玉）→ 小说 (x)］

两者的前后件正好相反，例（63a）是说凡小说皆为贾宝玉所读；例（63b）是说凡贾宝玉所读皆为小说。这种差异来自于话题与焦点的差异，话题范畴将话题与述题映射为限制部分与核心域，而焦点范畴将焦点与预设映射为核心域与限制部分，两者正好相反。在这里，"都"的意义可以简单地诠释为全称算子，例如：

（64）都：$\forall$

　　　a. Top- 都 $_1$ ［小说 $_1$］［贾宝玉读 t_1］

$$= 都_1 [\text{小说}_1] [\text{贾宝玉读 } t_1] = (63a)$$

b. Foc- 都$_1$ [小说$_1$] [贾宝玉读 t_1]

$$= 都_1 [\text{贾宝玉读 } t_1] [\text{小说}_1] = (63b)$$

例（64）都是"小说"提升，例（64a）可看作话题提升，例（64b）可看作焦点提升。

第四，刻画虚词的意义。虚词的意义比较难以刻画，但可以借助一些语义学的手段逐步精细化，比如说：

（65）a. 贾宝玉也来了。

b. $\exists x [x \neq \text{贾宝玉} \wedge \text{来}(x) \wedge \text{来}(\text{贾宝玉})]$

例（65b）是对例（65a）的刻画，它表示至少存在一个个体，该个体不是贾宝玉，他来了，并且贾宝玉来了。如果刻画正确的话，则可以将"也"的意义抽象为：

（66）也：$\lambda P \lambda y \exists x [x \neq y \wedge P(x) \wedge P(y)]$

例（66）是说至少有两个个体在干同一件事，如果不是这样，句子就会产生意义冲突，除非语境进行补救。例如：

（67）# 林黛玉哭了，贾宝玉也来了。

例（66）表明"也"是存在解，但有的时候它却表现为全称解，跟"都"类似。其实，它还是存在解。例如：

（68）谁也没来。

a. $\forall x [\text{人}(x) \rightarrow \neg \text{来}(x)]$

b. $\neg \exists x [\text{人}(x) \wedge \text{来}(x)]$

例（68a）中的全称解是例（68b）经由量词转换规则推导出来的，所以，我们仍然可以将"也"看作存在算子。一般认为"也"有类同义，从例（66）来看，就是 x 与 y 都有 P 属性，即 y 在 P 属性上跟 x 类同。

三、教程目标

最后说说本教程的目标，主要是从观念层面、知识层面与素质层面这三个层面来谈。

在观念层面上，主要是讲授当代语义学研究什么，怎么研究，使学生对当代语义学有一个整体的轮廓性了解。研究的对象很清楚，就是研究词、短语与句子等各种语言表达式的语义及各种语义关系；研究的方法也很简单，就是根据组合原则建构各种具体的规则。

在知识层面上，主要是传授一些具体的语义学知识，如语义类、语义的集合表达与函数表达、终端节点规则、非分枝节点规则、函数运算规则、附加规则、变量赋值规则、并列规则、量词理论、约束理论、话语表达理论、焦点理论与事件语义学等。为了让学生了解相关的知识背景，本教程还在习题中提供了一些材料让学生翻译，此外，还附有推荐阅读和参考教材。推荐阅读主要是中文论著，让学生了解学界在研究什么，以及采用了什么样的理论。

在素质层面上，主要是培养学生的理性精神，让学生能够由简到繁，化繁为简，按规则操作，一步一步地推导演算，让学生能够从不同的视角观察问题。内容安排由专有名词到量化短语，由 e 到 <<e, t>, t>；由主语位置到宾语位置，由语义类匹配到语义类不匹配；由名词到代词，由单句到跨句。这是由简到繁。假设隐义词、引进谓词短语内部主语假设、引进话语表达理论、引进事件语义学。这是化繁为简。观察有视角。动词是谓词，名词是论元，这是一种视角；量化短语是谓词，动词短语是论元，这是另一种视角。前九章认为动词有个体论元，是一种视角；最后一章认为动词只有事件论元，又是另一种视角。

零 绪论

人，能说出自己从未说过的母语句子，也能理解自己从未听过的母语句子。理解的是句子及其组成部分的意义。语义学研究的是词、短语、句子等语言表达式的意义及各种意义关系，其重要任务就是描述母语说话者头脑／心智中的语义知识，具体来说，就是描述语言表达式之间的语义关系，预测语言表达式的歧义，建构相应的语义规则或原则。

1. 描述语义关系

语义关系（meaning relation）主要包括蕴涵、同义、矛盾与预设等。蕴涵是语义关系的基础，同义、矛盾、预设都跟蕴涵相关。

蕴涵（entailment）是说，如果 A 句为真，则 B 句也为真，则 A 句蕴涵 B 句。蕴涵也称语义蕴涵或逻辑蕴涵。例如：

（1）a. 张三是北京人。

     b. 张三是中国人。

例（1a）为真的时候，例（1b）也为真，所以例（1a）蕴涵例（1b）。例（1b）为真时，例（1a）不一定为真，所以例（1b）不蕴涵例（1a）。又如：

（2）a. 张三偷偷地吃了巧克力。

     b. 张三吃了巧克力。

（3）a. 张三吃了苹果，并且李四也吃了苹果。

　　 b. 张三吃了苹果。

例（2a）蕴涵例（2b），但例（2b）并不蕴涵例（2a）；例（3a）蕴涵例（3b），但例（3b）并不蕴涵例（3c）。

同义（synonymous）是说，如果 A 句蕴涵 B 句，并且 B 句也蕴涵 A 句，即彼此蕴涵，则 A 句跟 B 句同义。例如：

（4）a. 张三单身。

　　 b. 张三没有结婚。

例（4a）为真时，例（4b）也为真，所以例（4a）蕴涵例（4b）；例（4b）为真时，例（4a）也为真，所以例（4b）蕴涵例（4a）。例（4a）与例（4b）彼此蕴涵，所以例（4a）跟例（4b）同义。又如：

（5）a. 张三洗干净了衣服。

　　 b. 张三把衣服洗干净了。

（6）a. 张三读了那本书。

　　 b. 那本书张三读了。

（7）a. 张三批评了李四。

　　 b. 李四被张三批评了。

（8）a. 张先生送了李先生一本书。

　　 b. 张先生送了一本书给李先生。

例（5—8）中的 a 句和 b 句同义，它们彼此蕴涵。语义学中的同义是从"真"的角度来讲的。如果考虑语用的话，例（4—8）中的 a 句和 b 句在意义上会有差异。

矛盾（contradiction）是说，如果 A 句为真，则 B 句为假，或相反，则 A 句跟 B 句矛盾。例如：

（9）a. 张三吃了巧克力。

b. 张三没吃巧克力。

如果例（9a）为真，则例（9b）为假，所以例（9a）跟例（9b）
矛盾。又如：

（10）a. 张三是北京人。

b. 张三不是北京人。

（11）a. 张三结婚了。

b. 张三是光棍。

（12）a. 这张纸是白色的。

b. 这张纸是红色的。

例（10—12）中的两个句子也相互矛盾。

跟矛盾相反的是永真（tautology），永真句是在任何情境中
都为真的句子。例如：

（13）张三要么是北京人，要么不是北京人。

例（13）永真。

预设（presupposition）是说，如果 A 句蕴涵 C 句，并且 A
句的否定句也蕴涵 C 句，则 A 句预设 C 句。例如：

（14）a. 张三是北京人。

b. 张三不是北京人。

c. 存在一个叫张三的人。

例（14a）为真时，例（14c）也为真，所以例（14a）蕴涵例
（14c）；例（14b）是例（14a）的否定句，在例（14b）为真
时，例（14c）也为真，所以例（14b）也蕴涵例（14c）。所以
例（14c）是例（14a）的预设，也是例（14b）的预设。如果例
（14c）为假，则例（14a）不可能为真，也不可能为假。又如：

（15）a. 张三的哥哥在合肥工作。

　　　b. 张三有哥哥。

（16）a. 法国的国王是个秃头。

　　　b. 法国有国王。

例（15b）是例（15a）的预设，例（16b）是例（16a）的预设。

　　预设可以失败。像例（16b）在当前世界为假，所以例（16a）的预设失败（presupposition failure）。预设失败时，就会出现真值空缺（truth value gap），即例（16a）无所谓真假。预设还可以取消。例如：

　　（17）我从未戒烟。事实上，我压根儿没抽过烟。

"我从未戒烟"的预设是"我抽过烟"，但根据"我压根儿没抽过烟"，"我抽过烟"这一预设是可以取消的。

　　疑问句无所谓真假，但它的答句有真假。人们会从疑问句的可能答句来推断它的预设。例如：

　　（18）a. 张先生已经戒烟了吗？

　　　　　b. 张先生以前抽烟。

　　（19）a. 谁去过上海？

　　　　　b. 有人去过上海。

例（18a）无论是肯定回答还是否定回答，它都以例（18b）为预设。例（19a）的预设是例（19b）。例（19a）中的"谁"为焦点，回答只能针对焦点作答，答句的预设跟问句的预设相同。例如：

　　（20）a. 谁去过上海？

　　　　　b. 张三去过上海。

　　　　　c. 李四看见了王五。

例（20a）跟例（20b）的预设相同，都是有人去了上海，所以例（20b）可以作为例（20a）的答句。例（20c）不能作为例（20a）的答句，两者的预设不同。

2. 预测各种歧义

如果一个语言表达式有多个意义，那它就是歧义的。歧义有多种来源，大致有语音歧义、词汇歧义、语法歧义与辖域歧义等。

语音歧义，主要是同音词造成的。例如：

（1）Yóuchuán 来了。

例（1）中的 yóuchuán 可以分别是"游船""油船""邮船"等。

词汇歧义，主要是词的多义造成的。例如：

（2）a. 他去上课了。

b. A man arrived yesterday.

例（2a）中的"上课"可以是"讲课"，也可以是"听课"。例（2b）中的 a man 可以是特定的某个人，也可以不是特定的某个人。这分别跟"上课"与无定冠词 a 的词汇歧义有关。

语法歧义，有结构歧义与语义歧义。结构歧义是结构的直接成分不同造成的歧义，或是虽有相同的直接成分，但因结构关系不同而造成的歧义。例如：

（3）a. 咬死猎人的狗

b. 出租汽车

例（3a）是结构切分造成的歧义，可以是"咬死|猎人的狗"，也可以是"咬死猎人的|狗"。例（3b）是结构关系造成的歧义，可以是定中关系，也可以是动宾关系。语义歧义跟不同语义成分、语义指向与语义特征有关。例如：

（4）a. 鸡不吃了

　　b. 章先生在火车上贴标语

　　c. 张先生借了李先生十块钱

例（4a）的歧义是语义成分不同造成的，其中的"鸡"或为施事，或为受事。例（4b）的歧义是语义指向不同造成的，其中的"在火车上"或指向"章先生"，或指向"标语"。例（4c）的歧义是语义特征不同造成的，其中的"借"或为［＋给予］，或为［＋获得］。

辖域歧义（scope ambiguity），是由某些有辖域的成分在句中有多种的辖域情形所引起的歧义。例如：

（5）a. Every linguist doesn't laugh.

　　b. Every linguist reads a book.

例（5a）既可以表示"不是所有的语言学家都笑"，又可以表示"所有的语言学家都不笑"，这是量化短语 every linguist 与否定词 not 相互作用的结果。前一种意义的时候，not 的辖域最宽，every linguist 落在它的后边；后一种意义的时候，every linguist 的辖域最宽，not 落在它的后边。例（5b）既可以表示"所有的语言学家都读了同一本书"，又可以表示"所有的语言学家都读了不同的一本书"。这是两个量化短语 every linguist 与 a book 相互作用的结果，前一种意义的时候，a book 的辖域最宽，后边的 every linguist 影响不到它；后一种意义的时候，every linguist 的辖域最宽，影响到了比它辖域窄的 a book。专有名词跟量化短语不同。专有名词无论是在宾语的位置还是主语位置，句子的意思都不会有变化。例如：

（6）a. 张三没笑。

　　b. 张三读了《红楼梦》。

例（6）中没有所谓的辖域歧义。

3. 建构语义规则

各种歧义表明语言表达式的语义是建构在词义及其句法结构的基础上。这种观念，在语义学中叫组合原则（Principle of Compositionality），即语言表达式的意义可根据词义和词的组合方式进行计算。Cann（1993）[1]的描述是：

（1）组合原则

表达式的意义是组成部分的意义及其组合方式的单调函数（monotonic function）。

单调（monotonic），就是简单无变化的意思，强调的是意义无变化。像"张三"，像"吃"，像"漂亮"，它们在词库/词典中是什么意思，在整个计算的过程中，也将仍然保持那个意思，这就是单调。简单地说，组合原则就是整体的意义是部分的意义及其组合方式的函数。

词义是基础，它被标注在词库之中[2]，通常以函数的方式标注，如"跑"可标注为"$\lambda x.$ 跑 (x)"，"张三"可标注为"$\lambda P.P($张三$)$"。"$\lambda x.$ 跑 (x)"是"跑"的个体的集合；"$\lambda P.P$（张三）"是"张三"的属性的集合。"张三"也可标注为"张三"，这表明它对应于外部世界中的个体。短语与句子的意义，要根据词的意义和组合原则进行计算，组合原则中最重要的就是函数运算规则。"张三"有两种不同的意义，所以在计算"张三

---

① Cann, R. 1993. *Formal Semantics: An Introduction.* Cambridge: Cambridge University Press.

② 词的意义虽然登录于词库，但毕竟是学者们自己所概括出来的。对有词汇内容的词项来说，学者间的分歧不很大，但对于缺乏词汇内容的词项，如虚词"都"，学者间的分歧就很大，请参见第八章与第九章。所以，虚词的意义也是语义学的重要研究内容。

跑"的意义时，可以将"跑"当函数、"张三"当其论元进行计算，也可以将"张三"当函数、"跑"当其论元进行计算。如：

（2）a. λx. 跑 (x)(张三) = 跑 (张三)

b. λP.P(张三)(λx. 跑 (x)) = λx. 跑 (x)(张三)

= 跑 (张三)

例（2a）是用"张三"替换 x，并消去约束 x 的 λx。例（2b）第一步是用"λx. 跑 (x)"替换 P，并消去约束 P 的 λP；第二步是用"张三"替换 x，并消去约束 x 的 λx。例（2）采用的是函数运算规则，"跑 (张三)"是"张三跑"的语义表达式。

对研究者而言，词义也好，短语义也好，句义也好，都是研究者头脑中的语义知识，或是研究者通过调查母语说话者所得的资料。所以，语义学的研究不在于这个词是什么意思，这个短语是什么意思，这个句子是什么意思，而在于短语义与句义背后的规则或原则。例如：

（3）a. { 张三，喜欢，李四 }

b. 张三喜欢李四。

c. 李四喜欢张三。

例（3a）中三个词的意思，我们知道。例（3b—c）这两个句子的意思，我们也知道，而且还知道这两个句子的意思不同。又如：

（4）a. { 一锅饭，吃了，十个人 }

b. 一锅饭吃了十个人。

c. 十个人吃了一锅饭。

（5）a. { 张三，被，李四，批评了 }

b. 张三被李四批评了。

c. 李四批评了张三。

例（4a）和例（5a）中的词和短语的意思，我们知道；例（4b—c）和例（5b—c）中的两个句子的意思，我们也知道，还知道每组句子虽然以不同的方式组合，却表达着相同的意思。

例（3）中的词以不同的方式组合表达不同的意义，例（4—5）中的词以不同的方式组合却能表达相同的意义。有的时候，相同的词项在按相同的方式组合时，也会产生不同的意义。例如：

（6）a. Someone loves everyone.

　　　b. 每个人都被一个女人抓走了。

　　　c. 要是两个线索被每个人找到，……

例（6a）是英语中有名的辖域歧义句，例（6b—c）是汉语中有名的辖域歧义句。

不同的组合产生不同的意义，很容易理解；不同的组合产生相同的意义，相同的组合产生不同的意义，就非常值得研究了。我们在第一、二章讲语言表达式的语义类与语义表达式，第三章开始研究语义规则。本书中最重要的语义组合规则只有两条：函数运算规则和并列规则，其他规则和策略都是配合这两条规则提出的。

◢ 推荐阅读

方　立 1997 《数理语言学》，北京：北京语言文化大学出版社。

方　立 2000 《逻辑语义学》，北京：北京语言文化大学出版社。

蒋　严，潘海华 1998《形式语义学引论》，北京：中国社会科学出版社。

凯特·科恩 2015 《语义学》（第二版），陈丽萍译，成都：四川大学出版社。

Cann, R. 1993. *Formal Semantics: An introduction.* Cambridge: Cambridge University Press.

Chierchia, G. & S. McConnell-Ginet. 1990. *Meaning and Grammar: An Introduction to Semantics.* Cambridge, MA: MIT Press.

Heim, I. & A. Kratzer. 1998. *Semantics in Generative Grammar.* Oxford: Blackwell.

Kearns, K. 2011. *Semantics.* New York: Palgrave Macmillan.

Winter, Y. 2016. *Elements of Formal Semantics.* Edinburgh: Edinburgh University Press.

◢ 练习

1. 下面各组句子中，是（a）蕴涵（b），还是（b）蕴涵（a）？为什么？

　　（1）a. 张三既高又胖。　　　　b. 张三高。

　　（2）a. 张三优雅地跳舞。　　　b. 张三跳舞。

　　（3）a. 张三没有优雅地跳舞。　b. 张三没有跳舞。

　　（4）a. 所有的男生都在写字。　b. 所有的人都在写字。

　　（5）a. 有个男生在写字。　　　b. 有个人在写字。

　　（6）a. 所有的男生都在写字。　b. 所有的男生都在写毛笔字。

　　（7）a. 有个男生在写字。　　　b. 有个男生在写毛笔字。

　　（8）a. 张三在厨房做饭。　　　b. 张三在做饭。

2. 下面各组句子中，（a）句能否蕴涵（b）句与（c）句？为什么？

　　（1）a. 张三和李四喝了红酒。

　　　　 b. 张三喝了红酒。

　　　　 c. 李四喝了红酒。

　　（2）a. 是张三和李四喝了红酒。

      b. 是张三喝了红酒。

      c. 是李四喝了红酒。

（3）a. 张三只喝红酒和白酒。

      b. 张三只喝红酒。

      c. 张三只喝白酒。

（4）a. 张三连红酒和白酒都喝。

      b. 张三连红酒都喝。

      c. 张三连白酒都喝。

3. 下面的句子是否蕴涵龙的存在？

  （1）张三找到了龙。

  （2）张三想去找龙。

4. 翻译下面的材料，加深对蕴涵与同义的了解（Murphy & Koskela 2010）[①]。

    Entailment is the **PROPOSITIONAL RELATION** in which if one **PROPOSITION** is true, then it is always the case that the related proposition is true. This can be stated as the **MATERIAL CONDITIONAL**.

      If P is true then Q is true (P → Q)

    For example, *Fifi is a dog* entails *Fifi is an animal*, since part of the meaning of *dog* is that it is an animal, and thus it can never be the case that it is true that something is a dog without it also being true that something is an animal. The entailment relation goes in one direction only (so, it is not the case that Q entails P too).

---

    ①   Murphy, M. L. & A. Koskela. 2010. *Key Terms in Semantics*. London: Continuum.

Mutual entailment, in which P and Q entail each other, is also called (logical) **PARAPHRASE**.

5. 下面的各组句子是否同义？
　（1）a. 每个语言学家都走路。
　　　 b. 每个语言学家都是走路的语言学家。
　（2）a. 大多数语言学家走路。
　　　 b. 大多数语言学家是走路的语言学家。
　（3）a. 许多语言学家走路。
　　　 b. 许多语言学家是走路的语言学家。
　（4）a. 某个语言学家走路。
　　　 b. 某个语言学家是走路的语言学家。
　（5）a. 很少有语言学家走路。
　　　 b. 很少有语言学家是走路的语言学家。

6. 下列各组句子是否同义？
　（1）a. 好书都是大家喜欢的书。
　　　 b. 大家喜欢的书都是好书。
　（2）a. 这个班至少三个小孩是西藏人。
　　　 b. 这个班至少三个西藏人是小孩。

7. 翻译下面的材料，加深对矛盾的了解（Murphy & Koskela 2010）。
　　One meaning of **contradiction** is a type of **PROPOSITIONAL RELATION**. A **PROPOSITION** P **contradicts** another proposition Q if and only if the truth of P **ENTAILS** the falsity of Q. For example, any sentence is contradicted by its negation:

　　　Jean ate snails → contradicts → Jean did not eat snails.

Some propositions involving **ANTONYMS** are contradictions:

Elvis is alive → contradicts → Elvis is dead.

Elvis died in 1977 → contradicts → Elvis was alive in 1980.

Contradiction can also refer to a property of a single proposition. In this case, a **contradictory proposition** is one that can never be true. For instance, *Hughie was dead when he was alive* is a contradiction if we take 'dead' and 'alive' in their literal senses.

8. 下面各组句子是同义，还是矛盾，还是别的情形？为什么？
   （1）a. 张三是李四昨天遇见的男生。

   b. 张三是男生，并且李四昨天遇见了张三。

   （2）a. 这是一朵红花。

   b. 这是一朵花，并且是红的。

   （3）a. 托尼是只小象。

   b. 托尼是只象，并且托尼小。

   （4）a. 碧丽是只大老鼠。

   b. 碧丽是只老鼠，并且碧丽大。

   （5）a. 鲁迅是浙江人。

   b. 鲁迅是安徽人。

9. 翻译下面的材料，加深对预设的了解（Murphy & Koskela 2010）。

   A **presupposition** is a proposition that must be supposed to be true in order for another proposition to be judged true or false. For example, *The king of France is bald* **presupposes** the proposition that 'there is a king of France'. Unlike **ENTAILMENTS**, the presupposition remains the same when the sentence is negated. So, *The king of France is not bald* still presupposes that 'there is a king of France'.

Presuppositions have both semantic and **PRAGMATIC** properties. The fact that presuppositions usually have linguistic **triggers** makes them seem like a semantic phenomenon. In the example above, the determiner *the* triggers the presupposition that the King of France exists. However, the fact that presuppositions are **defeasible** (like **IMPLICATURES**) makes them seem like a pragmatic phenomenon. For example, usually before triggers the presupposition that the event described in the before clause actually happened:

> A split second BEFORE **she told Tom she loved him,** Ann crossed her fingers. (presupposes that Ann told Tom she loved him)

But in the following context, the information in the second clause undoes the presupposition:

> A split second before **she told Tom she loved him**, Ann changed her mind. (undoes the presupposition that Ann told Tom she loved him)

10. 说说下面句子的预设和蕴涵关系。
    （1）张老师戒烟了。
    （2）张老师没有戒烟。
    （3）张老师过去抽烟。

11. 描述下列"一个人"的语义。
    （1）窗外一个人走了过去。
    （2）窗外有一个人走了过去。
    （3）一个人一天睡八个小时。
    （4）有一个人一天睡八个小时。

12. 请描述下面各句中"就""都""谁"的意义。

（1）a. 就张三会说法语。

b. 张三就会说法语。

c. 如果张三来，就叫他先跟我聊聊。

（2）a. 他们都买了一栋房子。

b. 张三都买了一栋房子。

c. 不管张三来不来，我都会同意的。

（3）a. 张三请了谁呢?

b. 张三没有请谁。

c. 你谁都可以请。

13. 下边的句子有没有辖域歧义，请进行调查。

（1）每个老师都读了一本书。

（2）每个男人都喜欢一个女人。

（3）每个警察都抓了一个小偷。

（4）每个学生都问了老师一个问题。

14. 观察下面的句子，说说为什么。

（1）a. 每个男人都喜欢一个女人，他们喜欢的那些女人都很有钱。

b.* 每个男人都喜欢一个女人，他们喜欢的那个女人很有钱。

（2）a. 每个警察都看到一个小偷，可是那些小偷都逃走了。

b.* 每个警察都看到一个小偷，可是那个小偷逃走了。

（3）a. Every man loves some/a woman. The women they love are rich.

b. Every man loves some/a woman. The woman they love is rich.

15. 翻译下面的材料，了解辖域歧义跟辖域有关，可异义，可同义
（Lappin & Fox 2015）[①]。

If there is more than one scope-taking element in the sentence, it often happens that either one can take wide scope:

    (3) a. A man ate every cookie.

        b. **Linear scope:** *a* outscopes *every*: There is a man who ate every cookie.

        c. **Inverse scope:** *every* outscopes *a*: For every cookie x, there is some potentially different man who ate x.

The standard assumption is that this ambiguity is purely semantic in nature, and should be explained by the same mechanism that gives rise to scope-taking. Note that the reading in (3b) entails the reading in (3c). Entailment relations among different scopings are common.

    (4) Every woman saw every man.

In fact, when both scope-taking elements are universal quantifers (likewise, when both are indefinite determiners), there is an entailment relation in both directions, so that the readings are indistinguishable from the point of view of truth conditions: whether we check for every woman whether every man saw her, or check for every man whether he was seen by every woman, we arrive at the same set of seeing events. The two readings still correspond to clearly distinct meanings, although the sentences are true in the same class of situations.

---

① Lappin, S. & C. Fox. 2015. *The Handbook of Contemporary Semantic Theory*. Oxford: Wiley-Blackwell.

16. 翻译以下材料，了解真值条件和组合原则在当代语义学中的
    地位。

    (1) To know the meaning of a (declarative) sentence is to know
what it would take to make it true.

    (2) To know the meaning of a sentence is to know its truth
conditions.

    (3) The meaning of the whole is computed in some predictable
way from the meaning of its parts.

    (4) Perhaps the most remarkable property of natural language
is its compositionality: once a speaker knows the meanings of a set
of words and the rules for combining those words together, she can
represent the meanings of new combinations of those words the
very first time that she hears them.

第一章　语义类

像语法学一样，语义学中的每个语言表达式（即词、短语与句子）也都有自己的类别。语言表达式在语法学中的类别为语法类，在语义学中的类别为语义类（semantic type）。我们在这一章首先介绍语义类的定义，然后根据陈述句（命题）与专有名词的语义类，推导动词性成分的语义类，最后再根据陈述句与动词性成分的语义类推导出其他名词性成分的语义类。研究语义类的理论，也叫类型论（Type Theory）。语义类在语义学中很重要，它决定某个成分可以跟什么样的成分组合以及如何组合，组合的前提是语义类的匹配。

1. 语义类的定义

在语法学中，每个词、短语与句子都有自己的语法类，如动词、名词、形容词、介词、动词短语、名词短语、陈述句、疑问句等。在语义学中，每个词、短语与句子也都有自己的语义类。最为基本的语义类是 e 与 t。e 是 entity 这个词的首字母，为个体，只有指谓（denote）个体（entity）的专有名词，其语义类才是 e；t 是 truth 这个词的首字母，为真值，只有指谓真值（truth value）的命题，或者说能判断真假的句子，其语义类才是 t。例如：

（1）a. 张三喜欢李四。

　　 b. 男孩喜欢女孩。

"张三"与"李四"是专有名词，指谓个体，它们的语义类为
e。"男孩"与"女孩"不是专有名词，不指谓个体，它们的语
义类不是e。例（1）中的两个句子都有真假之分，为命题，所
以，它们的语义类都是t。又如：

（2）a. 张三喜欢李四吗？

　　　b. 男孩喜欢女孩吗？

例（2）中的"张三"与"李四"的语义类也都是e，"男孩"与
"女孩"的语义类也都不是e，其中的两个句子是疑问句，不存在
真假，不是命题，所以，它们的语义类不能是t。其他的语义类都
是由这两个基本类推导出来的。语义类可定义如下：

（3）a. e是语义类。

　　　b. t是语义类。

　　　c. 如果a是语义类，b也是语义类，则 <a, b> 是语义类。

　　　d. 除了由（a）（b）和（c）生成的语义类之外，其他
　　　　的都不是语义类。

（3）是个递归性定义，其中（3a、b）是基本类（basic type），
（3c）是递归规则（recursive rule），<a, b> 是函数类（functional
type），（3d）是限制（constraint）。（3c）是一个有序二元组
（ordered pair），用尖括号"< >"标记，其中第一个元素为输入
成分的语义类，即输入类（input type），第二个元素为输出成分
的语义类，即输出类（output type）。例如：

（4）

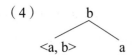

对 <a, b> 而言，a是输入类，b是输出类，这是个有序二元组，即
<a, b> ≠ <b, a>。<a, b> 是说，为它输入一个语义类为a的成分，它

可以输出一个语义类为 b 的成分。所以，语义类为 <a, b> 的成分可以跟语义类为 a 的成分合并，并得到一个语义类为 b 的成分。

由两个基本的语义类，我们可以根据（3c）中的递归规则推导出各种语义类来。例如：

（5）a. <e, t>

　　　b. <e, <e, t>>

　　　c. <e, <e, <e, t>>>

　　　d. <e, e>

　　　e. <t, t>

　　　f. <t, <e, t>>

　　　g. <<e, t>, t>

　　　h. <<e, t>, <e, t>>

　　　i. <<e, t>, <<e, t>, t>>

　　　j. <t, <t, <t, <e, t>>>>

例（5a）是将 e 作为输入类，t 作为输出类的语义类，简单地说，就是要跟一个名词结合变成句子的词，这是一元谓词，它要输入一个 e 类名词就产生一个 t 类句子，像不及物动词如"笑"就是这样，它的语义类为 <e, t>。例（5b）是将 e 作为输入类，<e, t> 作为输出类的语义类，简单地说，就是要跟一个名词结合变成一个不及物动词的词，这是二元谓词，它要连续输入两个 e 类名词才能产生一个 t 类句子，像单及物动词如"喜欢"就是这样，它的语义类为 <e, <e, t>>。例（5c）是将 e 作为输入类，<e, <e, t>> 作为输出类的语义类，简单地说，就是跟一个名词结合变成一个单及物动词的词，这是三元谓词，它要连续输入三个 e 类名词才能产生一个 t 类句子，像双及物动词如"送"就是这样，它的语义类为 <e, <e, <e, t>>>。例（5d）是将 e 作为输入类，e 作为输出类的语义类，简单地说，就是跟一个专有名词结合之后还专指这个人的成分，如"这李莫愁"中的"这"，它的语义类可看作 $<e, e>$。例（5e）是将 t 作为输入类，t 作为输出类的语义类，简单地说，就是输入一个命题产生一个新命题的成分，像否定词就是这样，它的语义类为 $<t, t>$。例（5f）是将 t 作为输入类，$<e, t>$ 作为输出类的语义类，简单地说，就是将句子变成谓词的成分，在第五章，我们将引进这样的成分。例（5g）是将 $<e, t>$ 作为输入类，t 作为输出类的语义类，简单地说，就是将谓词变成句子的成分，这是量化短语，它的语义类为 $<<e, t>, t>$。例（5h）是将 $<e, t>$ 作为输入类，$<e, t>$ 作为输出类的语义类，这通常是副词的语义类，如果把否定词看作副词，也可认为否定词的语义类为 $<<e, t>, <e, t>>$。例（5i）是将 $<e, t>$ 作为输入类，$<<e, t>, t>$ 作为输出类的语义类，简单地说，就是跟一个普通名词结合变成一个量化短语的成分，像限定词就是这样，它的语义类为 $<<e, t>, <<e, t>, t>>$。例（5j）是连续输入 3 个 t，最后输出一个 $<e, t>$，这种语义类对应于哪种语言成分，我们暂时没有想到，但不妨碍 $<t, <t, <t, <e, t>>>>$ 是合法的语义类。

我们也可以根据（3d）中的限制规则排除各种不合格的语义类。例如：

（6）a. $<e, e, e>$

　　　b. $<e, e, t>$

　　　c. $<e, e, e, t>$

　　　d. $<t, e, t>$

　　　e. $<e, t , t>$

　　　f. $<e, <t, e, t>>$

　　　g. $<<e, e, t>, <t, t>>$

例（6）的问题在于它没有把语义类表达成有序二元组。语义类为有序二元组，其中的括号与顺序都很重要。例（6）因缺乏括号而成为多元组或内部出现多元组，为不合法的语义类。

语义类为 <a, b> 的语言表达式为函数（function），也称谓词（predicate），具有不饱和性（unsaturated），即它存在空位，需要跟论元组合；语义类为 a 的语言表达式是它的论元（argument）。语义类为 e 与 t 的语言表达式，具有饱和性（saturated）。函数跟论元组合，一直要组合到饱和为止。函数及其论元的组合就叫函数运算。以下是函数运算规则（rule of functional application）：

（7）函数运算规则

　　　如果 f 是语义类为 <a, b> 的表达式，并且 α 是语义类为 a 的表达式，则 f(α) 是语义类为 b 的表达式。

函数运算规则可以计算语义表达式与语义类，它也规定了什么样的成分能够组合，并能得到一个什么样的表达式。例如：

（8）a. 语义表达式　　　　b. 语义类

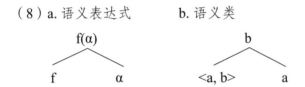

例（8a）计算的是语义表达式，即 f 与 α 组合得到 f(α)。例（8b）计算的是语义类，即 <a, b> 与 a 组合得到 b。例（8a）与例（8b）中的各节点对应，即 f 跟 <a, b> 对应，α 跟 a 对应，f(α) 跟 b 对应。

在执行函数运算的时候，要执行核查（check），即看论元的语义类跟函数的输入类是不是相同。论元的语义类跟函数的输入类相同，函数运算就能执行；论元的语义类跟函数的输入类不同，函数运算就不能执行。能进行函数运算，就表明这两个成分可以组合。例如：

（9）a. <e, t>　　e

　　　　　b. <t, t>　　　e

例（9a）可以执行函数运算，因为 e 跟 <e, t> 的输入类相同，并能得到语义类为 t 的表达式，这是语义类匹配现象。例（9b）不能执行函数运算，因为 e 跟 <t, t> 的输入类不同，这是语义类不匹配的现象。又如：

　　（10）a. <e, <e, t>>　<<e, t>, t>

　　　　　b. e　　　　　　t

例（10）中的两组语义类也不能执行函数运算。

　　语义计算时，要核查语义类是否匹配。论元的语义类跟函数的输入类相同时，可采用函数运算规则，否则无法采用函数运算规则。

2. 动词性成分的语义类

　　不及物动词，是只跟一个个体组合而产生一个命题的函数。如不及物动词"游泳"，它要跟"张三"这样的个体组合，才能产生"张三游泳"这样的命题。命题的语义类是 t，个体的语义类是 e，这是基本的规定，可由这两个语义类推知不及物动词的语义类。例如：

（1）

相对于"?"来说，e 是输入成分的语义类，t 是输出成分的语义类，所以"?"为 <e, t>。<e, t> 中的 e 是输入类，t 是输出类。例如：

　　（2）TYPE(V_i) = <e, t>

例（2）可以简单地读作"不及物动词的语义类为 <e, t>"，TYPE 是语义类函数。以下是一些具体的不及物动词的语义类：

（3）a. TYPE(游泳) = <e, t>

      b. TYPE(睡觉) = <e, t>

      c. TYPE(工作) = <e, t>

在句法学中，一般采用短语结构规则进行句法计算。在短语结构规则中，一个短语可以是由一个词充当。例如：

（4）a. S → NP + VP

      b. NP → N

      c. VP → V

      d. N → 张三

      e. V → 游泳，睡觉，工作

根据这些短语结构规则，我们可以得到以下句法结构：

（5）

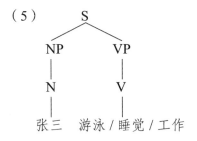

例（5）采用的是树形图表达，其中的线条为树枝，树枝的两端为节点。有些节点有两个分枝，为分枝节点，如 S；有些节点只有一个分枝，为非分枝节点，如例（5）中的 NP、VP 与 N、V；词所在的节点，为终端节点。树形图中的节点关系常用亲属关系描述，树枝上端节点为下端节点的母亲节点，下端节点为上端节点的女儿节点，分枝节点的两个女儿节点互为姐妹关系，彼此为对方的姐妹节点。在例（5）中，S 为 NP 与 VP 的母亲节点，NP 与 VP 为 S 的女儿节点，NP 与 VP 互为姐妹节点；NP 为 N 的母亲节点，N 为 NP 的女儿节点；VP 为 V 的母亲节点，V 为 VP 的女儿节点；N 为"张三"的母亲节点，"张三"为 N 的女儿节点；V 为"游泳/睡觉/工作"的母亲节点，"游泳/睡觉/工作"为 V 的女儿节点。

对非分枝节点而言，母亲节点的语义类跟女儿节点的语义类相同，即 NP 的语义类跟 N 的语义类相同，N 的语义类跟对应的词的语义类相同；VP 的语义类跟 V 的语义类相同，V 的语义类跟对应的词的语义类相同。终端节点的语义类由词库规定，"张三"的语义类为 e，"游泳""睡觉""工作"的语义类为 <e, t>。例如：

（6）

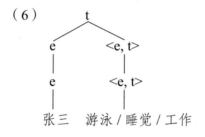

非分枝节点跟其女儿节点之间有传递关系。对照例（6）与例（5），不难发现：不仅专有名词的语义类为 e，包含专有名词的 NP 的语义类也是 e；不仅不及物动词的语义类为 <e, t>，包含不及物动词的 VP 的语义类也为 <e, t>。例如：

（7）a. TYPE(VP) = <e, t>

　　　b. TYPE(NP) = e

例（7）是 VP 与 NP 的语义类，例（7a）是说 VP 的语义类为 <e, t>，例（7b）是说含专有名词的 NP 的语义类为 e。

有了 VP 与 NP 的语义类，我们可以继续推导单及物动词的语义类。单及物动词跟 NP 组合后形成 VP，所以可以把单及物动词 V 看成函数，把宾语 NP 看作输入成分，把 VP 看作输出成分。例如：

（8）a. 句法树

b. 语义树

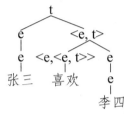

从例（8b）可以看出，单及物动词的输入类为 e，输出类为 <e, t>，所以，单及物动词的语义类是 <e, <e, t>>。例如：

（9）TYPE(V_t) = <e, <e, t>>

以下是一些具体的单及物动词的语义类：

（10）a. TYPE(讨厌) = <e, <e, t>>

b. TYPE(看见) = <e, <e, t>>

c. TYPE(打) = <e, <e, t>>

双及物动词要跟两个宾语合并，先跟第一个宾语合并得到动词短语，接着跟第二个宾语合并得到另一动词短语，最后跟主语合并，得到句子。例如：

（11）a. 句法树

b. 语义树

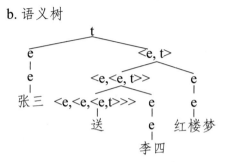

所以，双及物动词的语义类应为 <e, <e, <e, t>>>，左侧的 e 是输入成分 NP 的语义类，右侧的 <e, <e, t>> 是输出成分 VP 的语义类，这个 VP 是低位的 VP。例如：

（12）$\text{TYPE}(V_d) = \langle e, \langle e, \langle e, t \rangle\rangle\rangle$

以下是一些具体的双及物动词的语义类：

（13）a. TYPE(告诉) = <e, <e, <e, t>>>

　　　b. TYPE(介绍) = <e, <e, <e, t>>>

　　　c. TYPE(推荐) = <e, <e, <e, t>>>

不及物动词的语义类是 <e, t>，需要一个语义类为 e 的语言表达式才能饱和，所以不及物动词也叫一元谓词。单及物动词的语义类是 <e, <e, t>>，需要两个语义类为 e 的语言表达式才能饱和，所以单及物动词也叫二元谓词。双及物动词的语义类是 <e, <e, <e, t>>>，需要三个语义类为 e 的语言表达式才能饱和，所以双及物动词也叫三元谓词。例如：

（14）a. $\text{TYPE}(V_i) = \langle e, t \rangle$

　　　b. $\text{TYPE}(V_t) = \langle e, \langle e, t \rangle\rangle$

　　　c. $\text{TYPE}(V_d) = \langle e, \langle e, \langle e, t \rangle\rangle\rangle$

3. 名词性成分的语义类

专有名词的语义类为 e，陈述句（命题）的语义类为 t，由此，可以推导出各种动词性成分的语义类。在计算其他名词性成分的语义类的时候，要以动词性成分的语义类为输入类，命题的语义类为输出类进行计算。

3.1 普通名词的语义类

普通名词，如"教师、椅子、桌子"等，不同于专有名词。专有名词指谓个体，即在语言外部世界中所指称的个体；普通名词指谓个体的集合，即在语言外部世界中能与之计算的个体的集合。例如：

（1）a. "张三"的指谓 = 张三

b. "贾宝玉"的指谓 = 贾宝玉

c. "乔姆斯基"的指谓 = Noam Chomsky

（2）a. "教师"的指谓 = 教师的集合

b. "椅子"的指谓 = 椅子的集合

c. "桌子"的指谓 = 桌子的集合

专有名词的语义类为 e，普通名词的语义类可以定为 <e, t>，e 能与 <e, t> 进行计算并得到相应的语义类 t。通常情况下，普通名词在充当谓语的时候，都需要借助系词，如"是"：

（3）乔姆斯基是教师。

例（3）的句法结构可以指派为例（4a）：

（4）a. 句法树

b. 语义树

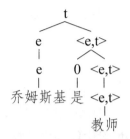

为了语义的顺利计算，我们先假定"是"为隐义词（sema-ntically vacuous element）。隐义词可看作有音无义的语言单位，其作用是纯句法的，跟语义没有关系。隐义词的语义类可临时假定为"0"，如例（4b）。也就是说，在函数运算中，隐义词不参与计算。由此可以推出，"教师"的语义类为 <e, t>。例如：

（5）a. TYPE（教师）= <e, t>

　　b. TYPE（N_{common}）=<e, t>

例（5a）是"教师"的语义类，例（5b）是普通名词的语义类。

需要注意的是，例（4b）中的"0"是临时的假定，它不属于基本的语义类，也不能由语义类的定义推出。将"是"假定为语义类为 0 的隐义词之后，我们将充当谓语的普通名词的语义类确定为 <e, t>。在这个基础上，我们还可以反过来重新用基本语义类来推导"是"的语义类。例如：

（6）语义树

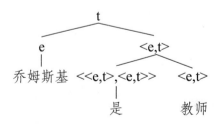

从推导来看，"是"的语义类也可以写作 <<e, t>, <e, t>>。例如：

（7）a. TYPE（是）= <<e, t>, <e, t>>

　　b. TYPE（V$_c$）= <<e, t>, <e, t>>

例（7a）是"是"的语义类，例（7b）是系词的语义类。

　　将"是"假定为隐义词，让其语义类临时为 0，这是一种"优先尝试最简语义类"的策略（"try simplest types first" strategy）。再比如说：

（8）a. 乔姆斯基是教师。

　　b. 乔姆斯基是一位教师。

根据"优先尝试最简语义类"的策略，我们可以将"一"这样的数词（Num）、"位"这样的分类词（Cl）看作语义类为 0 的语言表达式。例如：

（9）a. 句法树

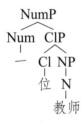

　　b. 语义树

由此可以将数词短语（NumP）与分类词短语（ClP）的语义类确定为 <e, t>。在此基础上，我们可以继续推导数词与分类词的语义类。例如：

（10）语义树

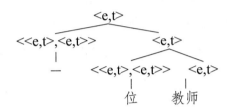

（11）a. TYPE(Cl) = <<e, t>, <e, t>>

　　　　b. TYPE(Num) = <<e, t>, <e, t>>

例（11a）是说分类词的语义类为 <<e, t>, <e, t>>，例（11b）是说数词的语义类为 <<e, t>, <e, t>>。分类词与数词的语义类相同，表明语法类与语义类之间没有一一对应的关系。

3.2　量化短语的语义类

限定词（D）在语义学中被称为量词（quantifier），为区别于汉语语法中的量词，人们也把语义学中的量词叫量化词。以限定词为核心的名词性短语叫限定短语（DP），限定短语在语义学中叫量化短语（QP）。英语中的 a(n)、some、every、no 等在语义学中被看作量词，汉语中的"有些""所有的""每"等在语义学中也被看作量词。为方便起见，我们把汉语语法中的量词像"位""个"等称为分类词（classifier）。相应地，量化短语就是包含量词的名词性短语。例如：

（1）a. a boy、some boy、every boy、no boy

　　　b. 有些人、有些书、所有人、每本书、一个学生

例（1）是量化短语的例子。

专有名词的语义类为 e，指谓特定的个体。量化短语不指谓

特定的个体，所以它的语义类不能为 e。量化短语的语义类，在确定时也要看输入成分与输出成分的语义类。假设一个句子的主语是一个量化短语，我们已经知道动词短语的语义类是 <e, t>，句子的语义类是 t，而且根据上述分析，量化短语的语义类不能是 e。为了满足语义类匹配的要求，我们只能反过来将量化短语看作函数，即将动词短语作为输入成分，句子作为输出成分。例如：

（2）语义树

据此，可以推断量化短语的语义类为 <<e, t>, t>。例如：

（3）TYPE(QP) = <<e, t>, t>

由例（2）可知，量化短语（QP）是函数，动词短语（VP）是其论元。函数与论元或者说谓词与论元是相对的。我们可以将动词视为谓词，与之依存的名词性成分为其论元，如例（4a）；我们也可以将名词性成分视为谓词，与之依存的动词为其论元，如例（4b）：

（4）a. "抽烟"为谓词的情形

b. "张三"为谓词的情形

根据例（4），"张三"有两种语义类，一是 e，二是 <<e, t>, t>。

同样的语言表达式，可以有不同的语义类。比如说，"乔姆斯基是一位教师"与"一位教师来了"，两个句子虽然都有"一位教师"，但它们的语义类不同。第一句中的"一位教师"的语义类为 <e, t>，第二句中的"一位教师"的语义类为 <<e, t>, t>。

3.3　限定词的语义类

量词是语义学的术语，它跟 NP 组成量化短语。在句法学中，量词被称为限定词（D），相应地，量化短语（QP）也被称为限定短语（DP）。对限定短语及其内部的组成成分而言，DP 是输出成分，NP 是输入成分，D 为函数。例如：

（1）a. 句法树

　　b. 语义树

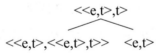

DP 的语义类是 <<e, t>, t>，NP 的语义类为 <e, t>，所以，D 的语义类为 <<e, t>, <<e, t>, t>>。

（2）TYPE（D）=<<e, t>, <<e, t>, t>>

"所有的"与"有的"都跟普通名词组合，组合后的语义类是 <<e, t>, t>，普通名词的语义类是 <e, t>，所以，"所有的"与"有的"的语义类为 <<e, t>, <<e, t>, t>>。例如：

（3）a. TYPE（所有的）= <<e, t>, <<e, t>, t>>

　　b. TYPE（有的）= <<e, t>, <<e, t>, t>>

有些限定短语也可以指谓个体。指谓个体的限定短语

（DP），其语义类是 e，名词短语（NP）的语义类是 <e, t>，所以，限定词（D）的语义类就是 <<e, t>, e>。假定"这一个学生"可以指谓特定的学生，即"从具有学生的特征的个体集合中挑选出一个个体"，则"这"的语义类为 <<e, t>, e>。

（4）语义树

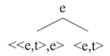

DP 在指谓个体的时候，语义类为 e；在指谓属性的集合的时候，语义类为 <<e, t>, t>。相应地，限定词 D 也具有两种不同的语义类。例如：

（5）a. TYPE（D）= <<e, t>, e>

　　 b. TYPE（D）= <<e, t>, <<e, t>, t>>

从数学的角度看，例（5）不是好的描述，因为它由定义域到值域的映射出现了一对多的关系。这个时候，也可以将 D 重新分类。例如：

（6）a. TYPE（D）= <<e, t>, e>

　　 b. TYPE（Q）= <<e, t>, <<e, t>, t>>

例（6a）仍然是限定词（D）的语义类，例（6b）则将例（5b）中的 D 换为量词（Q）。即：例（6a）是限定词的语义类，例（6b）是量词的语义类。不过，语义学家们能容忍例（5）的存在。我们在以后的写作中也不特别区分限定词与量词。

4. 本章结语

语义类中有两个基本语义类，一个是对应于命题／陈述句的 t，一个是对应于个体／专有名词的 e，其他语言表达式的语义类都是由它们推导出来的。在推导的过程中，首先推导不及物动词的语义类，接着根据非分枝节点的传递性得到动词短语的语义类，然后由动词短语的语义类与专有名词的语义类得到单及物动词的语义类，并进一步得到双及物动词的语义类。名词性成分的语义类，比较复杂。专有名词的语义类是 e；普通名词的语义类为 <e, t>；名词短语的语义类，可以是 e，也可以是 <e, t>，还可以是 <<e, t>, t>。e 对应于特定的个体，<e, t> 对应于个体的集合，<<e, t>, t> 对应于属性的集合。两个成分只有语义类匹配，即论元的语义类跟函数的输入类相同，方能执行函数运算规则。

◢ 练习

1. 根据以下各表达式的语义类，运用函数运算规则进行计算，看看哪些可以计算，哪些不能计算，能计算的请将结果计算出来。

TYPE(f) = <e, t>　　　TYPE(a) = <e>　　　TYPE(h) = <t,t>

TYPE(j) = <<e, t>,t>　　TYPE(g) = <<e, t>,<e, t>>

（1）f(a)　　（2）g(f)　　（3）g(a)

（4）h(f)　　（5）j(f)　　（6）(g(f))(a)

2. 请阅读以下材料，并推导相关成分的语义类，然后翻译成汉语，计算出相应汉语表达式的语义类。

（1）Bacchus is happy.

　　happy is of type <e, t>

（2）Bacchus is very happy.

　　very happy is of type <e, t>

　　very is of type <<e, t>, <e, t>>

（3）Mercury runs.

　　runs is of type <e, t>

（4）Mercury runs fast.

　　runs fast is of type <e, t>

　　fast is of type <<e, t>, <e, t>>

3. 假定"的"的语义类为 0，请计算名词短语"优秀的教师"中"优秀"的语义类。

4. 请计算句子"张三优秀"中"优秀"的语义类。

5. 为什么说 John is a man 中的 a man 的语义类可以是 <e, t>？请计算。

6. 根据下图计算 every man 的语义类。

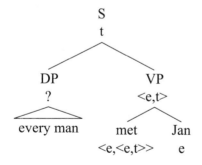

7. 写出下边画线部分的语义类。

（1）张三来了。

（2）张三喜欢李四。

（3）张三送了李四《红楼梦》。

（4）张三喜欢那本书。

（5）张三是个医生。

（6）张三遇到一个医生。

（7）张三邀请了这位医生。

8. 写出下边画线部分的语义类。

（1）张三慢慢地走了。

（2）张三不喜欢李四。

（3）张三遇见了聪明的学生。

（4）张三应该去南京。

（5）应该张三去南京。

9. 给出下边句子的句法树与语义树。

（1）张三笑。

（2）张三看见李四。

（3）张三赠送李四《三国演义》。

（4）张三高兴地看见李四。

第二章　语义表达式

在语义学中，一个语言表达式，如词、短语、句子，除了有类别之外，还有语义。类别就是上一章所讲的语义类，语义就是这一章所讲的语义表达式。语义表达式有两种，一是采用集合的方式，二是采用函数的方式，这两种方法是等价的。函数方式主要是采用λ表达式，这涉及λ抽象与λ还原，λ抽象是获得语义的函数表达式的过程，λ还原是对函数表达式进行消元的过程。语义表达式与语义类之间有一定的对应关系。

1. 语义的表达方式

名词比较复杂。一般来说，专有名词指谓个体，普通名词语指谓个体的集合。例如：

（1）a. "张三"的指谓＝张三

　　　b. "贾宝玉"的指谓＝贾宝玉

　　　c. "乔姆斯基"的指谓＝Noam Chomsky

（2）a. "教师"的指谓＝教师的集合

　　　b. "椅子"的指谓＝椅子的集合

　　　c. "桌子"的指谓＝桌子的集合

例（1）与例（2）可以分别表达为例（3）与例（4）：

（3）a. ‖张三‖＝张三

　　　b. ‖贾宝玉‖＝贾宝玉

　　c. ‖乔姆斯基‖ = Noam Chomsky

（4）a. ‖教师‖ = { 张三，李四，王五，…}

　　　b. ‖椅子‖ = { 椅子$_1$，椅子$_2$，椅子$_3$，…}

　　　c. ‖桌子‖ = { 桌子$_1$，桌子$_2$，桌子$_3$，…}

例（3）与例（4）中的"‖…‖"是解释函数，例（4）中的"{…}"是集合表达。例（4）采用的是列举的方式，它的集合可能是个无限集。

　　为考察的方便，我们也可以设置一种模型，让词项对应的个体有限。词项所对应的个体构成论域（U），论域是话语涉及的全部人和物的集合。例如：

　　　（5）U = { 张三，李四，王五，赵六 }

注意，论域 U 中的"张三""李四"等是逻辑语言中的词项，对应于外部世界中的具体人和物。在例（6）中，"教师"指谓的是由个体构成的有限集，不像例（4a）：

　　　（6）‖教师‖ = { 张三，李四，王五 }

　　论域就是情境，论域设置好了，在判断真值的时候就不需要考虑论域之外的情形了。

　　不仅普通名词可以用集合定义，动词也可以采用集合进行定义。我们下边还是采用列举法。例如：

　　　（7）a. ‖散步‖ = { 张三，李四 }

　　　　　b. ‖唱歌‖ = { 李四，赵六 }

　　　　　c. ‖称赞‖ = {< 张三，张三 >，< 张三，李四 >}

　　　　　d. ‖喜欢‖ = {< 张三，赵六 >，< 赵六，张三 >}

例（7a—b）中的词项指谓的是个体构成的集合；例（7c—d）中的词项指谓的是关系构成的集合，其中元素由有序二元组构成。在例（7d）中，<张三，赵六>与<赵六，张三>是不同的元素，前者表示"张三喜欢赵六"，后者表示"赵六喜欢张三"。

　　集合的表达方式，除了列举法之外，还有谓词法。列举法就是尽可能地把集合中的成员一一列举出来，碰到无限集，就列举部分成员。谓词法就是通过说明元素的性质或相互关系定义集合。例如：

（8）a. ‖散步‖ = {x | x 散步 }

　　　b. ‖唱歌‖ = {x | x 唱歌 }

　　　c. ‖称赞‖ = {<x, y> | x 称赞 y}

　　　d. ‖喜欢‖ = {<x, y> | x 喜欢 y}

x、y是变元，并不代表具体的个体，或者说并不指谓特定的人或物。竖线左侧的 x 与 <x, y> 是集合中的成员，竖线右侧的描述是关于集合成员的条件，它规定了什么样的个体或个体有序二元组可以成为集合的成员。整个括号"{…}"表示集合。

　　谓词法定义的集合也可以改写成 λ-表达式（λ 念作 lambda），例（8）可以改写为例（9）：

（9）a. ‖散步‖ = λx. 散步 (x)

　　　b. ‖唱歌‖ = λx. 唱歌 (x)

　　　c. ‖称赞‖ = λy.λx. 称赞 (y)(x)

　　　d. ‖喜欢‖ = λy.λx. 喜欢 (y)(x)

在例（9）中，x、y是变量，也可称为变元、变项；λ是函数抽象算子。例（9）是语义的函数表达式，其中的点号（"."）与括号（"( )"）没有表义的作用，只是为阅读方便而添加的。在不影响阅读的情况下，我们会省略点号。为简单起见，例（8）中变量的位置，是按照汉语的语序设置的；例（9）中的变量位置，是按由宾语到主语设置的，其中的 y 代表宾语，x 代表主语，在将来语义计算的时候，宾语先替换 y 位置，接着主语替换 x 位置。

2. λ 抽象与 λ 还原

2.1　λ 抽象

语义计算要遵守组合原则，比如说一个主动宾结构，其中谓词 f 通常先跟宾语位置的论元 o 组合，然后跟主语位置的论元 s 组合。粗略地说，宾语位置的论元可称为内部论元，主语位置的论元可称为外部论元。例如：

（1）

$$
\begin{array}{c}
f(o)(s) \\
\diagup\diagdown \\
s\quad f(o) \\
\diagup\diagdown \\
f\quad o
\end{array}
$$

例（1）运用的是第一章的函数运算规则，所采用的计算方式也称函数运算，它是函数及其论元的组合过程，其中 s 是外部论元，o 是内部论元。函数运算规则可应用于语义类的计算，也可用于语义表达式的计算。第一章运用函数运算规则计算语义类，这一章将采用函数运算规则进行语义计算。例如：

（2）a. 张三称赞李四。

　　　b. 称赞（李四）（张三）

（3）a. 张三讨厌李四。

　　　b. 讨厌（李四）（张三）

（4）a. 张三送《红楼梦》给王五。

　　　b. 送（王五）（红楼梦）（张三）

在例（2）中，函数 / 谓词"称赞"首先跟内部论元"李四"组合，然后跟外部论元"张三"组合。在例（3）中，函数 / 谓词

"讨厌"首先跟内部论元"李四"组合，然后跟外部论元"张三"组合。在例（4）中，函数/谓词"送"首先跟间接内部论元"王五"组合，再跟直接内部论元"红楼梦"组合，最后跟外部论元"张三"组合。例（2—4）中的 b 是 a 的语义表达式。

　　谓词的语义，要用函数抽象进行计算，这种函数抽象通常采用 λ 表达式，所以函数抽象也叫 λ 抽象（λ-abstraction）。λ 抽象是将命题转变为函数的方法，函数为谓词，所以 λ 抽象也叫谓词抽象。λ 抽象是用 λ 算子约束命题函数中的变量，并使得整个表达式的所指成为一个函数的过程。对命题中的所有论元进行 λ 抽象之后，就得到各种谓词的语义表达式。基本步骤如下。

　　第一步是对外部论元进行 λ 抽象，即用变量替换外部论元，并用 λ 算子约束该变量。例如：

（5）a. 张三称赞李四。

　　　b. 称赞 (李四)(张三)

　　　c. 称赞 (李四)(x)

　　　d. λx. 称赞 (李四)(x)

例（5a）是句子，例（5b）是该句子的语义，例（5c）是用 x 替换外部论元，例（5d）是用 λ 算子约束变量 x。例（5d）的结果就是 λ 抽象，得到的表达式就是谓语/动词短语"称赞李四"的语义。

　　第二步是对内部论元进行 λ 抽象，即用变量替换内部论元，并用 λ 算子约束该变量。例如：

（6）a. 张三称赞李四。

　　　b. 称赞 (李四)(张三)

　　　c. λx. 称赞 (李四)(x)

　　　d. λx. 称赞 (y)(x)

e. λy.λx. 称赞 (y)(x)

例（6a）是句子，例（6b）是该句子的语义，例（6c）是该句谓语"称赞李四"的语义，例（6d）是用 y 替换内部论元，例（6e）是用 λ 算子约束变量 y。例（6e）的结果也是 λ 抽象，得到的表达式就是谓词 / 动词"称赞"的语义。

第一步得到的是一元谓词的语义表达式，第二步得到的是二元谓词的语义表达式，例如：

（7）a. ‖称赞李四‖ = λx. 称赞（李四）(x)

　　　b. ‖称赞‖ = λy.λx. 称赞 (y)(x)

例（7）左边是"称赞李四"与"称赞"的解释函数，其中"称赞李四"与"称赞"是语言表达式，为短语与词。右边是该解释函数的 λ 表达式，即"称赞李四"与"称赞"的语义，其中的 y 是函数的内部论元，x 是函数的外部论元，"称赞"是 x 与"李四"或 x 与 y 之间的关系。这种关系写成"称赞"是为了阅读方便和表达简洁，也可以写作其他形式。例如：

（8）a. ‖称赞‖ = λy.λx.Chengzan(y)(x)

　　　b. ‖称赞‖ = λy.λx.CZ(y)(x)

　　　c. ‖称赞‖ = λy.λx.C (y)(x)

　　　d. ‖称赞‖ = λy.λx.x 用言语表达对 y 的优点的喜爱

　　　e. ‖称赞‖ = λy.λx. 称赞′(y)(x)

例（8a）写成"Chengzan"，例（8b）写成"CZ"，例（8c）写成"C"，例（8d）写成"……用言语表达对……的优点的喜爱"，例（8e）写成"称赞′"。

λ 抽象可以对任一位置的成分进行抽象，即：既可以对论元位置的成分进行抽象，也可以对谓词位置的成分进行抽象。例如：

（9）a. 张三散步。

　　　b. 散步（张三）

　　　c. P（张三）

　　　d. λP.P（张三）

例（9a）是句子，例（9b）是该句子的语义，例（9c）用变量 P 替换"散步"，例（9d）用 λ 算子约束变量 P。最终得到"张三"的另一种语义表达式，如例（10a）：

（10）a. ‖张三‖ = λP.P（张三）

　　　b. ‖张三‖ = 张三

例（10a）中的"张三"是个谓词，它的语义类为 $<<e, t>, t>$，以属性为论元。例（10b）是把"张三"看作专有名词，它的语义类为 e。在例（9）中，"张三"本来处于论元位置，现在反倒成了谓词；"散步"本来处于谓词位置，现在反倒成了论元。论元位置、谓词位置是句法概念，论元、谓词是语义概念，两者可以不对应，即论元位置可以占据论元，也可以占据谓词；谓词位置可以占据谓词，也可以占据论元。此外，语义学中的谓词和句法学中的谓词也不同。语义学中的谓词可以是动词与形容词，也可以是名词与介词，跟论元相对；句法学中的谓词只能是动词与形容词，不能是名词与介词，跟体词等相对。本书的谓词是语义概念，论元位置与谓词位置是句法概念。

2.2　λ 还原

对 λ 约束的变量进行赋值，可以消去 λ 算子。这个逐步消去 λ 算子的过程，可称为 λ 还原（λ-conversion）。λ 还原是 λ 抽象的逆过程，采用自下而上的计算方式，遵循函数运算规则。基本步骤如下。

第一步是让谓词跟内部论元组合，谓词放在前边，内部论元放在谓词的后边并带上括号。如例（1b）：

（1）a. 称赞 + 李四

　　　b. λy.λx. 称赞 (y)(x)（李四）

　　　c.［λy.λx. 称赞 (y)(x)］（李四）

为了阅读方便，可以将 λ 表达式放在"［　］"中，如例（1c）。"［　］"本身没有意义，也可以略去不写。

第二步是让内部论元替换最前边的 λ 所约束的变量 y，并消去该 λ 算子。例如：

（2）a. 称赞 + 李四

　　　b.［λy.λx. 称赞 (y)(x)］（李四）

　　　c. λx. 称赞（李四）(x)

例（2c）是对例（2b）的 λ 还原，还原前后的两个式子同义。我们还可以接着让例（2）跟外部论元组合，仍然是让谓词放在前边，外部论元放在谓词的后边并带上括号。例如：

（3）a. 张三 + 称赞李四

　　　b. λx. 称赞（李四）(x)（张三）

　　　c.［λx. 称赞（李四）(x)］（张三）

第三步是让外部论元替换前边 λ 所约束的变量 x，并消去该 λ 算子。例如：

（4）a. 张三 + 称赞李四

　　　b.［λx. 称赞（李四）(x)］（张三）

　　　c. 称赞（李四）(张三)

λ 还原是替换、消去的过程，替换相应的变量，消去相应的 λ 算子。根据组合性，最先替换的是外层 λ 算子所约束的变量并消去该算子，依次进行。例如：

（5）a. ［λx.λy.λz. 送 (x)(y)(z)］（王五）（红楼梦）（张三）

　　b. ［λy.λz. 送（王五）(y)(z)］（红楼梦）（张三）

　　c. ［λz. 送（王五）（红楼梦）(z)］（张三）

　　d. 送（王五）（红楼梦）（张三）

第一步是"王五"参与计算，替换变量 x 并消去约束 x 的 λ 算子，如例（5b）；第二步是"红楼梦"参与计算，替换变量 y 并消去约束 y 的 λ 算子，如例（5c）；第三步是"张三"参与计算，替换变量 z 并消去约束 z 的 λ 算子，如例（5d）。例（5d）是"张三送王五《红楼梦》"的语义。

3. 义与类的对应性

在语义学中，语义表达式跟语义类之间有对应性。"λy.λx. 称赞 (y)(x)"是"称赞"的语义表达式，<e, <e, t>> 是"称赞"的语义类。在 <e, <e, t>> 中，第一个 e 对应于 λ 所约束的个体 y；第二个 e 对应于 λ 所约束的个体 x；第三个 t 对应于开放命题——"称赞 (y)(x)"。例如：

（1）

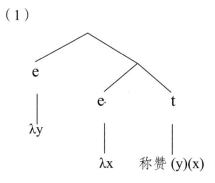

所以，"λy.λx. 称赞 (y)(x)" 可以写作例（2a）：

（2）a. ‖称赞‖ = λy∈D$_e$.λx∈D$_e$. 称赞 (y)(x)

　　　b. TYPE(称赞) = <e, <e, t>>

例（2a）是"称赞"的语义表达式，例（2b）是"称赞"的语义类。例（2a）还从语义类的角度对 y 与 x 作出了规定，即其中的 y 与 x 都是语义类为 e 的个体。D$_e$={x| x 是个体 }，即语义类为 e 的表达式的可能指谓集（the set of possible denotation）。在刚开始学习的时候，应尽可能地标记 λ 算子约束的变量的语义类，如采用例（2a）这样的形式。需要注意的是，每一个函数中的每一个变量都有相应的语义类，变量的语义类不同，函数也就不同，如"λx∈D$_e$. x"与"λx∈D$_{<e, t>}$. x"就是两个不同的函数。

不仅语义表达式跟语义类之间有对应性，而且 λ 约束的变量跟命题函数中的变量的次序要一致。例（2）中 λ 约束的变量跟命题函数"称赞 (y)(x)"中变量的次序一致：λ 约束的变量 y 在最左边，命题函数中的变量 y 也在最左边；λx 在 λy 的右边，则命题函数中的变量 x 也在 y 的右边。又如：

（3）a.

b.

c.

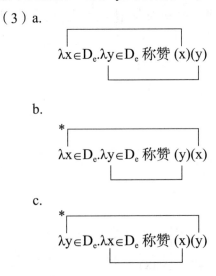

d.

$$\lambda y \in D_e . \lambda x \in D_e \ 称赞 \ (y)(x)$$

根据次序一致要求，例（3a）与例（3d）正确，例（3b）与例（3c）不正确。强调一句，在不影响阅读的情况下，语义表达式中的点号可省略。

这里规定次序，反映着动词中心论，即抽象的是个体的所指而非动词的所指。如果我们在抽象动词之后再去抽象个体的话，会出现相反的次序，如"$\lambda x.\lambda P. P(x)$"，它要求先输入一个专有名词的语义表达式，再输入动词的语义表达式。我们在很多的时候，往往以动词为中心，如让动词先跟宾语合并，再跟主语合并，所以规定次序会更方便。

第一，可以建立语义规约，如"称赞（李四）（张三）"只表示"张三称赞李四"，不表"李四称赞张三"，靠近动词的是内部论元。

第二，可以反映计算顺序，λ 所约束的变量有一定的次序，这跟谓词跟论元组合的先后顺序有关，谓词先跟内部论元合并，然后再跟外部论元合并。例如：

（4）先合并：动词 + 内部论元

$$\lambda x \in D_e . \lambda y \in D_e \ 称赞 \ (x)(y)$$

后合并：外部论元 + 动词短语

第三，可以体现结构层级，这跟计算顺序相关，即谓词首先跟内部论元合并，如例（5a），然后再跟外部论元合并，如例（5b）。例如：

（5）a.

$$[\lambda x \in D_e . \lambda y \in D_e \ 称赞 \ (x)(y)] \ (李四)$$

b. ［λy∈D_e 称赞 (李四)(y)］(张三)

⇨ 称赞 (李四)(张三)

根据语义类与语义表达式之间的对应性，我们可以依据语义类为谓词确定语义表达式。像一元谓词，其语义类为 <e, t>，t 对应于开放命题，e 规定了变量的类型。例如：

例（6）中开放命题只能包含语义类为 e 的变量，相应的谓词需要对该变量进行 λ 约束。

一元谓词，其语义类为 <e, t>，其对应的开放命题得有一个个体变量，并由 λ 算子约束。例如：

（7）a. 狗：<e, t>　　λx∈D_e 狗 (x)

　　 b. 跑：<e, t>　　λx∈D_e 跑 (x)

　　 c. 白：<e, t>　　λx∈D_e 白 (x)

例（7）中的"狗""跑""白"，虽然分别是名词、动词、形容词，但语义类都是 <e, t>，所以各自的 λ 表达式中只有一个由 λ 约束的个体变量 x，"狗""跑""白"都是各自 λ 表达式中的变量 x 的属性，即 x 具有"狗""跑""白"的属性，如"这个是狗""张三跑了""这块布很白"。

二元谓词，其语义类为 <e, <e, t>>，其对应的开放命题得有两个个体变量，并由 λ 算子按照相应的次序约束。例如：

（8）a. 喜欢：<e, <e, t>>　　λy∈D_e.λx∈D_e. 喜欢 (y)(x)

　　　b. 讨厌：<e, <e, t>>　　λy∈D_e.λx∈D_e. 讨厌 (y)(x)

　　　c. 学习：<e, <e, t>>　　λy∈D_e.λx∈D_e. 学习 (y)(x)

　　　d. 看：<e, <e, t>>　　λy∈D_e.λx∈D_e. 看 (y)(x)

例（8）中"喜欢""讨厌""学习""看"的语义类都是 <e, <e, t>>，所以各自的 λ 表达式中都有两个由 λ 约束的个体变量 y 与 x，"喜欢""讨厌""学习""看"都是各自 λ 表达式中的变量 y 与 x 之间的关系，即 x 与 y 之间具有"喜欢""讨厌""学习""看"的关系，如"张三喜欢李四""张三讨厌李四""张三学习李四""张三看《红楼梦》"。

　　名词的语义类也可以是 <e, <e, t>>，其对应的开放命题也得有两个个体变量，并由 λ 算子按照相应的次序约束。例如：

（9）a. 父亲：<e, <e, t>>　　λy∈D_e.λx∈D_e. 父亲 (y)(x)

　　　b. 姐姐：<e, <e, t>>　　λy∈D_e.λx∈D_e. 姐姐 (y)(x)

　　　c. 尾巴：<e, <e, t>>　　λy∈D_e.λx∈D_e. 尾巴 (y)(x)

　　　d. 鼻子：<e, <e, t>>　　λy∈D_e.λx∈D_e. 鼻子 (y)(x)

例（9）中"父亲""姐姐""尾巴""鼻子"的语义类都是 <e, <e, t>>，所以各自的 λ 表达式中都有两个由 λ 约束的个体变量 y 与 x，"父亲""姐姐""尾巴""鼻子"都是各自 λ 表达式中的变量 y 与 x 之间的关系，即 x 与 y 之间具有"父亲""姐姐""尾巴""鼻子"的关系，如"张三是张小三的父亲""张红是张小红的姐姐""这个是狐狸的尾巴""那个是李四的鼻子"。

　　形容词的语义类也可以是 <e, <e, t>>，其对应的开放命题也得有两个个体变量，并由 λ 算子按照相应的次序约束。例如：

（10）a. 耐心：<e, <e, t>>　　　　λy∈D_e.λx∈D_e. 耐心 (y)(x)

b. 友好：<e, <e, t>> $\lambda y \in D_e.\lambda x \in D_e.$ 友好 $(y)(x)$

c. 严：<e, <e, t>> $\lambda y \in D_e.\lambda x \in D_e.$ 严 $(y)(x)$

d. 熟：<e, <e, t>> $\lambda y \in D_e.\lambda x \in D_e.$ 熟 $(y)(x)$

例（10）中"耐心""友好""严""熟"的语义类都是 <e, <e, t>>，所以各自的 λ 表达式中都有两个由 λ 约束的个体变量 y 与 x，"耐心""友好""严""熟"都是各自 λ 表达式中的变量 y 与 x 之间的关系，即 x 与 y 之间具有"耐心""友好""严""熟"的关系，如"张三对李四很耐心""张三对李四很友好""张三对李四很严""张三对这一带很熟"。

三元谓词的语义类为 <e, <e, <e, t>>>，其对应的开放命题也得有三个个体变量，并由 λ 算子按照相应的次序约束。例如：

（11）a. 送：<e, <e, <e, t>>>

$\lambda z \in D_e.\lambda y \in D_e.\lambda x \in D_e.$ 送 $(z)(y)(x)$

b. 告诉：<e, <e, <e, t>>>

$\lambda z \in D_e.\lambda y \in D_e.\lambda x \in D_e.$ 告诉 $(z)(y)(x)$

c. 教：<e, <e, <e, t>>>

$\lambda z \in D_e.\lambda y \in D_e.\lambda x \in D_e.$ 教 $(z)(y)(x)$

例（11）中"送""告诉""教"的语义类都是 <e, <e, <e, t>>>，所以各自的 λ 表达式中都有三个由 λ 约束的个体变量 z、y 与 x，"送""告诉""教"都是各自 λ 表达式中变量 z、y 与 x 之间的关系，即 x 与 z、y 之间具有"送""告诉""教"的关系，如"张三送李四《红楼梦》""张三告诉李四这件事""王五教赵六这道算术题"。"告诉"的语义类也可以是 <e, <t, <e, t>>>，如"张三告诉李四王教授明天来"。具体的语义类可根据实际情况拟测。

修饰动词短语的副词的语义类是 <<e, t>, <e, t>>，根据语义类与语义表达式之间的对应关系，其对应的开放命题中得有两个变量，第一个变量的语义类是 $<e, t>$，第二个变量的语义类是 e，并由 λ 算子按照相应的次序约束。例如：

（12）a. 非常：$<<e, t>, <e, t>>$

$$\lambda Q \in D_{<e, t>}.\lambda x \in D_e. \text{非常} (Q)(x)$$

b. 偷偷地：$<<e, t>, <e, t>>$

$$\lambda Q \in D_{<e, t>}.\lambda x \in D_e. \text{偷偷地} (Q)(x)$$

例（12）是语义类为 $<<e, t>, <e, t>>$ 的副词，所以有两个由 λ 约束的变量，分别为属性变量 Q 与个体变量 x，λ 表达式中的"非常""偷偷地"是 Q 的属性，Q 又是 x 的属性，即 x 的属性 Q 具有"非常""偷偷地"的属性，如"张三非常漂亮""张三偷偷地喜欢小红"。简言之，输入一个属性，产生一个新的属性，如由"漂亮"这一属性变成"非常漂亮"这一新的属性，由"喜欢小红"这一属性变成"偷偷地喜欢小红"这一新的属性。

4. 本章结语

语义可以采用集合的方式表达，也可以采用函数的方式表达，两种方式等价。一般来说集合式表达更直观，但为了计算的方便，人们比较倾向于函数表达。这里的函数表达主要是采用 λ 表达式。为得到词义，可以采用 λ 抽象，即将句义中与该词无关的信息依次用变量提取，并用 λ 对变量进行约束；为得到短语与句子的语义，可以采用 λ 还原，即用论元依次填充 λ 表达式中的变量。λ 抽象采用自上而下的操作，λ 还原采用自下而上的操作。λ 抽象会增添变量，增添 λ 算子；λ 还原会减少变量，减少 λ 算子。在目前的框架中，语义类跟语义表达式之间具有对应性，可以根据语义类写出语义表达式。

◢ 练习

1. 用集合与函数的两种方式表达"哭、笑、吃饭、喝、编写、回答"的语义。

2. 翻译以下材料，了解跟命题相关的一些概念（Murphy & Koskela 2010）[①]。

A proposition may be defined as the meaning of a SENTENCE that makes a statement about some state of affairs. As such, a proposition has a TRUTH VALUE; it can be either true or false. A proposition is independent of the linguistic structure used to express it, which is to say that the same proposition can be expressed by different sentences. Thus all the sentences below express the proposition 'Olivia opened the door':

> Olivia opened the door.
>
> The door was opened by Olivia.
>
> It was the door that Olivia opened.
>
> What Olivia did was open the door.

Only declarative sentences express a proposition, because only they make a statement that can be true or false. But interrogative and imperative sentences are sometimes viewed as sharing the propositional content of a corresponding declarative sentence, while either questioning its truth or expressing the proposition as a desirable state of affairs. It is also possible for the same sentence to be used to express different propositions — for example, *I'm opening the door* expresses a different proposition depending on who the

---

① Murphy, M. L. & A. Koskela. 2010. *Key Terms in Semantics*. London: Continuum.

speaker is.

A proposition consists of a PREDICATE and one or more ARGUMENTS — for example, in 'Olivia opened the door', the predicate is 'open' and 'Olivia' and 'the door' are the arguments. PREDICATE CALCULUS provides a formal description of the relations between predicates and arguments. PROPOSITIONAL LOGIC studies the relations that can hold between whole propositions irrespective of the internal parts of propositions.

3. 根据以下信息，采用 λ 抽象，推导"讨厌"与"送"的语义表达式。

   （1）a. 张三讨厌李四。

      b. 讨厌（李四）（张三）

   （2）a. 张三送《红楼梦》给王五。

      b. 送（王五）（红楼梦）（张三）

4. 翻译下列材料，了解 λ 抽象的方法，并了解采用 λ 抽象的理由（Verkuyl 2002）[①]。

The term λ-abstraction can be easily understood by considering the proposition $W(m)$ which is of type t. Replacing the constant m by the variable x, yields the formula $W(x)$, which is also of type t. However, it is impossible to interpret this formula because of the free variable x. In fact, what it expresses is a function looking for an appropriate value to make a proposition. By the addition of λx to the formula $W(x)$, Rule f makes a one-place predicate $\lambda x.W(x)$ of type $<e, t>$ which looks for an argument of type e to make a proposition. In other words, $\lambda x.W(x)$ construes the set W of all individuals x who

①　Verkuyl, H. J. 2002. *Formal Semantics Course* (ms.). UiL OTS: University of Utrecht.

walk, $\lambda x. W(x) = W$. Why do we need $\lambda x. W(x)$ if we have W? For two reasons: (a) we can also apply lambda-abstraction to two- and more-place predications abstracting over the different argument places; (b) we now have a handy way of speaking about a predicate as a function. This is very convenient if we want to analyze predications combining one and more-place predicates as in *Bertie admires Anna and sings beautifully.*

5. 翻译以下材料，了解 λ 还原（Jacobson 2016）[①]。

　　Take any formula of the form $\lambda u\ [\ \alpha\ ]\ (c)$. Call $\alpha/u \to c$ the formula derived from $\lambda u\ [\ \alpha\ ]\ (c)$ except where all occurrences of u in α are replaced by c. In general (but not always—the exception to be discussed directly) these two formulas will always have the same value. This is called **lambda conversion**. We have already seen a few instances of this. Thus (12a) and (12b) are guaranteed to have the same value; note that (12b) is the result of applying lambda conversion to (12a):

　　(12) a. $\lambda x_1\ [\ \text{squeak}'(x_1)\ ]\ (\text{Porky}') = $ b. $\text{squeak}'(\text{Porky}')$

　　The sign "=" here means has the same value (on, of course, all assignments). Another example is (13):

　　(13) a. $\lambda x_1\ [\ \lambda x_2\ [\ \text{feed}'(x_1)(x_2)\ ]\ ]\ (\text{Porky}') = $
　　　　 b. $\lambda x_2\ [\ \text{feed}'(\text{Porky}')\ (x_2)\ ]$

　　We also know from the sort of equivalences discussed in 9.2.1 that (b) is equivalent to *feed'(Porky')*. Similarly, the pair in (14) are equivalent:

---

　　①　Jacobson, P. 2016. *Compositional Semantics: An Introduction to the Syntax/Semantics Interface.* Oxford: Oxford University Press.

(14) a. $\lambda x_1 \left[\lambda x_2 \left[\text{feed}'(x_2)(x_1) \right] \right] (\text{Porky}') =$

b. $\lambda x_2 \left[\text{feed}'(x_2)(\text{Porky}') \right]$

Informally, both of these (on all assignments) denote the set of individuals fed by Porky. We can show cases of two lambda conversions, as in (15):

(15) a. $\lambda x_1 \left[\lambda x_2 \left[\text{feed}'(x_2)(x_1) \right] \right] (\text{Porky}')(\text{Dumbo}') =$

b. $\lambda x_2 \left[\text{feed}'(x_2)(\text{Porky}') \right] (\text{Dumbo}') =$

c. $\text{feed}'(\text{Dumbo}')(\text{Porky}')$

6. 翻译以下材料，了解 λ 计算（Murphy & Koskela 2010）[1]。

Lambda calculus or **λ-calculus** is a mathematical system that was developed by Alonzo Church in mid-twentieth century. It is widely used in computer programming, but also in some branches of **FORMAL SEMANTICS**, such as **MONTAGUE GRAMMAR**. It allows for the definition of sets. For example, say that P stands for 'is purple'. Then the **lambda expression**

$(\lambda x (P(x)))$

can be read as 'the set of all x such that x is purple'—in other words, the set of all purple things. This can be interpreted as the representation of a **PROPERTY**, and in order to represent a **PROPOSITION** in which something has that property, the variable x can be specified (here as an individual named Barney), using the following notation:

$(\lambda x (P(x)))(\text{Barney})$

---

[1] Murphy, M. L. & A. Koskela. 2010. *Key Terms in Semantics*. London: Continuum.

This is equivalent to the predicate calculus expression *P(Barney)* 'Barney is purple'. The process of getting from the **lambda-abstracted** expression to the predicate calculus version in which all of the lambda-bound variables are specified is called **lambda conversion**. Since other properties as well as referring expressions can be **abstracted** using the **lambda-operator** λ, more complex interactions than those demonstrated here can be represented, which solves certain ambiguity problems in **MODAL LOGIC** and in the representation of the ellipsis of natural language predicates (*The steak is ready to eat and my dinner guests are too*), for example.

7. 请采用 λ 还原计算以下表达式。

（1）[λQλP∀x [Q(x) → P(x)]] (λy 学生 (y)) (λz 散步 (z))

（2）[λQλP∀x [Q(x) →P(x)]] (λy 政客 (y)) (λz 撒谎 (z))

（3）[λQλP∀x [Q(x)→P(x)]] (λy 学生 (y)) (λz 喜欢语言学 (z))

（4）[λQλP∀x [Q(x)∧P(x)]] (λy 学生 (y)) (λz 喜欢语言学 (z))

（5）[λQλP∀x [Q(x) ∧ P(x)]] (λy 政客 (y)) (λz 撒谎 (z))

8. 写出下边画线部分的语义类及其语义表达式。

（1）张三来了。

（2）张三喜欢李四。

（3）张三送了李四《红楼梦》。

（4）张三是个医生。

（5）张三慢慢地走了。

（6）张三不喜欢李四。

（7）张三遇见了聪明的学生。

（8）张三应该去南京。

9. 请对下边画线部分进行 λ 抽象。

（1）张三笑。

（2）张三看见李四。

（3）张三赠送李四《三国演义》。

10. 请对下边的式子进行 λ 还原。

（1）［λx. 蹦 (x)］(张三)

（2）［λx.λy. 死 (x)(y)］(父亲)(王冕)

（3）［λx. 死 (x)］(王三)

（4）［λx. 送 (x, 张三，红楼梦)］(李四)

（5）［λx. 送 (张黎, x, 红楼梦)］(赵六)

11. 我们为什么不采用以下 λ 表达式？

（1）‖ 称赞 ‖ = λx∈D$_{<e, e>}$. 称赞 (x)

（2）‖ 称赞 ‖ = λx∈D$_e$.λy∈D$_e$. 称赞 (y)(x)

12. 请确定以下划线词的语义表达式与语义类。

（1）鲁迅是作家。

（2）鲁迅是个作家。

（3）鲁迅是一个作家。

第三章　句子的语义

这一章开始介绍语义规则，然后根据词项在词库中的信息，运用这些规则计算简单句与复合句的语义。词项在词库中的信息有语义类与语义表达式。语义学是解释性的，它的任务是对句法学作出解释，所以语义规则要和句法规则相对应，即由一条语义规则解释一条句法规则。句子分简单句与复合句，简单句对应于简单命题，复合句对应于复合命题，复合命题是简单命题通过真值联结词形成的。这两类句子都可以通过语义规则作出解释。

1. 部分规则系统

句法规则可用树形图展示。在树形图中，一个母亲节点可以只有一个女儿节点，也可以有两个女儿节点。例如：

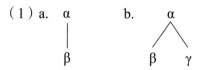

在例（1a）中，α是β的母亲节点，β是α的女儿节点。在例（1b）中，α是β与γ的母亲节点，β与γ是α的女儿节点。只有一个女儿节点的母亲节点为非分枝节点，如例（1a）中的α节点就是非分枝节点。有两个女儿节点的母亲节点叫分枝节点，如例（1b）中的α节点就是分枝节点。语义规则跟句法规则相对应。例如：

（2）a. 句法规则：$\alpha \rightarrow \beta$

　　　b. 语义规则：$\|\alpha\| = \|\beta\|$

（3）a. 句法规则：$\alpha \rightarrow \beta + \gamma$

　　　b. 语义规则：$\|\alpha\| = \|\beta\|(\|\gamma\|)$

语义学是由词库和语义规则两部分构成，以下是几条基本的语义规则（Heim & Kratzer 1998[①]）：

（4）a. **终端节点规则**

　　　　如果 α 为终端节点，并且如果 $\|\alpha\|$ 由词库标注，则 α 在解释函数 $\|.\|$ 的域内。

　　　b. **非分枝节点规则**

　　　　如果 α 为非分枝节点，β 为其女儿节点，则 $\|\alpha\| = \|\beta\|$。

　　　c. **函数运算规则**

　　　　如果 α 为分枝节点，$\{\beta, \gamma\}$ 为其女儿节点集合，且 γ 的语义类跟 β 的输入类相同，则 $\|\alpha\| = \|\beta\|(\|\gamma\|)$。

计算例（1a）中 α 的语义要用"非分枝节点规则"，计算例（1b）中 α 的语义要用"函数运算规则"。为区分谓词与论元，常将论元放在括号"（）"里。

终端节点是树形图中最底部的节点，为填入的词项。终端节点规则就是用终端节点所对应词的语义解释终端节点。例如：

（5）a. 句法结构： N
　　　　　　　　　│
　　　　　　　　　狗

　　　b. 词的语义：$\|狗\| = \lambda x \in D_e \, 狗\,(x)$

　　　c. 应用终端节点规则：$\|狗\| = \lambda x \in D_e \, 狗\,(x)$

　　① Heim, I. & A. Kratzer. 1998. *Semantics in Generative Grammar*. Malden, MA: Blackwell.

例（5a）中的"狗"是词，也是树形图中的终端节点。例（5b）是词库中"狗"的语义，登录在词库中。例（5c）是句法结构中"狗"的语义，由终端节点规则确定。

终端节点规则是将词库中词的语义引进句法，非分枝节点规则是用女儿节点的语义解释非分枝节点。例如：

（6）a. 句法结构：

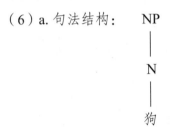

b. N 的女儿节点的语义：$\|狗\| = \lambda x \in D_e$ 狗 (x)

c. 应用非分枝节点规则：$\|NP\| = \|N\| = \|狗\| = \lambda x \in D_e$ 狗 (x)

例（6a）是说 NP 为非分枝节点，只有一个女儿节点 N；N 也是非分枝节点，只有一个女儿节点"狗"。例（6b）是终端节点"狗"的语义。例（6c）是根据非分枝节点规则推导出的 N 与 NP 的语义。

终端节点规则是将词库中词的语义引进句法，非分枝节点规则是将女儿节点的语义传递给非分枝节点，函数运算规则是组合规则，针对的是函数与论元，得采用 λ 还原。例如：

（7）a. 句法结构：

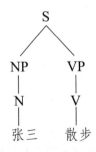

b. S 的女儿节点的语义：

$\|NP\| = 张三$

$\|VP\| = \lambda x \in D_e\ 散步\ (x)$

c. 应用函数运算规则：

$\|S\|$

$= \|VP\|(\|NP\|)$

$= [\lambda x \in D_e\ 散步\ (x)]\ (张三)$

$= 散步\ (张三)$

例（7a）是说 S 为分枝节点，其两个女儿节点分别是 NP 与 VP。例（7b）是 NP 与 VP 的语义，采用的是终端节点规则与非分枝节点规则。例（7c）是运用函数运算规则推导出的 S 的语义。

2. 简单句

2.1　不及物动词构成的简单句

不及物动词，一般就是不带宾语的动词，其成句时可采用如下的短语结构规则：

（1）a. $S \rightarrow NP + V_iP$

　　b. $V_iP \rightarrow V_i$

　　c. $NP \rightarrow N$

V 的下标 i 表示它是不及物动词（intransitive verb）。规则（1a）是说，句子（S）由名词短语（NP）和不及物性动词短语（V_iP）组成。规则（1b）是说，不及物性动词短语由不及物动词组成。规则（1c）是说，名词短语由名词（N）组成。为简单起见，这里的名词暂只考虑专有名词。在树形图中，我们可以标记下标 i，也可以省略下标 i。为简单起见，我们的树形图不标记下标。例如：

（2）张三散步。

例（2）涉及终端节点（"张三"与"散步"）、非分枝节点
（NP、N 与 VP、V）与分枝节点（S）。根据词库和三大基本规
则，例（2）的语义计算过程如下：

（3）a. 词库：

　　‖张三‖= 张三

　　‖散步‖= λx∈D_e. 散步 (x)

　　b. 终端节点规则：

　　‖张三‖= 张三

　　‖散步‖= λx∈D_e. 散步 (x)

　　c. 非分枝节点规则：

　　‖NP‖=‖N‖=‖张三‖= 张三

　　‖VP‖=‖V‖=‖散步‖= λx∈D_e. 散步 (x)

　　d. 函数运算规则：

　　‖S‖=‖VP‖(‖NP‖)

　　　　=［λx∈D_e. 散步 (x)］（张三）

　　　　= 散步（张三）

　　在学习的初始阶段，一定要根据规则，自下而上地计算语
义，要做到每一步都有根据。如先从词库查询所要用到的词项的
语义，接着采用终端节点规则赋予句法结构中各词以语义，然后
根据非分枝节点规则和函数运算规则计算短语或句子的语义。

　　"张三散步"是句子，"散步 (张三)"是该句子的意义，
也称命题。命题有真值，或为真，或为假。"散步 (张三)"为

真还是为假，是看"张三"与"λx∈D$_e$. 散步 (x)"在模型中的关系。"λx∈D$_e$. 散步 (x)"可以转化为集合"{x| x 散步 }"。在模型中，集合可以采用列举法。例如：

（4）a. ‖ 散步 ‖ = { 张三，李四，王五 }

　　　b. ‖ 散步 ‖ = { 赵六，李四，王五 }

对例（4a）而言，因为"张三 ∈{ 张三，李四，王五 }"，所以"散步 (张三) = 1"，即命题为真。对例（4b）而言，因为"张三 ∉{ 赵六，李四，王五 }"，所以"散步 (张三) = 0"，即命题为假。

2.2　单及物动词构成的简单句

及物动词一般分成两类，一是单及物动词，二是双及物动词。单及物动词也可直接叫及物动词。单及物动词就是只带一个宾语的动词，其成句时可采用如下的短语结构规则。例如：

（1）a. S → NP + V$_i$P

　　　b. V$_i$P → V$_t$ + NP

　　　c. NP → N

V 的下标 t 表示它是及物动词（transitive verb）。新增的规则是（1b），该规则是说，不及物性动词短语由及物动词和名词短语组成。在树形图中，我们同样不采用下标形式。例如：

（2）张三称赞李四。

根据词库和三大基本规则，例（2）的语义的计算过程如下：

（3）a. 词库：

　　‖张三‖= ZS

　　‖李四‖= LS

　　‖称赞‖= $\lambda y \in D_e. \lambda x \in D_e.CZ(y)(x)$

b. 终端节点规则：

　　‖张三‖= ZS

　　‖李四‖= LS

　　‖称赞‖= $\lambda y \in D_e. \lambda x \in D_e.CZ(y)(x)$

c. 非分枝节点规则：

　　‖NP‖=‖N‖=‖张三‖= ZS

　　‖NP‖=‖N‖=‖李四‖= LS

　　‖V‖=‖称赞‖= $\lambda y \in D_e. \lambda x \in D_e.CZ(y)(x)$

c. 函数运算规则：

　　‖VP‖=‖V‖(‖NP‖)

　　　　= $\left[\lambda y \in D_e. \lambda x \in D_e.CZ(y)(x) \right] (LS)$

　　　　= $\lambda x \in D_e.CZ(LS)(x)$

　　‖S‖=‖VP‖(‖NP‖)

　　　　= $\left[\lambda x \in D_e.CZ(LS)(x) \right] (ZS)$

　　　　=CZ(LS)(ZS)

在这里，我们故意用 ZS 诠释"张三"。ZS 表示客观世界中的那个名叫张三的人，"张三"是自然语言中的符号。自然语言中的符号或表达式，也叫对象语言；言说对象语言的语言，也称元语言。例（3a）"="左侧的是对象语言，右侧的是元语言。元语言采用什么样的符号具有任意性，原则是易读。

函数运算规则符合组合原则的要求。组合原则认为句子的整体意义是它的部分意义以及它们组成方式的函数。这条原则有两层含义。第一，较小成分的意义决定较大成分的意义。具体地说，词的意义决定短语的意义，短语的意义进而决定句子的意义。第二，组成成分的组合方式也会影响句子的整体意义。例如：

（4）a. 张三称赞李四。
　　　 b. 李四称赞张三。

虽然例（4a）和例（4b）包含的词相同，但两者的组合方式不同，其结果是句子的意义也不同。例如：

（5）a. 称赞（李四）（张三）
　　　 b. 称赞（张三）（李四）

例（5a）是例（4a）的语义，例（5b）是例（4b）的语义。这就说明，语义理论除了给语言中的词指派意义以外，还必须有一定数量的语义规则，以便推出语句的意义。根据词项的语义类与函数运算规则，组合得具有层次性。例如：

（6）

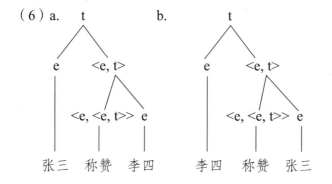

2.3 双及物动词构成的简单句

双及物动词就是带两个宾语的动词，它所构成的句子常常被称为双宾句。双及物动词首先跟一个宾语组合以构成及物性动词短语，如规则（1c），再跟另一个宾语组合以构成不及物性动词短语，如规则（1b），其成句时可采用如下的短语结构规则。例如：

（1）a. S → NP + V_iP

　　b. V_iP → V_tP + NP

　　c. V_tP → V_d+NP

　　d. NP → N

V 的下标 d 表示它是双及物动词（ditransitive verb）。及物性动词短语还得跟宾语组合，不及物性动词短语就不能跟宾语组合了，它得跟主语组合。由规则（1c）到规则（1b），再由规则（1b）到规则（1a），它反映着双及物动词在组合中的层级性，即由三元谓词变成二元谓词，再由二元谓词变成一元谓词，最后由一元谓词达成饱和。至此，我们可以建构如下的短语结构规则：

（2）a. S → NP + V_iP

　　b. V_iP → $\left\{\begin{array}{l} V_i \\ V_t+NP \\ V_tP + NP \end{array}\right\}$

　　c. V_tP → V_d+NP

　　d. NP → N

双及物动词和名词短语组合之后可得到及物性动词短语（V_tP），及物动词和及物性动词短语在跟名词短语组合之后可得到不及物性动词短语（V_iP）。在树形图中，我们同样不采用下标形式。例如：

（3）张三送李四《红楼梦》。

根据词库和三大基本规则，例（3）的语义的计算过程如下：

（4）a. 词库：

‖张三‖＝张三′

‖送‖＝$\lambda z \in D_e. \lambda y \in D_e. \lambda x \in D_e$ 送′(z)(y)(x)

‖李四‖＝李四′

‖红楼梦‖＝红楼梦′

b. 终端节点规则：

‖张三‖＝张三′

‖送‖＝$\lambda z \in D_e. \lambda y \in D_e. \lambda x \in D_e$ 送′(z)(y)(x)

‖李四‖＝李四′

‖红楼梦‖＝红楼梦′

c. 非分枝节点规则：

‖NP‖＝‖N‖＝‖张三‖＝张三′

‖V‖＝‖送‖＝$\lambda z \in D_e. \lambda y \in D_e. \lambda x \in D_e$ 送′(z)(y)(x)

‖NP‖＝‖N‖＝‖李四‖＝李四′

‖NP‖＝‖N‖＝‖红楼梦‖＝红楼梦′

d. 函数运算规则：

‖VP‖＝‖V‖(‖NP‖)

$= \left[\lambda z \in D_e. \lambda y \in D_e. \lambda x \in D_e \text{送}'(z)(y)(x) \right]$ (李四′)

$= \lambda y \in D_e. \lambda x \in D_e$ 送′(李四′)(y)(x)

‖VP‖＝‖VP‖(‖NP‖)

$= \left[\lambda y \in D_e. \lambda x \in D_e \text{送}'(\text{李四}')(y)(x) \right]$ (红楼梦′)

$= \lambda x \in D_e$ 送′(李四′)(红楼梦′)(x)

‖S‖＝‖VP‖(NP)

$= \left[\lambda x \in D_e \text{送}'(\text{李四}')(\text{红楼梦}')(x) \right]$ (张三′)

＝送′(李四′)(红楼梦′)(张三′)

在这里，我们特意用"张三′"诠释"张三"，主要是想说明：

用什么样的元语言诠释对象语言无关紧要。后边，我们会采用
"张三"诠释"张三"，既为可读性，又比较简洁。

3. 复合句

复合句是相对于简单句而言的，内含否定词与各种连词。否
定词与各种连词的语义常对应于逻辑学中的否定词、析取联结
词、合取联结词、蕴涵联结词、等值联结词等真值联结词。真值
联结词的作用是使简单命题变成复合命题。复合命题所对应的句
子，我们暂称为复合句。

3.1 含否定词的复合句

汉语中的否定词"不""没"等相当于逻辑学中的否定词。
"张三来"是简单句，其否定形式"张三不来"是复合句。汉语
否定词的语义类与语义表达式分别如下：

（1）a. $<<e, t>, <e, t>>$

　　　b. $\lambda P \in D_{<e, t>}. \lambda y \in D_e. \neg P(y)$

例（1a）是否定词的语义类，例（1b）是否定词的语义表达式，
两者具有对应性。"¬"是逻辑中的否定词，有"非"的意思。
这里的否定词被处理为副词，跟副词的语义类也相同，第六
章会作进一步修正。"张三不来"的句法结构与语义结构可表
达为：

（2）a. *句法结构*

　　b. 语义结构

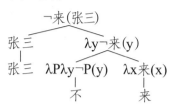

例（2b）中的"来（张三）"是简单命题，"¬"是逻辑中的否定词，所构成的复合命题"¬来（张三）"是否定命题。否定命题的真值表可如下表示：

　　（3）　p　　　　¬p
　　　　　　1　　　　 0
　　　　　　0　　　　 1

例（3）是真值表。否定式 ¬p 的真值以 p 的真值为基础，"1"表示真，"0"表示假。例（3）是说，p 为真时，¬p 为假；p 为假时，¬p 为真。具体地说，就是"来（张三）"为真，则"¬来（张三）"为假；"来（张三）"为假，则"¬来（张三）"为真。否定命题跟其对应的简单命题在真值上相反，所以，例（3）也可以表达为例（4）：

　　（4）¬p = 1，当且仅当 p = 0。

3.2　含析取联结词的复合句

　　汉语中的"或者"相当于逻辑中的析取联结词。"张三来"是简单句，"李四来"也是简单句，但用"或者"连接以后就变成了复合句，如"张三来或者李四来"。"或者"的语义类与语义表达式分别如下：

　　（1）a. <t, <t, t>>
　　　　　b. $\lambda p \in D_t. \lambda q \in D_t. [q \vee p]$

$D_t = \{1, 0\}$，是语义类为 t 的表达式的可能指谓集，"∨"是逻辑中的析取联结词，有"或"的意思。例（1a）是"或者"的语义类，例（1b）是"或者"的语义表达式，两者有对应性。"张三来或者李四来"的句法结构与语义表达式可表达为：

（2）a. 句法结构

张三来

或者李四来

b. 语义表达式

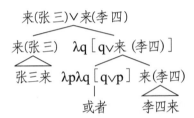

来(张三)∨来(李四)

来(张三)　λq[q∨来(李四)]

张三来　λpλq[q∨p]　来(李四)

或者　李四来

在例（2b）中，"来（李四）"与"来（张三）"都是简单命题，由析取联结词连接，所构成的复合命题为析取命题。析取命题的真值表可如下表示：

（3）

p	q	p∨q
1	1	1
1	0	1
0	1	1
0	0	0

当两个命题中一个为真或两个都为真时，析取命题为真。或者说，只有当两个简单命题都假的时候，这个析取命题才假；否则，它是真的。例（3）也可以表达为：

（4）$p∨q=1$，当且仅当 $p=1$ 或 $q=1$。

例（2）中的"来（李四）"对应于 p，"来（张三）"对应于 q。

析取联结词可以跟否定词配合着用，如构成"$p∨¬p$"形式。"p ∨ ¬p"形式的命题永真，这叫排中律（Law of Excluded Middle）。例如：

（5）　　p　　　¬p　　p ∨ ¬p
　　　　　1　　　0　　　1
　　　　　0　　　1　　　1

在同样的结构中，填入一些词语的时候，句子能遵守排中律，而填入另一些词语的时候却不能遵守排中律。例如：

（6）a. 乔姆斯基研究语言学，或者乔姆斯基不研究语言学。

　　　b. 所有男人都研究语言学，或者所有男人都不研究语言学。

　　　c. 有些男人研究语言学，或者有些男人不研究语言学。

例（6a）与例（6c）总是为真的，遵守排中律，但例（6b）却不总是为真，不遵守排中律。在部分男人研究语言学，部分男人不研究语言学时，例（6b）为假。

3.3　含合取联结词的复合句

汉语中的"并且"相当于逻辑中的合取联结词。"张三来"是简单句，"李四来"也是简单句，但用"并且"连接以后就变成了复合句，如"张三来并且李四来"。"并且"的语义类与语义表达式分别如下：

（1）a. <t, <t, t>>

　　　b. λp∈D$_t$. λq∈D$_t$. [q ∧ p]

"∧"是个逻辑中的合取联结词，有"并"的意思。"张三来并且李四来"的句法结构与语义结构可表达为：

（2）a. 句法结构

　　　　　张三来
　　　　　　　　并且 李四来

b. 语义结构

"来（李四）"与"来（张三）"都是简单命题，由合取联结词连接，所构成的复合命题为合取命题。合取命题的真值表可如下表示：

（3）	p	q	$p \wedge q$
	1	1	1
	1	0	0
	0	1	0
	0	0	0

只有当两个命题都为真时，合取命题才为真。例（3）也可以表达为：

（4）$p \wedge q = 1$，当且仅当 $p = 1$ 并且 $q = 1$。

自然语言中的"并且"不完全对应于合取联结词。在自然语言中，"并且"连接的短语常常表示事件的序列，请比较下面两个命题：

（5）a. 她已结婚并且已怀孕。

b. 她已怀孕并且已结婚。

这两个复合命题的唯一区别是内部的两个简单命题的顺序不同。如果这里的"并且"是合取联结词，则这两个命题是完全相等的，因为合取联结词具有非时间性。然而，上面这两个命题在通常情况下并不完全相等。不难想象，一个婚后怀孕的女人更情愿用例（5a）描述自己。这是因为，这里的"并且"多少含有"然后"的意思，而"然后"不是一个合取联结词。

合取联结词跟否定词能够配合使用，如"p ∧ ¬ p"形式。"p ∧ ¬p"这种形式叫矛盾律（Law of Contradiction），恒为假，因为 p 和 ¬ p 是互相矛盾的，不可能同时为真。

（6）　p　　¬p　　p ∧ ¬p

　　　　1　　0　　　0

　　　　0　　1　　　0

在同样的结构中，填入一些词语的时候，句子能遵守矛盾律，而填入另一些词语的时候却不能遵守矛盾律。例如：

（7）a. 张三在李四的左边并且张三在李四的右边。

　　　b. 所有的女人都在李四的左边，并且所有的女人都在李四的右边。

　　　c. 有些人在李四的左边，并且有些人在李四的右边。

例（7a）与例（7b）总是为假，遵守矛盾律，而例（7c）可以为真，不遵守矛盾律。

自然语言中的连词，可以连接分句、动词短语与名词性成分等。在连接不同成分的时候，可以具有不同的语义。

第一，分句的并列：

（8）a. 张三去南京，并且李四去南京。

　　　b. 去（南京）（张三）∧ 去（南京）（李四）

其中连词"并且"可定义为：

（9）‖并且‖ = $\lambda q \in D_t . \lambda p \in D_t . [p \wedge q]$

例（8a）的计算可表达如下：

（10）‖张三去南京，并且李四去南京‖=

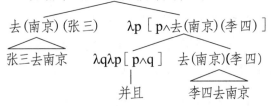

例（10）采用的是函数运算规则，因为两个分句的语义类是 t，都落到并列连词 <t, <t, t>> 的域内。

第二，动词短语的并列：

（11）a. 张三去了南京，并去了上海。

　　　b. 去（南京）（张三）∧ 去（上海）（张三）

其中的连词"并"可定义为：

（12）‖并‖=$\lambda P \in D_{<e, t>}.\lambda Q \in D_{<e, t>}.\lambda x \in D_{e}.\left[Q(x) \wedge P(x)\right]$

例（11a）的计算可表达如下：

（13）‖张三去了南京，并去了上海‖=
$$\text{去(南京)(张三)}\wedge\text{去(上海)(张三)}$$

张三
　张三　去南京　$\lambda Q\lambda x\left[Q(x)\wedge\text{去(上海)}(x)\right]$
$\lambda x\left[(\text{去(南京)}(x)\wedge\text{去(上海)}(x)\right]$

$\lambda n\text{去(南京)}(n)$　并　　　　去上海

$\lambda P.\lambda Q.\lambda x.\left[Q(x)\wedge P(x)\right]$　$\lambda m.\text{去(上海)}(m)$

第三，<<e, t>, t> 类名词性成分的并列：

（14）a. 张三和李四来了。

　　　b. 来（张三）∧ 来（李四）

"张三"和"李四"的语义类是 <<e, t>, t> 的时候，其语义表达式分别为例（15a—b），连词"和"可定义为例（15c）：

（15）a. ‖张三‖ = λM.M（张三）

　　　b. ‖李四‖ = λN. N（李四）

　　　c. ‖和‖ = λM∈D$_{《e,t》,t》}$λN∈D$_{《e,t》,t》}$λP∈D$_{《e,t》}$.〔N(P)∧M(P)〕

"张三和李四"组合后，根据函数运算规则，可得：

（16）‖张三和李四‖

　　　=〔λM∈D$_{《e,t》,t》}$λN∈D$_{《e,t》,t》}$λP∈D$_{《e,t》}$.〔N(P)∧M(P)〕〕

　　　（‖李四‖)(‖张三‖)

　　　=λP.〔‖张三‖(P)∧‖李四‖(P)〕

　　　=λP.〔〔λM.M（张三）〕(P)∧〔λN. N（李四）〕(P)〕

　　　=λP.〔P（张三）∧P（李四）〕

"张三和李四"在跟"来了"组合之后，根据函数运算规则，可得：

（17）‖张三和李四‖(‖来了‖)

　　　=〔λP.〔P（张三）∧P（李四）〕〕(λx 来 (x))

　　　= 来（张三）∧来（李四）

第四，语义类为 e 的名词性成分的并列：

（18）a. 张三和李四是朋友。

　　　b. 张三和李四见面。

例（18）的语义不能表达成例（19）：

（19）a. 朋友（张三）∧朋友（李四）

　　　b. 见面（张三）∧见面（李四）

例（18）不是说"张三是朋友 并且 李四是朋友"，"张三见面 并且 李四见面"。目前一般将例（18）的语义表达为例（20）：

（20）a. 朋友（张三 $\oplus$ 李四）

　　　b. 见面（张三 $\oplus$ 李四）

"$\oplus$"将个体聚集成一个集体（collection），"张三"与"李四"为原子个体（atomic individual），"张三 $\oplus$ 李四"为非原子个体，"张三 $\oplus$ 李四"跟"张三"与"李四"之间有整体与部分的关系。其中的连词"和"可定义为：

（21）$\| 和 \| = \lambda x \in D_e. \lambda y \in D_e. [y \oplus x]$

"$\wedge$"是对命题的合取，"$\oplus$"是对个体的加合（sum），即把各个体聚集成一个集体。它可以区分歧义。例如：

（22）张三和李四来了。

　　　a. 来（张三）$\wedge$ 来（李四）

　　　b. 来（张三 $\oplus$ 李四）

例（22a）是说张三来了并且李四来了，他们可分别来，也可以是一起来；例（22b）是说张三和李四一起来的。对于例（22）的歧义，可归为"和"的多义。例如：

（23）a. $\|和\| = \lambda M \in D_{\langle\langle e, t\rangle, t\rangle}. \lambda N \in D_{\langle\langle e, t\rangle, t\rangle}. \lambda P \in D_{\langle e, t\rangle}. [N(P) \wedge M(P)]$

　　　b. $\|和\| = \lambda x \in D_e. \lambda y \in D_e. [y \oplus x]$

也可归因为名词性成分的语义不同。例如：

（24）a. $\|张三\| = \lambda M.M（张三）$

　　　b. $\|张三\| = 张三$

对并列短语，我们可以赋予连词不同的语义，然后运用函数运算规则进行语义计算。归总如下：

（25）a. 连接分句：

　　　$\|并且\| = \lambda q \in D_t. \lambda p \in D_t. [p \wedge q]$

b. 连接动词短语：

$$\|并且\|=\lambda P\in D_{<e,\,t>}.\lambda Q\in D_{<e,\,t>}.\lambda x\in D_e.\big[\,Q(x)\wedge P(x)\,\big]$$

c. 连接量化短语：

$$\|和\|=\lambda M\in D_{<<e,\,t>,\,t>}.\lambda N\in D_{<<e,\,t>,\,t>}.\lambda P\in D_{<e,\,t>}.\big[\,N(P)\wedge M(P)\,\big]$$

d. 连接专有名词：$\|和\|=\lambda x\in D_e.\lambda y\in D_e.\big[\,y\oplus x\,\big]$

例（25a）与例（25d）中的连词连接的是具有基本类的成分，分别是分句与专有名词。例（25b）与例（25c）中的连词连接的是具有函数类的成分，分别是动词短语与量化短语。连接具有函数类的成分时，连词的语义也可以统一刻画为：

（26）$\lambda P\in D_{<\alpha,\,\beta>}.\lambda Q\in D_{<\alpha,\,\beta>}.\lambda X\in D_\alpha.\big[\,Q(X)\wedge P(X)\,\big]$

在例（26）中，并列项的语义类为 $<\alpha,\,\beta>$，其论元的语义类为 α。这两种语义类，在例（25b）中分别实现为 $<e,\,t>$ 与 e，在例（25c）中分别实现为 $<<e,\,t>,\,t>$ 与 $<e,\,t>$。对函数类的两个语言表达式如 M 与 N 构成的并列式，其语义如下：

（27）$\|\,M\ Conj\ N\,\|$

$=\lambda P\in D_{<\alpha,\,\beta>}.\lambda Q\in D_{<\alpha,\,\beta>}.\lambda X\in D_\alpha.\big[Q(X)\wedge P(X)\big](\|\,N\,\|)(\|\,M\,\|)$

$=\lambda Q\in D_{<\alpha,\,\beta>}.\lambda X\in D_\alpha.\big[\,Q(X)\wedge\|\,N\,\|\,(X)\,\big]\,(\,\|\,M\,\|\,)$

$=\lambda X\in D_\alpha.\big[\,\|\,M\,\|\,(X)\wedge\|\,N\,\|\,(X)\,\big]$

例（27）也叫并列规则，我们将在第五章与第十章运用并列规则处理一些语言表达式的语义。

3.4　含蕴涵联结词的复合句

汉语中的"如果……就"相当于逻辑中的蕴涵联结词。"张三来"是简单句，"李四来"也是简单句，用"如果……就"连接以后就变成了复合句，如"如果张三来，李四就来"。"就"为隐义词。"如果"的语义类与语义表达式分别如下：

（1）a. <t, <t, t>>

    b. $\lambda P \in D_t. \lambda Q \in D_t [P \rightarrow Q]$

"→"是个逻辑中的蕴涵联结词，有"则"的意思。"如果张三来，李四就来"的句法结构与语义结构可表达为：

（2）a. 句法结构

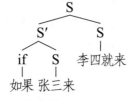

b. 语义结构

$$来(张三) \rightarrow 来(李四)$$

$$\lambda Q [来(张三) \rightarrow Q] \quad 来(李四)$$

$$\lambda P \lambda Q [P \rightarrow Q] \quad 来(张三) \quad 李四就来$$

$$如果 \quad 张三来$$

"来（李四）"与"来（张三）"是简单命题，由蕴涵联结词连接，所构成的复合命题为蕴涵命题。蕴涵命题的真值表如下：

（3）   p   q   p → q

           1   1   1

           1   0   0

           0   1   1

           0   0   1

例（3）中的p为前件，q为后件；例（2b）中的"来（张三）"为前件，"来（李四）"为后件。蕴涵命题的真值条件是：只要它的前件为假或者后件为真，蕴涵命题就为真。例（3）也可以如下表达：

（4）p → q = 1，当且仅当 p = 0 或者 q = 1。

根据例（3）中的第一行，我们可以说蕴涵关系是指：如果 p 蕴涵 q，那么在所有 p 为真的模型中，q 也一定为真。所以，我们在绪论中说："蕴涵（entailment）是说，如果 A 句为真，则 B 句也为真，则 A 句蕴涵 B 句。"

含有专有名词的肯定句符合蕴涵关系，但如果把专有名词换成量化短语的话，那么扩大谓词所指谓的集合，句子的真值就可能发生改变。例如：

（5）a. 张先生昨天早上来了。

　　　b. 张先生昨天来了。

（6）a. 最多一个人昨天早上来了。

　　　b. 最多一个人昨天来了。

例（5a）蕴涵例（5b），因为例（5a）为真时，例（5b）也为真。例（6a）并不蕴涵例（6b），因为例（6a）为真时，例（6b）不一定为真。对例（5）而言，如果张先生是昨天早上来的，则他也是昨天来。对例（6）而言，假设昨天早上和下午各来了一个人，则例（6a）为真，例（6b）为假。

真值表中的第三行与第四行比较特殊。第三行是说，对"如果张三来，李四就来"而言，张三来不来不要紧，只要李四来为真，命题就为真。这好像跟我们的预期不太一样，我们的预期表达是，"张三来，李四就来；张三不来，李四就不来"。这提醒我们，自然语言中的"如果……就"跟蕴涵联结词不对等。蕴涵命题的真值取决于该命题的各部分的真值，而与其实际内容无关。其实第一行也是如此：

（7）a. 如果 1960 能够被 5 整除，则 1960 年是闰年。

　　　b. 如果 1960 能够被 4 整除，则 1960 年是闰年。

例（7）中的前件与后件都为真，所以整个蕴涵命题也为真。但在自然语言中，例（7a）是很奇怪的，而例（7b）很合适，因为闰年的确定跟 4 有关，而跟 5 无关。

（8）如果蒙娜丽莎是毕加索的作品，那么月亮是饼干做的。

例（8）中的前件与后件虽都为假，但根据真值表，整个蕴涵命题为真。逻辑上的蕴涵不依赖于前后件的具体内容，只依赖前后件的真值。

3.5　含等值联结词的复合句

汉语中的"当且仅当"相当于逻辑中的等值联结词。"张三来"是简单句，"李四来"也是简单句，但用"当且仅当"连接以后就变成了复合句，如"张三来，当且仅当李四来"。"当且仅当"的语义类与语义表达式分别如下：

（1）a. $<t, <t, t>>$

　　　b. $\lambda p \in D_t. \lambda q \in D_t. [q \leftrightarrow p]$

"$\leftrightarrow$"是个逻辑中的等值联结词，有"与……等值"的意思，即具有同样的真值。"张三来，当且仅当李四来"的语义表达式可表达为：

（2）来（张三）$\leftrightarrow$ 来（李四）

例（2）中的"来（李四）"与"来（张三）"是简单命题，由等值联结词连接，所构成的复合命题为等值命题。等值命题的真值表如下：

（3）

p	q	p↔q
1	1	1
1	0	0
0	1	0
0	0	1

等值命题的真值条件是：前件与后件同时为真或同时为假时，等值命题为真。例（3）也可作如下表达：

（4）p ↔ q = 1，当且仅当 p = q。

4. 本章结语

本章介绍了三个语义规则，分别是终端节点规则、非分枝节点规则与函数运算规则，然后采用这三条规则计算了简单句与复合句的语义。终端节点规则、非分枝节点规则与函数运算规则依赖于句法学中的短语结构规则，反映了语义规则要和句法规则相对应的观点。简单句考虑的是不及物动词、单及物动词与双及物动词的情形，这里展示的是语义规则的运用。复合句考虑的是五种逻辑联结词，在这里，我们是将逻辑联结词当作谓词，并运用函数运算规则进行计算。否定词的处理有点不符合直觉，我们在第六章会以此为引子导入新的内容。

◢ 练习

1. 请根据以下词条推导"张三很高兴"的语义表达式。

‖张三‖ = 张三

‖很‖ = $\lambda Q \in D_{<e, t>}.\left[\lambda x \in D_{<e>}.\left[很(Q)(x)\right]\right]$

‖高兴‖ = $\lambda y \in D_{<e>}.高兴(y)$

2. 阅读以下语义表达式，并按本书的语义规则计算各句的语义。

（1）a. Anna walks

 b. Walk (a)

（2）a. Bertie kissed Anna

 b. Kiss (a)(b)

（3）a. Anna gave Bertie Ulysses

　　b. Give (b)(u)(a)

（4）a. Anna is healthy

　　b. Healthy(a)

（5）a. Brigitte is taller than Danny

　　b. TALLER(d)(b)

（6）a. Alex is Bill's henchman.

　　b. HENCHMAN(b)(a)

（7）a. Fiji is near New Zealand.

　　b. NEAR(n)(f)

3. 假定"张三"与"李四"是 <<e, t>, t> 类的名词性成分，请推导"张三和李四都来了"的语义表达式。

4. 请计算下面两个句子的语义：

（1）Danny admired Bertie or Chris.

（2）Anna and Bertie walked.

5. 请推导"张三既哭又闹"中"既……又"的语义表达式。

结果：‖ 既……又 ‖ $= \lambda P.\lambda Q.\lambda x.\,[\,Q(x) \wedge P(x)\,]$

6. 请推导"张三既喜欢又讨厌李四"中连词"既……又"的语义表达式。

结果：‖ 既……又 ‖ $= \lambda P.\lambda Q.\lambda x.\lambda y.\,[\,Q(x)(y) \wedge P(x)(y)\,]$

7. 阅读以下语义表达式，并写出汉语对应句子的语义表达式，并试着推导。

（1）a. Anna walks and she is healthy.

　　b. $Walk(a) \wedge Healthy(a)$

（2）a. Anna walks or Anna is healthy.

  b. Walk(a) ∨ Healthy(a)

（3）a. If Anna is not healthy, she does not walk.

  b. ¬Healthy(a) → ¬Walk(a)

（4）a. Anna walks if and only if Berties kisses her.

  b. Walk(a) ↔ Kiss(a)(b)

8. 采用真值表证明以下等值公式。

（1）双重否定：

  ▷ ¬¬p ↔ p

（2）分配率：

  ▷ p ∧ (q ∨ r) ↔ (p ∧ q) ∨ (p ∧ r)

  ▷ p ∨ (q ∧ r) ↔ (p ∨ q) ∧ (p ∨ r)

（3）德·摩根定律：

  ▷ ¬(p ∧ q) ↔ ¬p ∨ ¬q

  ▷ ¬(p ∨ q) ↔ ¬p ∧ ¬q

（4）实质蕴涵规则：

  ▷ p → q ↔ ¬(p ∧ ¬q)

  ▷ p → q ↔ ¬p ∨ q

第四章　量词理论

　　上一章，我们处理的是包含专有名词的句子和短语的语义。从本章开始，我们将考虑量化短语及包含量化短语的句子和短语的语义。专有名词指谓特定的个体，量化短语并不指谓特定的个体，其语义很复杂，在表达的时候却又不可或缺。比如说"所有的学生都选修了语义学"，如果不采用量化短语"所有的学生"，就要采用列举法，即把所有学生都列举一遍，这样的表达会显得很烦琐。"所有的学生"，从列举来看似乎是学生个体所组成的集合，但从它的语义类来看又不是学生个体的集合，而是所有学生个体的共同特征的集合，这一矛盾将用集合关系解决。第 1 节引进全称量词与存在量词这两个基本量词来描述部分量化短语的语义；第 2 节介绍广义量词理论；第 3 节介绍量词的三种属性及相关应用；最后是结语。

1. 基本量词

1.1　全称量词

　　"所有的"这样的全称量词的语义类是 $<<e, t>, <<e, t>, t>>$。从语义类来看，"所有的"需要先后吸收两个 $<e, t>$ 类的论元，才能组成一个完整的命题，这两个语义类为 $<e, t>$ 的论元在句法上分别对应 NP 和 VP 的语义。例如：

　　（1）所有的政客都撒谎。

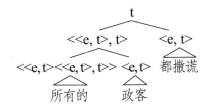

假定我们有以下词条：

（2）‖政客‖ = λy∈D_e. 政客 (y)

‖撒谎‖ = λz∈D_e. 撒谎 (z)

‖所有的‖ = λQ∈D_{<e, t>}. λP∈D_{<e, t>}. ∀x [Q(x) → P(x)]

‖都‖ = λf∈D_{<e, t>}. λy∈D_e. f(y)

"都"在这里是隐义词，没有语义贡献。"所有的"意义比较特别，是个蕴涵式，其中"∀"是全称量词，可看作"ALL"首字母的倒写形式，有"对任一个体而言"的意思。

根据词项的语义表达式与规则，我们可以计算含有全称量词的句子的语义。首先用树形图为"所有的政客都撒谎"指派句法结构，然后依次计算：

（3）

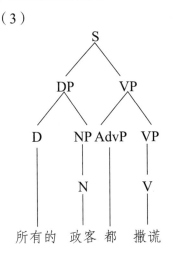

以下是计算过程：

（4）a. 先计算 DP 的语义：

$\|DP\|$

$=\|D\|(\|NP\|)$

$=\|$所有的$\|(\|$政客$\|)$

$=[\lambda Q\in D_{<e,t>}\lambda P\in D_{<e,t>}.\forall x[Q(x)\rightarrow P(x)]](\lambda y\in D_e.$政客$(y))$

$=\lambda P\in D_{<e,t>}.\forall x[[\lambda y\in D_e.$政客$(y)](x)\rightarrow P(x)]$

$=\lambda P\in D_{<e,t>}.\forall x[$政客$(x)\rightarrow P(x)]$

b. 再计算 VP 的语义：

$\|VP\|$

$=\|$都$\|(\|$撒谎$\|)$

$=[\lambda f\in D_{<e,t>}.\lambda y\in D_e.f(y)](\lambda z\in D_e.$撒谎$(z))$

$=\lambda y\in D_e.[\lambda z\in D_e.$撒谎$(z)](y)$

$=\lambda y\in D_e.$撒谎(y)

c. 最后计算 S 的语义：

$\|S\|$

$=\|DP\|(\|VP\|)$

$=[\lambda P\in D_{<e,t>}.\forall x[$政客$(x)\rightarrow P(x)]](\lambda y\in D_e.$撒谎$(y))$

$=\forall x[$政客$(x)\rightarrow[\lambda y\in D_e.$撒谎$(y)](x)]$

$=\forall x[$政客$(x)\rightarrow$撒谎$(x)]$

例（4）的结果是个蕴涵式，意思是说，对任一 x 而言，如果 x 是政客，则 x 撒谎。也可以描述作：对任一个体而言，如果它是政客，则它撒谎。从真值表来看，采用蕴涵式表达是合适的。例如：

（5）	政客 (x)	撒谎 (x)	[政客 $(x)\rightarrow$撒谎 (x)]
	1	1	1
	1	0	0
	0	1	1
	0	0	1

这种蕴涵关系反映着集合上的包含关系，即政客集合包含于撒谎集合。例如：

（6）

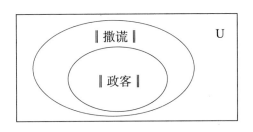

例（5）中的第三、四种情况有点特殊，因为不存在政客，就无所谓真假。例（5）是从纯集合论的角度考虑的，集合论认为空集是任何集合（包括空集）的子集，符合例（6）这个图示。全称量词不具有存在承诺（existential commitment），即使不存在政客，"每个政客都撒谎"也可以为真。

政客为空集时，意味着预设失败，其所在句的真值在当前世界是无从判断的，所以我们可以增加一些限制，如要求与"所有的"组合的名词短语所指谓的集合不能为空集。例如：

（7）$\Vert$所有的$\Vert=\lambda Q\in D_{<e,t>}.\lambda P\in D_{<e,t>}.\forall x\left[Q(x)=1\rightarrow P(x)=1\right]$

例（7）反映的是例（5）中的第一种情况，也符合我们在绪论中为蕴涵下的定义。不过在表达的时候，人们通常忽略空集的情况，如将例（7）直接表达为例（8）：

（8）$\Vert$所有的$\Vert=\lambda Q\in D_{<e,t>}.\lambda P\in D_{<e,t>}.\forall x\left[Q(x)\rightarrow P(x)\right]$

"所有的政客"的语义为"$\lambda P\in D_{<e,t>}.\forall x\left[政客(x)\rightarrow P(x)\right]$"。从语义表达式来看，这种全称性量化短语指谓的是所有政客都具备的属性的集合，如由"撒谎""抽烟""唱歌""搞政治投机""玩弄政治权术"等属性构成的集合，"撒谎""抽烟""唱歌""搞政治投机""玩弄政治权术"本身又是由个体构成的集合，所以，"所有的政客"是集合的集合，"政客"是各属性集合的子集。可形象地表示作：

（9）

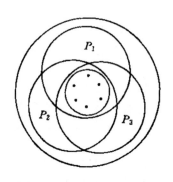

"政客"的集合既是 P_1 的子集，也是 P_2 的子集，还是 P_3 的子集，为内圆；"所有的政客"是以 P_1、P_2、P_3 为元素的集合，为外圆，它等于是政客共同特征的集合，如"搞政治投机""玩弄政治权术"与"睡觉""吃饭"等。"所有的政客都撒谎"是不是为真，就看"政客集合"是不是"撒谎集合"的子集。只要有一个政客不在撒谎集合中，"所有的政客都撒谎"就为假。

1.2 存在量词

"有的"这样的存在量词的语义类是 <<e, t>, <<e, t>, t>>。从语义类来看，"有的"需要依次吸收两个一元谓词作为论元才能给出一个完整的命题，这两个 <e, t> 语义类的论元在句法上分别对应 NP 和 VP 的语义。例如：

（1）有的政客撒谎。

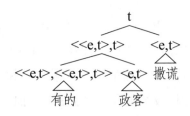

假定我们有以下词条:

（2）$\|政客\| = \lambda y \in D_e.$ 政客 (y)

　　　$\|撒谎\| = \lambda z \in D_e.$ 撒谎 (z)

　　　$\|有的\| = \lambda Q \in D_{<e,\,t>}.\, \lambda P \in D_{<e,\,t>}. \exists x \left[Q(x) \wedge P(x) \right]$

"有的"意义也比较特别，是个合取式，其中"∃"是存在量词，可看作"EXIST"首字母的反写形式，有"至少存在一个个体"的意思。

根据词项的语义表达式与规则，我们可以计算含有存在量词的句子的语义。首先用树形图为"有的政客撒谎"指派句法结构，然后依次计算:

（3）

以下是计算过程:

（4）a. $\|DP\|$

　　　　$= \|D\|(\|NP\|)$

　　　　$= \|有的\|(\|政客\|)$

　　　　$= \left[\lambda Q \in D_{<e,\,t>}. \lambda P \in D_{<e,\,t>}. \exists x [Q(x) \wedge P(x)] \right] (\lambda y \in D_e.\ 政客\ (y))$

　　　　$= \lambda P \in D_{<e,\,t>}. \exists x \left[\left[\lambda y \in D_e.\ 政客\ (y) \right] (x) \wedge P(x) \right]$

　　　　$= \lambda P \in D_{<e,\,t>}. \exists x \left[政客\ (x) \wedge P(x) \right]$

　　b. $\|VP\|$

　　　　$= \|撒谎\|$

　　　　$= \lambda z \in D_e.$ 撒谎 (z)

　　c. $\|S\|$

$$=\|\mathrm{DP}\|(\|\mathrm{VP}\|)$$
$$=\left[\lambda P\in D_{<e,\,t>}.\exists x\left[\text{政客}(x)\wedge P(x)\right]\right](\lambda z\in D_e.\,\text{撒谎}(z))$$
$$=\exists x\left[\text{政客}(x)\wedge\left[\lambda z\in D_e.\,\text{撒谎}(z)\right](x)\right]$$
$$=\exists x\left[\text{政客}(x)\wedge\text{撒谎}(x)\right]$$

例（4）的结果是个合取式，即：至少存在一个 x，x 是政客并且 x 撒谎。也可以描述作：至少存在一个个体，他是政客并且他撒谎。从真值表来看，采用合取式表达是合适的。例如：

（5）政客 (x) 　　撒谎 (x) 　　　　〔政客(x)∧撒谎(x)〕

政客 (x)	撒谎 (x)	〔政客(x)∧撒谎(x)〕
1	1	1
1	0	0
0	1	0
0	0	0

这种合取关系反映着集合上的相交关系，即政客集合与撒谎集合有交集。例如：

（6）

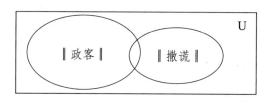

"有的政客"的语义为"$\lambda P\in D_{<e,\,t>}.\exists x\left[\text{政客}(x)\wedge P(x)\right]$"。从语义表达式来看，这种存在性量化短语指谓的是有的政客所具备的属性的集合，如由"撒谎""抽烟""唱歌""搞政治投机""玩弄政治权术"等属性构成的集合，"撒谎""抽烟""唱歌""搞政治投机""玩弄政治权术"本身又是由个体构成的集合，所以，"有的政客"是集合的集合，"政客"跟各属性集合相交。可形象地表示如下：

（7）

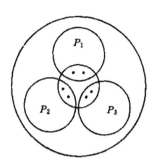

"政客"的集合可以跟 P_1 相交，可以跟 P_2 相交，也可以跟 P_3 相交，为内圆；"有的政客"是以 P_1、P_2、P_3 为元素的集合，为外圆，它等于是政客的个体特征的集合，即除了"搞政治投机""玩弄政治权术"与"睡觉""吃饭"这些共同特征之外，还可以有别的属性，如"孝顺父母"与"不孝顺父母"等。"有的政客撒谎"是不是为真，就看"政客集合"跟"撒谎集合"是不是相交。

1.3 限定词

英语中的限定词 the 比较复杂，可处理为量词与 ι - 算子（读成 iota）。作为量词的 the 具有存在性，由存在量词表达，当 the NP 在现实世界中找不到所指谓的个体时，命题就为假。作为 ι - 算子的 the 并不蕴涵存在性，而是仅仅预设存在性，当 the NP 在现实世界中找不到所指谓的个体时，就发生了预设失败，命题就无所谓真假。比如说：

（1）The King of France is bald.

    a. $\exists x$ [King of France (x) $\wedge \forall y$ [King of France (y) $\rightarrow$ x=y] $\wedge$ bald(x)]

    b. bald(ι x.King of France (x))

例（1a）的真值为假，因为句子用的是一般现在时，而在现实世界里并不存在法国国王这个人，所以其中的存在性子句为假，进而整个命题为假。例（1b）无所谓真假，因为在现实世界里并不存在法国国王这个人，因此这个关于法国国王的命题的真值就无法被确定，非真亦非假，出现真值空缺。真值空缺是为了保留二值逻辑，即命题只有真与假，不存在非真非假。

第一，作为量词的限定词

作为量词的限定词，像其他量词一样，也是二元谓词，它需要输入两个论元，如 P 与 Q，才能输出一个公式。P 是其修饰或限定的普通名词，Q 是句子的谓语。the 的语义和语义类如下：

（2）a. $\parallel$ the $\parallel$ = $\lambda P \in D_{<e,\,t>}.\ \lambda Q \in D_{<e,\,t>}.\ \exists x\ [\ P(x) \wedge \forall y\ [\ P(y) \rightarrow$ x= y $]\ \wedge Q(x)\ ]$

b. TYPE(the) = <<e, t>, <<e, t>, t>>

例（2）是说定冠词 the 具有存在性与唯一性。存在性由存在量词表达，唯一性由全称量词表达。例如：

（3）a. The student came.

b. $\exists x\ [\ student(x) \wedge \forall y\ [\ student(y) \rightarrow x= y\ ]\ \wedge come(x)\ ]$

例（3）是说有且只有一个 x 是学生（至少存在一个 x，使得 x 是学生，并且对任一 y 而言，如果 y 是学生则 x 与 y 等同），而且 x 来了。"$\exists x\ [\ student(x)...$" 是个存在性子句（existence clause），断言该学生个体的存在；"$\forall y\ [\ student(y) \rightarrow x= y\ ]$" 是个唯一性子句（uniqueness clause），断言存在唯一的学生。唯一性不是说有且只有一个学生，而是说在谈话语域中只有一个学生，或者说在模型中只有一个学生。

第二，作为 ι - 算子的限定词

作为 ι - 算子的限定词需要输入一个谓词，如 P，才能产生一个个体。这意味着要从具有 P 特征的集合中挑出一个给定的个体。ι - 算子的作用就是从普通名词短语的指谓的集合中挑出唯一的个体 x。例如：

（4）a. ‖ the ‖ = λP∈D$_{<e, t>}$. [ι x.(P(x))]

　　 b. TYPE(the) =<<e, t>, e>

例（4）中的 P 表示 the 所限定的 NP 所指谓的特征。作为 ι - 算子的 the 具有突显性和唯一性。the student 的语义表达式为：

（5）ι x.student(x)

例（5）的意思是学生的集合中一个特定的成员，或者说具有学生特征的一个特定个体。

　　以下是几个包含量词的英语例子，它们的语义计算方式跟汉语相同。首先是确定各词项的指谓，然后确定句法结构，最后根据规则系统进行计算。例如：

（6）‖ John ‖ = λP.P(j)

　　‖ walks ‖ =λy.walk(y)

　　‖ student ‖ = λz.student(z)

　　‖ a ‖ =λQ.λP.∃x [Q(x) ∧ P(x)]

　　‖ every ‖ =λQ.λP.∀x [Q(x) → P(x)]

　　‖ the ‖ =λQ.λP.∃x [Q(x) ∧ ∀y [Q(y) → y = x] ∧ P(x)]

（7）A student walks.

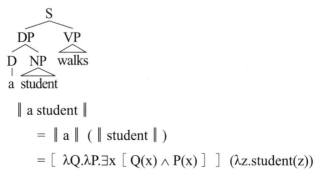

$= \lambda P.\exists x\ [\ student(x) \wedge P(x)\ ]$

‖ a student walks ‖

   $=$ ‖ a student ‖ (‖ walks ‖)

   $=[\ \lambda P.\exists x\ [\ student(x) \wedge P(x)\ ]\ ]\ (\lambda y.walk(y))$

   $=\exists x\ [\ student(x) \wedge walk(x)\ ]$

（8）Every student walks.

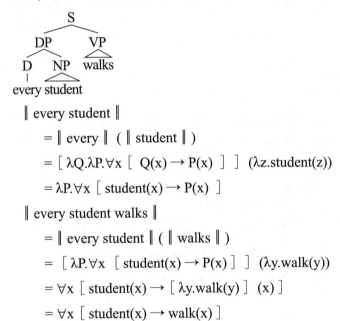

‖ every student ‖

   $=$ ‖ every ‖ (‖ student ‖)

   $=[\ \lambda Q.\lambda P.\forall x\ [\ Q(x) \rightarrow P(x)\ ]\ ]\ (\lambda z.student(z))$

   $=\lambda P.\forall x\ [\ student(x) \rightarrow P(x)\ ]$

‖ every student walks ‖

   $=$ ‖ every student ‖ (‖ walks ‖)

   $=[\ \lambda P.\forall x\ [\ student(x) \rightarrow P(x)\ ]\ ]\ (\lambda y.walk(y))$

   $=\forall x\ [\ student(x) \rightarrow [\ \lambda y.walk(y)\ ]\ (x)\ ]$

   $=\forall x\ [\ student(x) \rightarrow walk(x)\ ]$

（9）The student walks.

‖ the student ‖

   $=$ ‖ the ‖ (‖ student ‖)

   $=[\ \lambda Q.\lambda P.\exists x[\ Q(x) \wedge \forall y[\ Q(y) \rightarrow y = x\ ] \wedge P(x)\ ]\ ]$

$$(\lambda z.student(z))$$
$$= \lambda P.\exists x\left[\ student\ (x) \wedge \forall y\left[\ student\ (y) \rightarrow y = x\ \right] \wedge\right.$$
$$\left. P(x)\ \right]$$

‖ the student walks ‖
$$= \ ‖ \text{the student} ‖\ (\ ‖ \text{walks} ‖\ )$$
$$= \left[\ \lambda P.\exists x\left[\ student\ (x) \wedge \forall y\left[\ student\ (y) \rightarrow y = x\ \right]\right.\right.$$
$$\left.\left. \wedge\ P(x)\ \right]\ \right](\lambda y.walk(y))$$
$$= \exists x\left[\ student\ (x) \wedge \forall y\left[\ student\ (y) \rightarrow y = x\ \right] \wedge\right.$$
$$\left. walk\ (x)\ \right]$$

（10）John walks.

```
        S
      /   \
    DP     VP
    /\     /\
  John   walks
```

‖ John walks ‖
$$= \ ‖ \text{John} ‖\ (\ ‖ \text{walks} ‖\ )$$
$$= \left[\ \lambda P.P(j)\ \right]\ (\lambda y.walk(y))$$
$$= \left[\ \lambda y.walk(y)\ \right]\ (j)$$
$$= walk\ (j)$$

2. 广义量词

广义量词处理的是各种名词短语，包括量化短语和专有名词。存在量词与全称量词等量词的语义类是 <<e, t>, <<e, t>, t>>；广义量词的语义类是 <<e, t>, t>。量词／限定词与 NP 组成广义量词，NP 充当量词／限定词的限制部分（restrictor），VP 充当量词／限定词的核心域（nuclear scope）。例如：

（1）

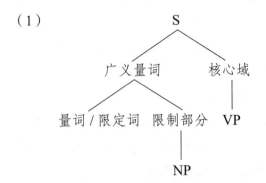

该结构符合语言的句法组合规则。根据组合原则，广义量词为谓词，核心域为它的论元。例如：

（2）a. All men are mortal.

［All x: MAN(x)］ MORTAL(x)

b. Three leaves fell.

［Three x: LEAF(x)］ FALL(x)

c. John ate a peanut.

［A x: PEANUT(x)］ EAT(x)(j)

d. No dogs barked.

［No x: DOG(x)］ BARK(x)

e. Several cars crashed.

［Several x: CAR(x)］ CRASH(x)

f. Mary read many books.

［Many x: BOOK(x)］ READ(x)(m)

g. Marcia liked most plays written by Osborne.

［Most x: PLAY(x) ∧ WRITE(x)(o)］ LIKE(x)(m)

h. Few books John owned were expensive.

［Few x: BOOK(x) ∧ OWN(x)(j)］ EXPENSIVE(x)

i. Many books John didn't own were expensive.

［Many x: BOOK(x) ∧ ¬OWN(x)(j)］ EXPENSIVE(x)

j. Many books John owned weren't expensive.

$\lceil$ Many x: BOOK(x) $\wedge$ OWN(x)(j) $\rceil$ $\neg$EXPENSIVE(x)

k. 所有的政客都撒谎。

$\lceil$ 所有的 x: 政客 (x) $\rceil$ 撒谎 (x)

l. 有的政客撒谎。

$\lceil$ 有的 x: 政客 (x) $\rceil$ 撒谎 (x)

m. 大多数政客撒谎。

$\lceil$ 大多数 x: 政客 (x) $\rceil$ 撒谎 (x)

n. 少数政客撒谎。

$\lceil$ 少数 x: 政客 (x) $\rceil$ 撒谎 (x)

不过语义学家喜欢采用三分枝结构，即将所有的限定词 / 量词都处理为二元量词，一个论元对应于限定词所修饰的名词短语，另一个论元对应于动词短语，这两个论元的题元角色分别为限制部分与核心域。限制部分是量词的左侧论元，简称左元；核心域是量词的右侧论元，简称右元；限定词 / 量词也称量化算子。例如：

（3）a. 所有的政客都撒谎。

b. ‖所有的‖（‖政客‖）（‖都撒谎‖）

（4）a. 有的政客撒谎。

b. ‖有的‖（‖政客‖）（‖撒谎‖）

（5）a. 大多数政客撒谎。

b. ‖大多数‖（‖政客‖）（‖撒谎‖）

（6）a. 少数政客撒谎。

b. ‖少数‖（‖政客‖）（‖撒谎‖）

在例（3—6）中，限定词 / 量词表达的是限制部分与核心域之间的关系。对于例（3—4）中的量词，我们之前曾分别用蕴涵联结词与合取联结词关联它们的两个论元；对于例（5—6）中的量词，却没有任何联结词能够关联它们的论元。例（3—6）中的语义表达式是三分枝结构，任何包含广义量词的句子，其语义表达式都可以写成例（3—6）这种形式。

集合表达比函数表达更直观。广义量词理论的核心思想是"限定词/量词表达集合间的关系"。例（3—6）中量词的两个论元"‖政客‖"与"‖撒谎‖"，它们本身就是集合，如例（7a）与例（7b）。量词是这两个集合间的关系，为简单起见，我们分别用 P、Q 表示量词的左元与右元。例如：

（7）a. ‖政客‖={x | 政客 (x)} = P

　　b. ‖撒谎‖={x | 撒谎 (x)} = Q

　　c. ‖所有的‖(P)(Q)

　　d. ‖所有的‖=λP.λQ.P ⊆ Q

例（7c）是对例（3b）的抽象化，P 对应于"‖政客‖"，Q 对应于"‖撒谎‖"。例（7d）是"所有的"的语义表达式，它表示"所有的"要求左元 P 是右元 Q 的子集。这跟我们之前的蕴涵式在本质上是相同的。比如说：

（8）‖所有的政客都撒谎‖

　　=‖所有的‖(‖政客‖)(‖撒谎‖)

　　=［λP.λQ.P ⊆ Q］(‖政客‖)(‖撒谎‖)

　　=［λQ.‖政客‖ ⊆ Q］(‖撒谎‖)

　　=‖政客‖ ⊆ ‖撒谎‖

　　= P ⊆ Q

例（8）是"所有的政客都撒谎"的语义表达式，是从集合关系的角度所作出的描写，表示"撒谎"这个集合包含"政客"这个集合。全称量词表示集合间的包含关系。例（8）可采用以下文氏图表示：

（9）全称量词的文氏图

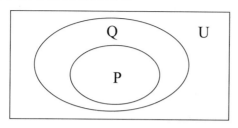

例（9）是说，全称量词要求名词短语所指谓的集合 P 为动词短语所指谓的集合 Q 的子集。

存在量词要求名词短语所指谓的集合跟动词短语所指谓的集合相交，或者说它们的交集不能为空集。例如：

（10）a.‖有的‖(P)(Q)

b.‖有的‖= λP.λQ.P ∩ Q ≠ ∅

c.‖有的‖(P)(Q)

= [λP.λQ.P ∩ Q ≠ ∅] (P)(Q)

= [λQ.P ∩ Q ≠ ∅] (Q)

= P ∩ Q ≠ ∅

d. 存在量词的文氏图

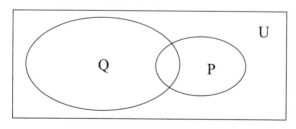

"有的政客撒谎"为真的条件是：政客构成的集合要跟撒谎构成的集合相交。只要有一个个体既为政客又撒谎，"有的政客撒谎"就为真。之前的合取表达式跟现在的交集表达式在本质上是相同的。

"大多数政客撒谎"，它的真值条件是：撒谎的政客在数量上超过不撒谎的政客，为真；反之，为假。例如：

（11）a. ‖大多数‖(P)(Q)

b. ‖大多数‖= λP.λQ.| P ∩ Q |>| P–Q|

c. ‖大多数‖(P)(Q)

= [λP.λQ.| P ∩ Q | > | P–Q|] (P)(Q)

= [λQ.| P ∩ Q | > | P–Q|] (Q)

= | P ∩ Q |>|P–Q|

d. "大多数" 的文氏图

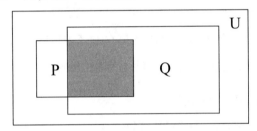

P∩Q 指的是 P 和 Q 的交集，由同时属于 P 和 Q 的个体所组成的集合。P–Q 指的是 P 和 Q 的差集，由属于 P 而不属于 Q 的个体所组成的集合，"|.|" 表示集合中个体的数量。"撒谎的政客" 是由同时具有 "政客" 属性和 "撒谎" 属性的个体组成的集合，也就是 "‖政客‖" 集合与 "‖撒谎‖" 集合的交集，即 "P∩Q"。| P∩Q | 表示该交集中所含元素的数目。"不撒谎的政客" 就是在 "‖政客‖" 集合中减掉 "‖撒谎‖" 集合之后的差集，即 "P–Q"。| P–Q | 表示该差集中所含元素的数目。例（11c）是说 "大多数政客撒谎" 为真的条件是 "‖政客‖" 集合与 "‖撒谎‖" 集合的交集中元素的数目大于它们差集中元素的数目，也可表达为例（12）：

（12）‖大多数‖(P)(Q) = |P∩Q|/|P|>50%

例（11c）是数量关系表达，例（12）是比例关系表达，两者在本质上是相同的。

"少数政客撒谎"，它的真值条件是：撒谎的政客在数量上小于不撒谎的政客，为真；反之，为假。例如：

（13）a. ‖少数‖(P)(Q)

　　　 b. ‖少数‖= λP.λQ.|P ∩ Q | < |P−Q|

　　　 c. ‖少数‖(P)(Q)

　　　　　 =λP.λQ.|P ∩ Q | < |P−Q|(P)(Q)

　　　　　 =λQ.|P ∩ Q | <|P−Q| (Q)

　　　　　 = |P ∩ Q | < |P−Q|

　　　 d. "少数"的文氏图

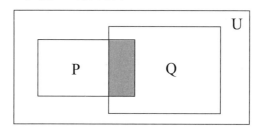

例（13c）是说"少数政客撒谎"为真的条件是"‖政客‖"集合与"‖撒谎‖"集合的交集中元素的数目小于它们差集中元素的数目，也可表达为：

（14）‖少数‖(P)(Q) = |P∩Q|/|P| < 50%

总结一下，我们用集合关系表达了"所有的""有的""大多数""少数"的语义表达式。例如：

（15）a. ‖所有的‖= λP.λQ.P ⊆ Q

　　　 b. ‖有的‖= λP.λQ.P ∩ Q ≠ ∅

　　　 c. ‖大多数‖= λP.λQ.|P ∩ Q | >|P−Q|

　　　 d. ‖少数‖= λP.λQ.|P ∩ Q | < |P−Q|

例（15）中的"P""Q"为集合名称，集合也可以采用谓词

法进行定义，如例（7a）与例（7b）。以下是 Kearns（2011）[①]
为英语中的限定词／量词所指派的语义表达式：

（16）a. All Fs are G.　　$F \subseteq G$　　(= Every F is G)

$$\Rightarrow \lambda F \left[\lambda G \left[\{x: F(x)\} \subseteq \{x: G(x)\} \right] \right]$$

b. Most Fs are G.　　$|F \cap G| > |F{-}G|$

$$\Rightarrow \lambda F \left[\lambda G \left[|\{x: F(x)\} \cap \{x: G(x)\}| > |\{x: F(x)\} - \{x: G(x)\}| \right] \right]$$

c. Few Fs are G.　　$|F{-}G| > |F \cap G|$

$$\Rightarrow \lambda F \left[\lambda G \left[|\{x: F(x)\} - \{x: G(x)\}| > |\{x:F(x)\} \cap \{x: G(x)\}| \right] \right]$$

d. An F is G.　　　$|F \cap G| \geq 1$

$$\Rightarrow \lambda F \left[\lambda G \left[|\{x: F(x)\} \cap \{x: G(x)\}| \geq 1 \right] \right]$$

e. Some Fs are G.　　$|F \cap G| \geq 2$

$$\Rightarrow \lambda F \left[\lambda G \left[|\{x: F(x)\} \cap \{x: G(x)\}| \geq 2 \right] \right]$$

f. A few Fs are G.　　$|F \cap G| =$ a few

$$\Rightarrow \lambda F \left[\lambda G \left[|\{x: F(x)\} \cap \{x: G(x)\}| = \text{a few} \right] \right]$$

g. Four Fs are G.　　$|F \cap G| = 4$

$$\Rightarrow \lambda F \left[\lambda G \left[|\{x: F(x)\} \cap \{x: G(x)\}| = 4 \right] \right]$$

h. Many Fs are G.　　$|F \cap G| =$ many

$$\Rightarrow \lambda F \left[\lambda G \left[|\{x: F(x)\} \cap \{x: G(x)\}| = \text{many} \right] \right]$$

i. Several Fs are G.　$|F \cap G| =$ several

$$\Rightarrow \lambda F \left[\lambda G \left[|\{x: F(x)\} \cap \{x: G(x)\}| = \text{several} \right] \right]$$

j. No F is G.　　　　$|F \cap G| = 0$

$$\Rightarrow \lambda F \left[\lambda G \left[|\{x: F(x)\} \cap \{x: G(x)\}| = 0 \right] \right]$$

k. Few Fs are G.　　$|F \cap G| =$ few

$$\Rightarrow \lambda F \left[\lambda G \left[|\{x: F(x)\} \cap \{x: G(x)\}| = \text{few} \right] \right]$$

---

① Kearns, K. 2011. *Semantics*. New York: Palgrave Macmillan.

例（16d—k）用交集定义，"F 交 G"跟"G 交 F"是对称的，其中的量词为对称性量词。例（16a—c）中的量词是不对称量词。例（16c）与例（16k）中的 few 不同，前者表示占比很小，后者表示数量很少。例（16e）中的 some 后边是复数名词，some 后边也可以是单数名词。例如：

（17）a. Some dog is barking.　　$|D \cap B| \geq 1$ 'at least one'

　　　 b. Some dogs are barking.　$|D \cap B| \geq 2$ 'at least two'

3. 限定词的属性

3.1　守恒性

守恒性（conservativity）：如果一个限定词 D 的语义满足下列条件，那么它就具有守恒性：

（1）$D(P)(Q) \leftrightarrow D(P)(P \cap Q)$

守恒性是说，集合 P 和集合 Q 满足关系 D，当且仅当集合 P 与 P 和 Q 的交集也满足关系 D。"↔"为等值联结词，表示同义关系，交集在自然语言中可用偏正结构表达。例如：

（2）a. 每个政客都撒谎。

　　　b. 每个政客都是撒谎的政客。

（3）a. 有的政客撒谎。

　　　b. 有的政客是撒谎的政客。

（4）a. 大多数政客撒谎。

　　　b. 大多数政客是撒谎的政客。

例（2—4）中的两个句子同义，所以其中的限定词"每个""有的""大多数"具有守恒性。又如：

（5）a. Every man ran.

　　　b. Every man is a man who ran.

（6）a. Some man ran.

    b. Some man is a man who ran.

（7）a. Exactly one man ran.

    b. Exactly one man is a man who ran.

（8）a. Exactly half of the men ran.

    b. Exactly half of the men are men who ran.

例（5—8）中的两个句子也都同义，所以其中的限定词 every、some、exactly one 与 exactly half of 也都具有守恒性。

　　一般来说，自然语言中所有的限定词或者说限定性量词都是守恒的（Barwise & Cooper 1981[①]）。根据守恒性，检验命题 D(P)(Q) 的真值，并不需要考察集合 P 和集合 Q 所有的部分，而只需要研究集合 P 以及集合 P 中和 Q 相交的部分就可以了。例如：

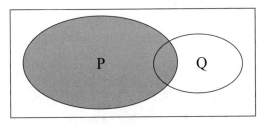

　　守恒性突出了量词左元的重要性。比如说"五个孩子打球"中的"五个"是守恒量词，其真值条件只需要考虑孩子干什么，而不需要考虑老师、家长在干什么；"光孩子打球"中"光"，它是量化副词，不是守恒量词，其真值条件不仅需要考虑孩子干什么，还要考虑老师、家长在干什么。如果不仅有五个孩子打球而且还有三个家长在打球，则"五个孩子打球"为真，"光孩子打球"为假。英语中的 only 也违反守恒性条件。例如：

（9）a. Only babies cry.

    b. Only babies are babies that cry.

---

　　① Barwise, J. & R. Cooper. 1981. Generalized quantifiers and natural language. *Linguistics and Philosophy* 4: 159-219.

例（9）中的句子不同义，only 不具有守恒性。

3.2 对称性

对称性（symmetry）：如果一个限定词 D 的语义满足下列条件，那么它就具有对称性：

（1）D(P)(Q)↔D(Q)(P)

对称性是说，集合 P 和集合 Q 满足关系 D，当且仅当集合 Q 与集合 P 也满足关系 D。例如：

（2）a. 有的政客是骗子。

b. 有的骗子是政客。

（3）a. 最多三个政客是骗子。

b. 最多三个骗子是政客。

例（2—3）中的两个句子同义，所以其中的限定词"有的"与"最多三个"具有对称性。又如：

（4）a. A spy is present.

b. Someone present is a spy.

（5）a. Some plants are meat eaters.

b. Some meat eaters are plants.

（6）a. Four clocks are in the hall.

b. Four things in the hall are clocks.

（7）a. No rose is black.

b. No black thing is a rose.

例（4—7）中的两个句子同义，所以其中的限定词 a、some、four 与 no 具有对称性。

（8）a. All dogs bark.

b. All barkers are dogs.

（9）a. Most leaves are green.

b. Most green things are leaves.

例（8—9）中的两个句子不同义，所以其中的限定词 all 与 most 不具有对称性。

对称性的限定词表达的是基数解（cardinality），例（4—7）中的各组句的语义可表达为例（10），有同义关系。不对称的限定词表达的是比例解（proportionality），例（8—9）中的各组句的语义可表达为例（11），有不同义关系。

（10）a. $|F \cap G| = |G \cap F| \geq 1$.

b. $|F \cap G| = |G \cap F| \geq 2$.

c. $|F \cap G| = |G \cap F| = 4$.

d. $|F \cap G| = |G \cap F| = 0$.

（11）a. 'F $\subseteq$ G' $\nleftrightarrow$ 'G $\subseteq$ F'.

b. '|F $\cap$ G| > |F – G|' $\nleftrightarrow$ '|G $\cap$ F| > |G – F|'.

在英语中，限定词的分布跟它的对称性有关。对称性限定词可以分布于 there be 句，而不对称性限定词不能分布于 there be 句。例如：

（12）限定词	对称性	例句
some	+	There is *some boy* in the garden.
no	+	There is *no boy* in the garden.
at least n	+	There are *at least three boys* in the garden.
at most n	+	There are *at most three boys* in the garden.
exactly n	+	There are *exactly three boys* in the garden.
many	+	There are *many boys* in the garden.
few	+	There are *few boys* in the garden.
every	–	#There is *every boy* in the garden.
most	–	#There are most boys in the garden.
the_sing	–	#There is *the boy* in the garden.
the_plur	–	#There are *the boys* in the garden.

the n	–	#There are *the three boys* in the garden.
both	–	#There are *both boys* in the garden.
neither	–	#There is *neither boy* in the garden.

对称性限定词也叫弱量词（weak quantifier），不对称性限定词也叫强量词（strong quantifier）。存在句包含强量词，这在语法上没有问题，但由于它们含有存在预设（existential presupposition），出现在存在句中就会为永真的重言式。由于重言式提供的信息量不足，违反了会话原则，因此这些句子一般不好。弱量词不含有存在预设，可以出现在存在句中。

every、both、neither 与 the 都是强量词，包含强量词的量化短语对限制部分的集合 P 都有存在预设的要求，如果 P 不满足这个要求，就会发生预设失败。例如：

（13）The King of France is bald.

例（13）中的 the King of France 的预设是法国现在有国王，但实际上，法国现在并不存在国王，所以预设失败，其真值在当前世界是无从判断的。

（14）Every student came.

every 的定义要求 every(P)(Q) 中的 P 是 Q 的子集，这样的定义对集合 P 并无特别的要求，它允许集合 P 为空集。空集是任何集合的子集，因此，当集合 P 为空时，every(P)(Q) 必然为真。然而，对例（14）而言，如果学生为空集，说该句为真并不恰当，因为没有学生，就不会出现学生来了这种情况。因此，需要对集合 P 加以限制，要求 P 有一个存在预设，或者说要求 P 为非空集合。对集合 P 有预设要求的限定词还有 both、neither 等，而且预设的要求更为严格。比如说：

（15）a. Both students came.

b. Neither student came.

both 的定义为：P 是 Q 的子集，而且 P 是一个只有两个成员的集合，不能多也不能少；同样地，both 的否定形式 neither 也要求存在于 P 集合的成员只能刚好是两个，但这两个都不是集合 Q 的成员。

汉语中的限定词在有字句与存现句中也有分布上的差异。例如：

（16）a.* 有每个人在教室里。　　* 教室里来了每个人。

　　　b.* 有那个人在教室里。　　* 教室里来了那个人。

　　　c.* 有多数人在教室里。　　* 教室里来了多数人。

　　　d. 有少数人在教室里。　　教室里来了少数人。

　　　e. 有个学生在教室里。　　教室里来了个学生。

　　　f. 有一部分人在教室里。　　教室里来了一部分人。

例（16a—c）中的限定词为强量词，例（16d—f）中的限定词为弱量词，或者说，前者含有强 DP，后者含有弱 DP。两者在跟"都"的共现上似乎也存在对立。例如：

（17）a. 每个人都来了。　　　* 每个人来了。

　　　b. 那些人都来了。　　　那些人来了。

　　　c. 多数人都来了。　　　多数人来了。

　　　d.* 少数人都来了。　　　少数人来了。

　　　e.* 有些学生都来了。　　有些学生来了。

　　　f.* 一部分学生都来了。　　一部分学生来了。

好像弱 DP 都拒绝"都"，而强 DP 的内部却有不同。

3.3　单调性

在绪论中，我们说过蕴涵，即如果 A 句为真，则 B 句也为真，那么 A 句蕴涵 B 句。例如：

（1）a. 张三吃了水果。

　　b. 张三吃了苹果。

（2）a. 张三不吃水果。

　　b. 张三不吃苹果。

例（1a）不蕴涵例（1b），例（1b）蕴涵例（1a）；例（2a）蕴涵例（2b），例（2b）不蕴涵例（2a）。"‖水果‖"是"‖苹果‖"的超集（superset），"‖苹果‖"是"‖水果‖"的子集（subset）。在"张三吃 ___"这样的肯定语境中，往超集说，不影响命题为真，这是向上蕴涵（upward-entailing）。在"张三不吃 ___"这样的否定语境中，往子集说，不影响命题为真，这是向下蕴涵（downward-entailing）。向上蕴涵与向下蕴涵，就是单调性（monotonicity），用数学上的说法，就是单调递增与单调递减。

限定词的单调性关注的是，当左元的集合或右元的集合在变大或缩小时，句子的蕴涵关系是否成立。

第一，左元单调递增。左元单调递增是左元集合变"大"时命题仍为真，即：P 为 C 的子集时，D(P)(Q) 蕴涵 D(C)(Q)。例如：

（3）a. 一个外国学生在唱歌。

　　b. 一个学生在唱歌。

（4）a. 一些外国学生在唱歌。

　　b. 一些学生在唱歌。

对例（3）而言，"一个外国学生在唱歌"为真，则"一个学生在唱歌"为真，"学生"包含"外国学生"，"‖学生‖"是超集。往超集说，不影响真值，是单调递增。"学生""外国学生"是限定词的左元，所以，"一个"为左元单调递增的限定词。例（4）中的"一些"也是左元单调递增的限定词。

第二，左元单调递减。左元单调递减是左元集合变"小"

时命题仍为真，即：C 为 P 的子集时，D(P)(Q) 蕴涵 D(C)(Q)。例如：

（5）a. 每个学生都在唱歌。

　　　b. 每个师大的学生都在唱歌。

（6）a. 没有学生在抽烟。

　　　b. 没有师大的学生在抽烟。

对例（5）而言，"每个学生都唱歌"为真，则"每个师大的学生都唱歌"为真，"师大的学生"包含于"学生"，"‖师大的学生‖"是子集。往子集说，不影响真值，是单调递减。"学生""师大的学生"是限定词的左元，所以，"每个"为左元单调递减的限定词。例（6）中的"没有"也是左元单调递减的限定词。

　　第三，右元单调递增。右元单调递增是右元集合变"大"时命题仍为真，即：Q 为 C 的子集时，D(P)(Q) 蕴涵 D(P)(C)。例如：

（7）a. 一个学生在偷偷地抽烟。

　　　b. 一个学生在抽烟。

（8）a. 每个学生都在偷偷地抽烟。

　　　b. 每个学生都在抽烟。

对例（7）而言，"一个学生在偷偷地抽烟"为真，则"一个学生抽烟"为真，"抽烟"包含"偷偷地抽烟"，"‖抽烟‖"是超集。往超集说，不影响真值，是单调递增。"抽烟""偷偷地抽烟"是限定词的右元，所以，"一个"为右元单调递增的限定词。例（8）中的"每个"也是右元单调递增的限定词。

　　第四，右元单调递减。右元单调递减是右元集合变"小"时命题仍为真，即：C 为 Q 的子集时，D(P)(Q) 蕴涵 D(P)(C)。例如：

（9）a. 没有学生看论文。

　　 b. 没有学生看语言学论文。

（10）a. 极少数的学生在看论文。

　　　 b. 极少数的学生在看语言学论文。

对例（9）而言，"没有学生看论文"为真，则"没有学生看语言学论文"为真，"看语言学论文"包含于"看论文"，"‖看语言学论文‖"是子集。往子集说，不影响真值，是单调递减。"看论文""看语言学论文"是限定词的右元，所以，"没有"为右元单调递减的限定词。例（10）中的"极少数的"也是右元单调递减的限定词。

我们可以用同样的方法来研究其他的限定词，比如说英语中 every、no、few、some 与 four 等限定词：

（11）a. Every dog is white. → Every large dog is white.

　　 b. Every large dog is white. ↛ Every dog is white.

　　 c. Everyone is whistling. ↛ Everyone is whistling loudly.

　　 d. Everyone is whistling loudly. → Everyone is whistling.

（12）a. No dogs are white. → No large dogs are white.

　　 b. No large dogs are white. ↛ No dogs are white.

　　 c. No one is whistling. → No one is whistling loudly.

　　 d. No one is whistling loudly. ↛ No one is whistling.

（13）a. Few dogs are white. → Few large dogs are white.

　　 b. Few large dogs are white. ↛ Few dogs are white.

　　 c. Few people are whistling. → Few people are whistling loudly.

　　 d. Few people are whistling loudly. ↛ Few people are whistling.

（14）a. Some dogs are white. ↛ Some large dogs are white.

　　 b. Some large dogs are white. → Some dogs are white.

　　 c. Some people is whistling. ↛ Some people is whistling loudly.

d. Some people is whistling loudly. → Some people is whistling.

（15）a. Four dogs are white. ↛ Four large dogs are white.

b. Four large dogs are white. → Four dogs are white.

c. Four people are whistling. ↛ Four people are whistling loudly.

d. Four people are whistling loudly. → Four people are whistling.

从以上语例来看，every、no 与 few 是左元单调递减的限定词，some 与 four 是左元单调递增的限定词，every、some 与 four 是右元单调递增的限定词，no 与 few 是右元单调递减的限定词。例如：

（16）限定词　　左元 /NP　　　右元 /VP

限定词	左元 /NP	右元 /VP
every	↓	↑
no	↓	↓
few	↓	↓
some	↑	↑
four	↑	↑

单调性可以限制广义量词的并列。一般来说，凡由合取联结词"和"(and) 和析取联结词"或"(or) 连接的广义量词中的限定词必须具有相同方向的单调性。例如：

（17）a. Every student and some teacher came.

b.*No student or some teacher came.

在例（17a）中，every 和 some 都具有右元单调递增性，所以该句合乎语法。在例（17b）中，no 具有右元单调递减性，而 some 具有右元单调递增性，所以该句不合乎语法。

单调性跟"否定极性词"的允准也有关，否定极性词包括一般性的表达（如"any""任何"与疑问代词等）、指称上非特指表达（如"ever""从来""向来"等）、量级最低的表达（如"lift a finger""连一分钱都（没有）""一个钱（都没有）"

等）与扩大谓词应用范围的算子（如"at all""much of a""in the least""根本"）等。否定极性词的分布情形如下：

第一，否定极性词通常只出现在含有否定词的句子里。例如：

（18）a. She did not read any books.

b. *She read any books.

（19）a. None of us will ever forget that exciting scene.

b. *All of us will ever forget that exciting scene.

（20）a. No student lifted a finger.

b. *Every student lifted a finger.

（21）a. He does not like that film at all.

b.*He likes that film at all.

（22）a. Mary isn't much of a clarinetist.

b.* Mary is much of a clarinetist.

第二，否定极性词通常分布于单调递减的论元中。限定词的哪个论元单调递减，否定极性词就能出现于哪个论元；限定词的哪个论元单调递增，否定极性词就不能出现于哪个论元。例如：

（23）every（左减右增）

a. Every［one who has ever been to Belltree Island］
［will want to go back］.

b. #Every［one who has been to Belltree Island］
［will ever want to go back］.

（24）no（左减右减）

a. No［one who has ever been to Belltree Island］
［will want to go back］.

b. No［one who has been to Belltree Island］

［will ever want to go back］.

（25）few (weak few)（左减右减）

　　a. Few［people who have ever been to Belltree Island］
　　　　［will want to go back］.

　　b. Few［people who have been to Belltree Island］
　　　　［will ever want to go back］.

（26）some（左增右增）

　　a. #Some［one who has ever been to Belltree Island］
　　　　［will want to go back］.

　　b. #Some［one who has been to Belltree Island］
　　　　［will ever want to go back］.

（27）four（左增右增）

　　a. #Four［people who have ever been to Belltree Island］
　　　　［will want to go back］.

　　b. #Four［people who have been to Belltree Island］
　　　　［will ever want to go back］.

4. 本章结语

　　这一章首先介绍了两个基本量词：全称量词与存在量词，并用它们处理了限定词 the。不过限定词 the，除了可处理为量词之外，还可以处理为 ι-算子。作为量词的 the 具有存在性与唯一性，作为 ι-算子的 the 具有突显性与唯一性。全称量词与存在量词不能自如地表达各种量化关系。广义量词理论将名词短语处理为广义量词，以语义类为 <e, t> 的语言表达式如动词短语为论元，广义量词由量词 / 限定词与它所修饰的名词短语构成，符合语言的句法组合规则。在广义量词理论中，限定词表达的是集合关系，即名词短语与动词短语所分别指谓的两个集合之间的关系。限定词可以根据守恒性、对称性与单调性进行分类，也可以采用这三种属性解释限定词所在句子的合法与不合法。

◢ 推荐阅读

冯予力 2019 全称量化逻辑与英汉全量限定词的语义刻画——以 every 和"每"为例，《外语教学与研究》第 2 期。

蒋　严 1998 语用推理与"都"的句法 / 语义特征，《现代外语》第 1 期。

李宝伦，张　蕾，潘海华 2009 汉语全称量化副词 / 分配算子的共现和语义分工——以"都""各""全"的共现为例，《汉语学报》第 3 期。

李　强，袁毓林 2018 "都"和"只"的意义和用法同异之辨，《中国语文》第 1 期。

文卫平 2012 英汉任选词"any"与"任何"的语义，《中国外语》第 3 期。

文卫平 2013 英汉负极词 any 与"任何"的允准，《外语教学与研究》第 2 期。

文卫平 2015 英汉极性触发结构比较，《外语教学与研究》第 2 期。

吴　平，莫　愁 2016 "都"的语义与语用解释，《世界汉语教学》第 1 期。

袁毓林 2005 "都"的语义功能和关联方向新解，《中国语文》第 2 期。

袁毓林 2005 "都"的加合性语义功能及其分配性效应，《当代语言学》第 4 期。

袁毓林 2007 论"都"的隐性否定和极项允准功能，《中国语文》第 3 期。

张　蕾，李宝伦，潘海华 2009 "所有"的加合功能与全称量化，《世界汉语教学》第 4 期。

张　蕾，潘海华 2019 "每"的语义的再认识——兼论汉语是否存在限定性全称量化词，《当代语言学》第 4 期。

◢ 练习

1. 翻译下面的材料，了解 some 的语义（Jacobson 2016）。

It might therefore seem that ‖ some ‖ should be revised as follows:

(21) ‖ some ‖ = $\lambda P_{<e, \triangleright}$ [$\lambda Q_{<e, \triangleright}$ [$P_S \cap Q_S \neq \varnothing \wedge P_S \nsubseteq Q_S$]]

But there turns out to be good reasons to reject this revision. First, if this truly were the meaning of *some*, then (22a) would be a contradiction; note that the meaning given above is the meaning for the complex determiner *some but not all*, and indeed (22b) is a contradiction:

(22) a. Some students love formal semantics, in fact they all might!

b. Some but not all students love formal semantics, in fact they all might!

In addition, ordinary sentences like (23) would be odd. Why add *but not all* if *some* had the same meaning as *some but not all*?

(23) Some but not all students love formal semantics.

2. 请阅读以下句子及其语义表达式，并进行计算。

（1）A dog barked.

'There is at least one thing x such that x is a dog and x barked.'

$\exists x$ [DOG(x) $\wedge$ BARK(x)]

（2）Some birds were singing.

$\exists x$ [BIRD(x) $\wedge$ SING(x)]

（3）A limousine awaited Marla.

$\exists x$ [LIMOUSINE(x) $\wedge$ AWAIT(m)(x)]

3. 翻译下面的材料，注意函数运算与组合性，特别是（3b）与（4'）（Westerståhl 2016）[①]。

[①] Westerståhl, D. 2016. Generalized quantifiers. In M. Aloni & P. Dekker (eds.), *The Cambridge Handbook of Formal Semantics*. Cambridge: Cambridge University Press.

If *function application* is seen as the major operation that composes meanings (as Frege perhaps thought and Montague showed that one could assume in many, though not all, cases), then the functional notation serves a *compositional* account well. For example, while (3) is simply rendered as (3a), giving *likes* the type < e, <e, t>> allows it to combine with the object first, as it should on a compositional analysis if *likes Sue* is a constituent of (3), and then with the subject, yielding (3b):

(3) Mary likes Sue.

    a. *like(m, s)*

    b. *like(s)(m)*

Similarly, (4) could be rendered as (4′) (where *some, student, smoke* are constants of the appropriate types), reflecting the fact that *some students* is a constituent of (4).

(4) Some students smoke.

(4′) *some(student)(smoke)*

So far there are no lambdas. But suppose *some* is not a constant but rather *defined as λXλY∃x(X(x) ∧ Y(x))*. Then (4) would be rendered as in (5):

(5) *λXλY∃x(X(x) ∧ Y(x))(student)(smoke)*

After two *lambda conversions* (5) becomes the following:

(5′) *∃x(student(x) ∧ smoke(x))*

4. 请计算下列句子的语义。

    （1）The student is bald.

    （2）张三扫地。

    （3）所有的女生都扫地。

    （4）张三和所有的女生都扫地。

（5）张三和一些女生扫地。

5. 请根据下列词项进行计算：

　　（1）A duck walked.

　　（2）No duck walked.

　　（3）Two ducks walked.

　　a. ‖ a ‖ = λP.λQ∃x［P(x) ∧ Q(x)］

　　b. ‖ no ‖ = λP.λQ¬∃x［P(x) ∧ Q(x)］

　　c. ‖ two ‖ = λP.λQ［|P∩Q| = 2］

6. 请计算以下各组句子的语义，说说它们是否同义。

　　（1）a. Somebody smokes and drinks.

　　　　　∃x . smokes(x) ∧ drinks(x)

　　　　b. Somebody smokes and somebody drinks.

　　　　　∃x . smokes(x) ∧ ∃y . drinks(y)

　　（2）a. Everybody smokes or drinks.

　　　　　∀x . smokes(x) ∨ drinks(x)

　　　　b. Everybody smokes or everybody drinks.

　　　　　∀x . smokes(x) ∨ ∀x . drinks(x)

7. 翻译以下材料，了解比例性量词 most 的两个论元为什么不能
用逻辑联结词关联（Jacobson 2016）。

　　(9) Most Siamese cats have lovely voices.

　　Can we map this to some formula of first-order logic to give the
right truth conditions? First, we note a tangential problem: *most* is
arguably vague — one might be unsure as to whether (9) requires
51% of the Siamese cats to have lovely voices, or perhaps more
(and if so, how much more). Fortunately, this question is not central
to the point below, so simply assume that a sentence like (9) is true

provided that more than 50% of the Siamese cats have lovely tails. We will introduce a new quantifier M that we can read informally as for *most*. Following the strategy for *all* and *some*, we might try to assign to (9) either the representation in (10a) or in (10b). The semantics of these will be analogous to the semantics for quantifiers given in Chapter 9, except that the full formula is true on an assignment *g* just in case the inner formula is true for more than 50% of the assignments in g/x:

(10) a. Mx [Siamese-cat′(x) ∧ have-lovely-voices(x)]

b. Mx [Siamese-cat′(x) → have-lovely-voices(x)]

It is immediately obvious that (10a) is incorrect; this is true if more than 50% of the individuals are Siamese cats and have lovely voices. The problem with (10b) is more subtle, but it too is incorrect. (9) is true if it's the case that for most things, if they are Siamese cats then they have lovely voices. But for (10b) the inner formula is true on any assignment *g* for which g(x) is not a Siamese cat. Thus consider a universe with 100 individuals, 90 of which are not Siamese cats, and where only three of the actual Siamese cats have lovely voices. Then (9) is false, but our semantics assigns true to (10b). Of course we have only tried formulas with the two connectives "∧" and "→" —perhaps we just need to be clever and try a different one. It need not even correspond to any of the standard ones for which we have names (i.e., ∧, ∨, and →) as long as it can be defined. But it is quite easy to show that no possible connective will do. There are only sixteen logically possible ones and none gives the right result.

8. 以下是 Kearns（2011：122—123）为 Every dog barked 所指派
   的语义计算树和构建的计算过程，请仿此计算"所有的狗都叫
   了"的语义。

（1）Every dog barked.

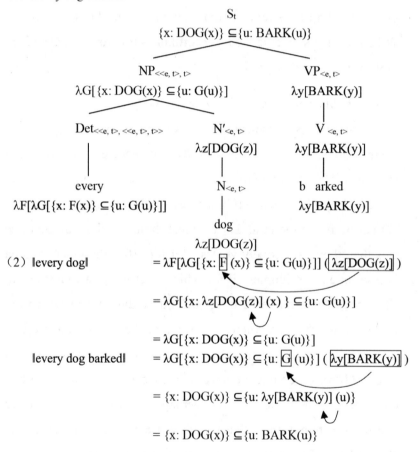

（2）‖every dog‖　　　$= \lambda F[\lambda G[\{x: F(x)\} \subseteq \{u: G(u)\}]] (\lambda z[DOG(z)])$

　　　　　　　　　　　$= \lambda G[\{x: \lambda z[DOG(z)] (x) \} \subseteq \{u: G(u)\}]$

　　　　　　　　　　　$= \lambda G[\{x: DOG(x)\} \subseteq \{u: G(u)\}]$

‖every dog barked‖　$= \lambda G[\{x: DOG(x)\} \subseteq \{u: G(u)\}] (\lambda y[BARK(y)])$

　　　　　　　　　　　$= \{x: DOG(x)\} \subseteq \{u: \lambda y[BARK(y)] (u)\}$

　　　　　　　　　　　$= \{x: DOG(x)\} \subseteq \{u: BARK(u)\}$

9. 请解释下列句子的对立。

   （1）a. 多数同学都不同意这个方案。

   　　 b.* 少数同学都不同意这个方案。

   （2）a. 许多古籍都得到了妥善的处理。

　　　　b.* 少量的古籍都得到了妥善的处理。

　（3）a. 所有的古籍都得到了妥善的处理。

　　　　b.* 有些古籍都得到了妥善的处理。

10. 请调查一下哪些名词性成分后边必须出现"都"，哪些名词
　　性成分之后不能出现"都"，哪些名词性成分之后可以出现
　　"都"也可以不出现"都"。

11. 下列各组句子中 a 句能否蕴涵 b 句，为什么？

　（1）a. 张三在公园里没看见鸟儿。

　　　　b. 张三在公园里没看见喜鹊。

　（2）a. 张三在公园里看见了鸟儿。

　　　　b. 张三在公园里看见了喜鹊。

　（3）a. 张三在公园里看见了喜鹊。

　　　　b. 张三在公园里看见了鸟儿。

12. 用单调性解释下列现象。

　（1）Every student knows McCawley.

　　　　→ Every linguistics student knows McCawley.

　（2）Every student knows a famous linguist.

　　　　↛Every student knows McCawley.

　（3）Some bald men walk fast.

　　　　→ Some men walk.

　（4）All men walk.

　　　　↛All bald men walk fast.

13. 用单调性解释下列现象。

　（1）*John or no student saw Jane.

　（2）*All the women and few men walk.

　（3）John but no student saw Jane.

（4） All the women but few men walk.

（5） *All the women, few men but several students walk.

15. 用单调性解释下列现象。

（1） No linguist has ever read this book.

（2） *Most linguists have ever read this book.

（3） *Every student smiles at anyone.

（4） *Every linguistics student knows any famous linguist.

（5） Every student with any linguistic knowledge knows McCawley.

16. 用单调性解释下列现象：

（1） a. Every student who ever cooks smiles.

b. Every kid who ate any apples got sick.

（2） a. *Some student who ever cooks smiles.

b. *Some kid who ate any apples got sick.

17. 以下两个句子的语义表达式为什么不同？

（1） a. John didn't see any students.

b. $\neg \exists x \left[\text{student(x)} \wedge \text{saw(John, x)} \right]$

（2） John didn't see some students.

b. $\exists x \left[\text{student(x)} \wedge \neg \text{saw(John, x)} \right]$

18. 翻译以下材料，了解"向下蕴涵（DE）"对否定极性词分布的解释（Kadmon & Landman 1993）[①]。

The use of *any* as a negative polarity it is illustrated in (1) and (2).

(1) I don't have any potatoes.

(2) *I have any potatoes.

---

① Kadmon, N. & F. Landman. 1993. Any. *Linguistics and Philosophy*, 16: 353–422.

According to Ladusaw 1979's well known analysis, negative polarity items (NPIs) are only licensed if they are in the scope of a downward entailing operator. A downward entailing (DE) operator is an operator that reverses the direction of entailment, roughly as specified in (3) (using for entailment).

(3) O is a DE operator　iff　if A$\Rightarrow$ B then O(B) $\Rightarrow$ O(A).

On Ladusaw's account, example (1) is OK because *any* is in the scope of negation, which, as illustrated in (4), is a DE operator.

(4) swim $\Rightarrow$ move

　　I don't move $\Rightarrow$ I don't swim

In example (2), *any* is not licensed, because there is no DE operator that *any* is in the scope of.

Ladusaw's analysis elegantly accounts for a wide range of examples. Besides negative vs. affirmative pairs like (1) and (2), it deals, for example, with examples (5)−(8).

(5) At most three girls saw anything.

(6) *At least three girls saw anything.

(7) Every girl who saw anything was happy.

(8) *Some girl who saw anything was happy.

Assuming, with Generalized Quantifier Theory, that determiners are two place relations between a nominal property and a verbal property, Ladusaw predicts that (5) and (7) are OK because the determiner *at most three* is DE on its second argument (as well as the first) and the determiner *every* is DE on its first argument. (6) and (8) are out because *at least three* and *some* are not DE on either argument.

第五章　成分提升

函数运算规则应用于双分枝结构，它将两个相互组合的成分分别处理为论元与函数，并且要求论元的语义类跟函数的输入类相同，即语义类匹配要求。但有的时候，我们碰到的语言现象好像并不满足该要求，但整个句子却仍然有意义。这个时候，就要求我们采用新的策略解决可能存在的问题。本章采用成分提升策略，并由此扩充相关规则。在语义计算的时候，首先得保证语义类的匹配，才能保证语义计算的顺利进行。

1. 可解释性

谓词是函数，它需要跟论元组合，才能构成饱和的式子。未饱和的式子被处理成函数，对函数的填充最终得到命题。填充的过程自下而上，谓词先跟内部论元组合，再跟外部论元组合，反映了句法结构的层次性。这种操作被称为函数运算，函数运算可用于语义表达式和语义类的计算。

设有一词语 P，其语义类为 $<e, <e, t>>$，则它必须先同一个语义类为 e 的论元合并，得到 $<e, t>$，然后再跟另一个语义类为 e 的论元合并，而不能同时跟两个语义类为 e 的论元合并。例如：

（1）合乎函数运算的要求

（2）不合乎函数运算的要求

例（1）符合函数运算的要求。语义类为 <e, <e, t>> 的"喜欢"为函数，语义类为 e 的"李四"是其论元，能够运用函数运算规则；合并得到的"喜欢李四"，其语义类为 <e, t>，也是函数，语义类为 e 的"张三"是其论元，也能运用函数运算规则。函数运算要求二元运算。例（2）不符合函数运算的要求，具有不可计算性。例（2）需要重新指派结构，如采用例（1）。

　　句法结构的层次性是函数运算规则操作的结果，函数运算规则是二元运算，要求句法结构具有双分枝性。句法学中的合并操作，也是二元运算，它是将 α 与 β 两个句法体（syntactic object）组合成一个新的句法体 K，即 K={α，β}，也要求句法结构具有双分枝性。

　　语义类的计算展示了语言表达式的结构层次性，语义类的不可计算性展示了语言表达式的不可解释性。但有时似乎也有反例，如：

（3）a. 句首成分的不匹配

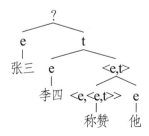

b. 动宾间的不匹配

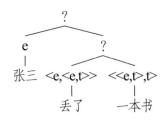

在例（3a）中，语义类为 <e, <e, t>> 的"称赞"是函数，语义类为 e 的"他"是其论元，可计算，得到语义类为 <e, t> 的"称赞他"。新得到的 <e, t> 也是函数，语义类为 e 的"李四"是其论元，可计算，得到语义类为 t 的"李四称赞他"。t 不能跟 e 进行计算。所以，"张三，李四称赞他"违反了可解释性。但实际上，"张三，李四称赞他"跟"李四称赞张三"意义相同。在例（3b）中，"一本书"的语义类是 <<e, t>,t>，"丢了"的语义类是 <e,<e, t>>，"丢了"的语义类跟"一本书"的输入类不同，"一本书"的语义类跟"丢了"的输入类也不同，所以，计算无法进行。

对双分枝节点而言，其中一个是函数，一个是论元，只有当论元的语义类跟函数的输入类相同，才能运用函数运算规则；否则，就不能运用函数运算规则。语义类不匹配，就无法进行下一步的运算。

2. 话题提升与被动提升

2.1 话题提升

话题提升就是将某个成分实现为话题的过程。我们假定话题是位于话题范畴（Top）指示语的成分，指示语也可以称为主语。一部分话题是移位生成的，移位时可留下听不见的语迹或听得见的复指代词。例如：

（1）李四称赞了张三。

　　a. 张三，李四称赞了 trace。

　　b. 张三，李四称赞了他。

例（1a）中"张三"移位留下的是语迹（trace），例（1b）中
"张三"移位留下的是复指代词"他"。例如：

（2）a. 句法树

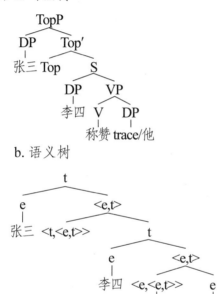

　　b. 语义树

　　"了"暂且不管，也可以把它当作动词的后缀，附在动词
之后，并假定它不改变动词的语义。例（2a）是句法树，它是
在 S 的基础上增加了 Top 这个范畴。Top 是 Top(ic) 的省写形
式，可看作话题范畴，它的作用在于引进话题，如例（2）中的
话题。Top 跟 S 合并之后，其母亲节点是 Top′，即在 Top 的基
础上增加了一"′"，这一"′"，表示 Top 的功能还没有完，
即话题还没有引进。话题"张三"跟 Top′ 合并之后，它们的母
亲节点就是 TopP 了，这个时候 Top 的功能就完成了。TopP 可

称为话题短语。例（2b）是语义树，TopP 的语义类为 t ，这是因为 TopP 也是一种句子，为话题句或主谓谓语句，有真值，即在"李四称赞了张三"的条件下，"张三，李四称赞了"就为真，反之为假。TopP 的语义类为 t，"张三"的语义类为 e，所以，Top′ 的语义类为 <e, t>。Top′ 的语义类为 <e, t>，S 的语义类为 t，所以 Top 的语义类为 <t, <e, t>>。由此可见，Top 是一个将开放句转化为一元谓词的成分，起 λ 抽象作用。这种 λ 抽象也叫谓词抽象，即将 t 类的开放句转化为语义类为 <e, t> 的谓词。从语义学的角度看，Top 实际上就是提供广义的 λ 算子，即不仅包括 λ，还包括 λ 约束的变量，如 λx 就是广义的 λ 算子；从句法的角度看，Top 实际上就是索引词，如例（3a）中的"1"。

（3）a. 语义学中的句法树

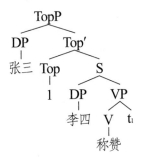

b. 句法学中的句法树

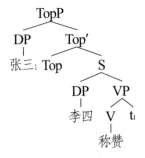

例（3）中 t 是语迹 trace 的省写形式，"1"是索引。语迹后的索引可采用下标形式，如"t_1"，也可以不采用下标形式，如"t1"，标下标是为了美观与阅读方便。在语义学中，移出位置的索引与接受该成分的范畴的索引相同。t 是"张三"移出的位置，Top 是接受"张三"移位的范畴，"张三"移到 Top 的指示语位置，所以，语迹的索引与 Top 的索引相同，如例（3a）中都标为"1"。在句法学中，索引"1"要标在移位位置与移位成分之后，如例（3b），"张三"和 t 后边都有索引"1"。在语义学中，索引有语义解释，可解释为变量。

在语义学中，索引"i"要构成广义的 λ 算子，如"λg(i)"。λg(i) 像前缀一样附加于它的补足语之前。假定索引"i"的姐妹节点为 γ，我们可以建立如下的附加规则（Affix Rule）：

（4）附加规则

　　如果 α 为分枝节点，{β，γ} 为其女儿节点集合，β 只支配索引"i"，对任何变量进行赋值的 g 来说，则：$\|α\|^g=$ λg(i).$\|γ\|^g$。

附加规则（4）中的 g 为变量赋值函数，放在"$\|\cdots\|$"的右上标位置；i 为索引，索引常用自然数表示，也可以用字母表示。以下是变量赋值规则：

（5）变量赋值规则

　　如果 α 为自由变量，g 表示变量的赋值函数，i 为 g 的域内索引，则 $\|α_i\|^g=g(i)$。

第一，索引。我们可以通过赋值函数把不同的索引映射到不同的变量，例如：

（6）g = { [1 → x]，[2 → y]，[3 → z] }

例（6）的意思为：通过赋值函数，索引"1"被映射到变量 x，索引"2"被映射到 y，索引"3"被映射到 z。例如：

（7）a. $g(1) = \{\,[1 \rightarrow x]\,,\,[2 \rightarrow y]\,,\,[3 \rightarrow z]\,\}(1) = x$

b. $g(3) = \{\,[1 \rightarrow x]\,,\,[2 \rightarrow y]\,,\,[3 \rightarrow z]\,\}(3) = z$

c. $g(4) = \{\,[1 \rightarrow x]\,,\,[2 \rightarrow y]\,,\,[3 \rightarrow z]\,\}(4) = ?$

例（7a）与例（7b）都有解，例（7c）没有解，因为例（7c）中的索引"4"不是 g 的域内索引，即不在 g 的定义域内，g 的定义域中只包含索引"1""2""3"。

第二，语迹。通过赋值函数，我们将不同的移位所留下的不同的语迹表达成不同的变量，以免在语义计算的过程中混淆了这些语义类相同的变量。例如：

（8）a. $\|t_1\|^g = g(1)$

$= \{\,[1 \rightarrow x]\,,\,[2 \rightarrow y]\,,\,[3 \rightarrow z]\,\}(1) = x$

b. $\|t_2\|^g = g(2)$

$= \{\,[1 \rightarrow x]\,,\,[2 \rightarrow y]\,,\,[3 \rightarrow z]\,\}(2) = y$

也就是说，索引"1"对应变量赋值 x，索引"2"对应变量赋值 y。此外，代词也可解释为变量。

根据函数运算规则、非分枝节点规则、终端节点规则、变量赋值规则与附加规则，我们可以参照例（3a）按如下方式计算例（1a）与例（1b）的语义：

（9）词项的语义表达式

a. $\|称赞\| = \lambda z.\lambda y.$ 称赞 $(z)(y)$

b. $\|张三\| = 张三$

c. $\|李四\| = 李四$

（10）变量赋值

　　a. g = { [1 → k] , [2 → m] , [3 → n] }

　　b. g(1) = { [1 → k] , [2 → m] , [3 → n] }(1) = k

　　c. $\|t_1\|^g$ = g(1) = k

　　d. $\|他_1\|^g$ = g(1) = k

（11）语义计算

　　a. $\|VP\|^g = \|称赞\|^g (\|他_1/t_1\|^g)$

　　= $\|称赞\|$ (k)

　　= [λz.λy. 称赞 (z)(y)] (k)

　　= λy. 称赞 (k)(y)

　　b. $\|S\|^g = \|VP\|^g (\|李四\|^g)$

　　= [λy. 称赞 (k)(y)] (李四)

　　= 称赞 (k)(李四)

　　c. $\|Top'\|^g = λg(1) \in D_e. \|S\|^g$

　　= λk ∈ D_e. 称赞 (k)(李四)

　　d. $\|TopP\|^g = \|Top'\|^g (\|NP\|^g)$

　　= [λk ∈ D_e. 称赞 (k)(李四)] (张三)

　　= 称赞 (张三)(李四)

$\|称赞\|^g$ 独立于变量赋值规则，因为其中不含自由变量，所以"$\|称赞\|^g = \|称赞\|$"。例（11a）将变量 k 代入到"称赞"的语义表达式中，可以消去内部论元，得到 VP 的语义表达式，这叫 λ 还原。注意此时 VP 中包含一个自由变量 k。之后，VP 进一步和主语 DP 组合，消去 λy 约束的变量 y，得到 S 的意义"称赞 (k)(李四)"，如例（11b）。例（11b）中含有由赋值函数引入的自由变量 k，所以，它是个语义类为 t 的开放句。开放句也叫命题函数。Top 引进 λ 算子，以约束 g(1)，并将语义类为 t 的 S 谓词化，即变成语义类为 <e, t> 的 Top'，从而得到 Top' 的语义

表达式"λk∈D$_e$. 称赞 (k)(李四)"，如例（11c）。最后，Top′ 进一步跟"张三"组合，消去 λk 约束的变量 k，得到 TopP 的意义"称赞 (张三)(李四)"，如例（11d）。

　　索引的数目不限，可以有一个，也可以有 n 个。索引的标法很简单，就是移出位置的索引跟接受范畴的索引一致，移出的成分移到接受范畴的指示语位置。比如说"欧阳克，杨康杀了"，它表达的意思是"杨康杀了欧阳克"。本来"杨康"是主语，"欧阳克"是宾语，但在话语中，"欧阳克"与"杨康"都成了话题，一个主话题，一个次话题，这时候，我们就需要引进两个索引。例如：

（12）欧阳克，杨康杀了。

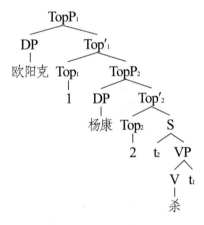

注意，"Top₁""Top₂"中的"1"与"2"不是语义学中的索引，只是区别符号，没有意义。索引才有意义。索引可以采用下标形式，也可以不采用下标形式，为美观起见，我们用下标形式。

（13）词项的语义表达式：

　　$\|$ 杀 $\|$ = λw.λz. 杀 (w)(z)

　　$\|$欧阳克$\|$= 欧阳克

‖杨康‖= 杨康

（14）变量赋值：

    a. $g = \{ [1 \to k], [2 \to m], [3 \to n] \}$

    b. $g(1) = \{ [1 \to k], [2 \to m], [3 \to n] \}(1) = k$

    c. $\|t_1\|^g = g(1) = k$

    d. $g(2) = \{ [1 \to k], [2 \to m], [3 \to n] \}(2) = m$

    e. $\|t_2\|^g = g(2) = m$

（15）语义计算：

    a. $\|VP\|^g = \|杀\|^g (\|t_1\|^g)$

      $= [\lambda w.\lambda z. 杀 (w)(z)] (k)$

      $= \lambda z. 杀 (k)(z)$

    b. $\|S\|^g = \|VP\|^g (\|t_2\|^g)$

      $= [\lambda z. 杀 (k)(z)] (m)$

      $= 杀 (k)(m)$

    c. $\|Top'_2\|^g = \lambda g(2) \in D_e. \|S\|^g$

      $= \lambda m \in D_e. 杀 (k)(m)$

    d. $\|TopP_2\|^g = \|Top'_2\|^g (\|杨康\|^g)$

      $= [\lambda m \in D_e. 杀 (k)(m)] (杨康)$

      $= 杀 (k)(杨康)$

    e. $\|Top'_1\|^g = \lambda g(1) \in D_e. \|TopP_2\|^g$

      $= \lambda k \in D_e. 杀 (k)(杨康)$

    f. $\|TopP_1\|^g = \|Top'_1\|^g (\|NP\|^g)$

      $= [\lambda k \in D_e. 杀 (k)(杨康)] (\|欧阳克\|)$

      $= [\lambda k \in D_e. 杀 (k)(杨康)] (欧阳克)$

      $= 杀 (欧阳克)(杨康)$

    二元谓词"杀"的两个论元位置都被自由变量所代替，因此 S 的语义是一个语义类为 t 的带有两个自由变量 m、k 的开放句，如例（15b）。得到了 S 的语义之后，Top_2 对 S 作 λ 抽象，还原它的语义类到 <e, t>。Top_2 和 t_2 同标，也就是说 Top_2 只能对和它同标的语迹所对应的变量进行抽象，索引"2"映射到 m，因此 Top_2 对变量 m 进行抽象。得到了 $TopP_2$ 的语义之后，Top_1 对 $TopP_2$ 作 λ 抽象，将它的语义类还原到 <e, t>。Top_1 和 t_1 同标，也就是说 Top_1 只能对和它同标的语迹所对应的变量进行抽象，索引"1"映射到 k，因此 Top_1 对变量 k 进行抽象。根据变量赋值规则，我们也可以为例（12）指派如下的推导树：

（16）欧阳克，杨康杀了。

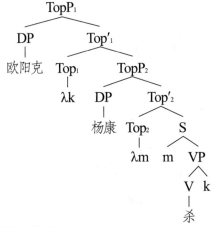

2.2 被动提升

英语在被动提升时，动词的内部论元会提升到主语的位置，外部论元则变成了状语，由 by 引进。例如：

（1）a. Mary kissed John.

b. John was kissed by Mary.

主动句的语义表达式不难得到，如例（1a）中主动句的语义表达式可以写作例（2）：

（2）kiss(John)(Mary)

为了得到被动句的语义，成分提升可能是最为简单的方式，通过成分提升引进索引。我们将索引放在 was 位置，这是为了方便，此外，还假定 by 与 was 是隐义词。例如：

（3）John is kissed by Mary.

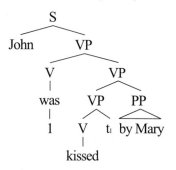

（4）词项的语义表达式

$\|$ kissed $\| = \lambda w.\lambda z. \left[\, kiss(w)(z)\,\right]$

$\|$ John $\| =$ John

$\|$ Mary $\| =$ Mary

（5）变量赋值

$g = \{\,[\,1 \to k\,],\,[\,2 \to m\,],\,[\,3 \to n\,]\,\}$

$g(1) = k$

$\| t_1 \|^g = k$

（6）语义计算

　　a. $\| VP \|^g = \|$ kissed $\|^g (\| t_1 \|^g)$

　　　$= \lambda w.\lambda z. \left[\, kiss(w)(z)\,\right](k)$

　　　$= \lambda z. \left[\, kiss(k)(z)\,\right]$

　　b. $\| VP \|^g = \| VP \|^g (\| PP \|^g)$

　　　$= \lambda z. \left[\, kiss(k)(z)\,\right](Mary)$

　　　$= kiss(k)(Mary)$

　　c. $\| VP \|^g = \lambda g(1). \| VP \|^g$

　　　$= \lambda k. kiss(k)(Mary)$

d. $\|S\|^g = \|VP\|^g (\|John\|^g)$

$= \lambda k.kiss(k)(Mary)(John)$

$= kiss(John)(Mary)$

计算的结果表明被动句跟它对应的主动句同义。

3. 量化提升

3.1　量化短语

对于宾语位置包含量化短语的句子，我们可以用量化提升来解决语义类不匹配的问题，即将宾语 DP 提升到更高的位置。量化提升之后，原来的宾语位置只留下了一个语迹，而语迹可以通过赋值函数表达成个体变量，语义类是 e，这样语义类错配的问题就解决了。例如：

（1）张三丢了一个书包。

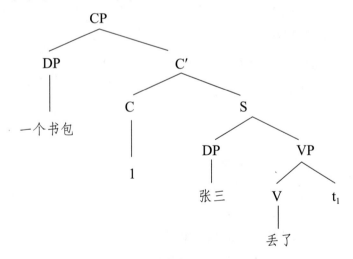

例（1）中的语迹在语义上需要通过赋值函数表达成自由变量，表达的过程分为两步：首先标注索引"1"，然后通过赋值函数将索引映射到自由变量。例如：

（2）$g = \{ [1 \rightarrow x], [2 \rightarrow y], [3 \rightarrow z] \}$

$\| t_1 \|^g = g(1) = x$

例（1）中的 C 是一种范畴标记，在语义学中的作用就是引入索引。C 跟之前提到的 Top 一样，都起谓词抽象的作用，也都和一个空位相关联。跟相关联的空位同索引，这样它才能对相应空位上的自由变量进行 λ 抽象。索引的标法，就是移出位置的索引跟接受范畴的索引一致，因为移出的成分会移到接受范畴的指示语位置。例（1）中接受"一个书包"移位的范畴是 C，它跟"一个书包"的语迹 t 同索引，都是"1"。

（3）词项信息：

$\|丢\| = \lambda z.\lambda w.\ 丢\ (z)(w)$

$\|张三\| = 张三$

$\|一个\| = \lambda P.\lambda Q.\exists y\ [P(y) \wedge Q(y)]$

$\|书包\| = \lambda x.\ 书包\ (x)$

（4）语义计算：

$\|VP\|^g = \|V\|^g\ (\| t_1 \|^g)$

$= [\lambda z.\lambda w.\ 丢\ (z)(w)]\ (x)$

$= \lambda w.\ 丢\ (x)(w)$

$\|S\|^g = \|VP\|^g\ (\|DP\|^g)$

$= [\lambda w.\ 丢\ (x)(w)]\ (张三)$

$= 丢\ (x)(张三)$

$\|C'\|^g = \lambda g(1).\|S\|^g$

$= \lambda x.\ 丢\ (x)(张三)$

$\|DP\|^g = \|一个\|^g\ (\|书包\|^g)$

$= \lambda P.\lambda Q.\exists y\ [P(y) \wedge Q(y)]\ (\lambda x.\ 书包\ (x))$

$= \lambda Q.\exists y\ [书包\ (y) \wedge Q(y)]$

$\|CP\|^g = \|DP\|^g\ (\|C'\|^g)$

$$= \left[\lambda Q.\exists y \left[\text{书包 (y)} \wedge Q(y) \right] \right] (\lambda x. \text{丢 (x)(张三))}$$
$$= \exists y \left[\text{书包 (y)} \wedge \left[\lambda x. \text{丢 (x)(张三)} \right] (y) \right]$$
$$= \exists y \left[\text{书包 (y)} \wedge \text{丢 (y)(张三)} \right]$$

例（4）中的计算结果表明，"张三丢了一个书包"的意思是"至少存在一个 y，使得 y 是书包并且张三丢了 y"。

3.2 专有名词

如果宾语位置的专有名词的语义类为 <<e, t>, t>，它也会跟动词的语义类不匹配。为了解决语义类的不匹配问题，该专有名词也会发生移位。例如：

（1）李四称赞张三。

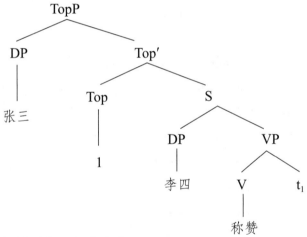

（2）词项的语义表达式：

a.‖称赞‖ = $\lambda z.\lambda y.$ 称赞 (z)(y)

b.‖张三‖ = $\lambda P \in D_{<e, t>}.P(\text{张三})$

c.‖李四‖ = $\lambda Q \in D_{<e, t>}.Q(\text{李四})$

（3）变量赋值：

$g = \{ \left[1 \to x \right], \left[2 \to y \right], \left[3 \to z \right] \}$

$g(1) = x$

$\|t_1\|^g = x$

（4）语义计算：

  a. $\|VP\|^g = \|$称赞$\|^g(\|t_1\|^g)$

   $= \|$称赞$\|(x)$

   $= [\lambda z.\lambda y.$称赞$(z)(y)](x)$

   $= \lambda y.$称赞$(x)(y)$

  b. $\|S\|^g = \|$李四$\|^g(\|VP\|^g)$

   $= [\lambda Q \in D_{<e,t>}.Q($李四$)][\lambda y.$称赞$(x)(y)]$

   $= [\lambda y.$称赞$(x)(y)]($李四$)$

   $=$称赞$(x)($李四$)$

  c. $\|Top'\|^g = \lambda g(1) \in D_e.\|S\|^g$

   $= \lambda x.$称赞$(x)($李四$)$

  d. $\|TopP\|^g = \|DP\|^g(\|Top'\|^g)$

   $= [\lambda P \in D_{<e,t>}.P($张三$)](\lambda x.$称赞$(x)($李四$))$

   $= [\lambda x.$称赞$(x)($李四$)]($张三$)$

   $=$称赞$($张三$)($李四$)$

3.3　量化歧义

句子中有两个不同类型的量化短语时，有可能会出现量化歧义，或者说辖域歧义。辖域指的是算子成分统制的范围。一个算子的辖域包括其姐妹及其姐妹的后代。例如：

（1）a. 不是所有的政客都撒谎。

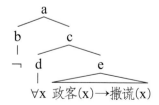

b. 所有的政客都不撒谎。

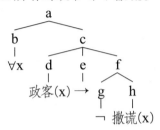

在例（1a）中，b与c是姐妹关系，所以否定算子"￢"的辖域是"∀x［政客(x)→撒谎(x)］"；d和e是姐妹关系，所以全称量词"∀x"的辖域是"政客(x)→撒谎(x)"。在例（1b）中，b与c是姐妹关系，所以全称量词"∀x"的辖域是"政客(x)→￢撒谎(x)"；g和h是姐妹关系，所以否定算子"￢"的辖域是"撒谎(x)"。两个算子的辖域不同，"辈分"高的，管的宽，取宽域解读；"辈分"低的，管的窄，取窄域解读。"辈分"高的在前，"辈分"低的在后，在前的算子取宽域，在后的算子取窄域。在例（1a）中，否定算子取宽域，全称量词取窄域；在例（1b）中，全称量词取宽域，否定算子取窄域。又如：

（2）a. 有个男孩喜欢每个女孩。

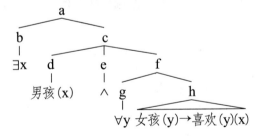

b. 每个女孩都有个男孩喜欢。

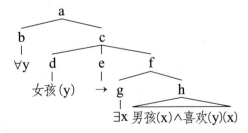

在例（2a）中，b 与 c 是姐妹关系，所以存在量词"∃x"的辖域是"男孩 (x)∧∀y［女孩 (y) →喜欢 (y)(x)］"；g 和 h 是姐妹关系，所以全称量词"∀y"的辖域是"女孩 (y) →喜欢 (y)(x)"。存在量词取宽域，全称量词取窄域。在例（2b）中，b 和 c 是姐妹关系，所以全称量词"∀y"的辖域是"女孩 (y) → ∃x［男孩 (x)∧ 喜欢 (y)(x)］"；g 和 h 是姐妹节点，所以存在量词"∃x"的辖域是"男孩 (x)∧ 喜欢 (y)(x)"。全称量词取宽域，存在量词取窄域。

（3）Every man answers a question.

例（3）是个歧义句，它的两个意义分别是：所有人都回答了同一个问题与所有人都回答了一个不同的问题。在第一种情况中，a question 取宽域，every man 取窄域；在第二种情况中，every man 取宽域，a question 取窄域。为了获得正确的解读，得实施量化提升，并引入索引以起谓词抽象的作用。

第一种情形：宾语取宽域。宾语 a question 要取宽域，就是说它管的范围宽些，那它得在外层，即必须将它提升到比主语 every man 更高的位置。例如：

（4）宾语取宽域

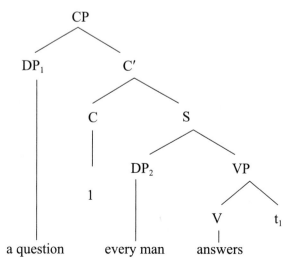

例（4）是例（3）的一种逻辑形式。C 是接受 a question 移位的
范畴，它的索引得跟 a question 移出的位置的索引一致，如都
是"1"。索引不仅起着谓词抽象的作用，也起着约束语迹的作
用，如索引"1"约束语迹 t_1。通过赋值函数，可以得到语迹 t_1
的语义表达，并且进一步推导出整个句子的语义。例如：

（5）a. 变量赋值：

$g(1) = x$

$\| t_1 \|^g = x$

b. 词项与部分短语的指谓：

$\| answers \| = \lambda w.\lambda z.answer(w)(z)$

$\| every\ man \| = \lambda Q.\forall y\, [\, man(y) \to Q(y)\,]$

$\| a\ question \| = \lambda Q.\exists z\, [\, question(z) \wedge Q(z)\,]$

c. 语义计算：

$\| V \|^g = \| answers \|^g = \lambda w.\lambda z.answer(w)(z)$

$\| VP \|^g = \| V \|^g (\| t_1 \|^g)$

$\qquad = [\, \lambda w.\lambda z.answer(w)(z)\,]\, (x)$

$\qquad = \lambda z.answer(x)(z)$

$\| DP_2 \|^g = \| every\ man \|^g$

$\qquad = \lambda Q.\forall y\, [\, man(y) \to Q(y)\,]$

$\| S \|^g = \| DP_2 \|^g (\| VP \|^g)$

$\qquad = [\, \lambda Q.\forall y\, [\, man(y) \to Q(y)\,]\,]\, (\lambda z.answer(x)(z))$

$\qquad = \forall y\, [\, man(y) \to [\, \lambda z.answer(x)(z)\,]\, (y)\,]$

$\qquad = \forall y\, [\, man(y) \to answer(x)(\,y)\,]$

$\| C' \|^g = \lambda g(1).\| S \|^g$

$\qquad = \lambda x.\forall y\, [\, man(y) \to answer(x)(\,y)\,]$

$\| DP_1 \|^g = \| a\ question \|^g$

$\qquad = \lambda Q.\exists z\, [\, question(z) \wedge Q(z)\,]$

$$\|CP\|^g = \|DP_1\|^g \, (\|C'\|^g)$$
$$= \big[\lambda Q.\exists z \big[\, question(z) \land Q(z) \,\big]\big] \,(\lambda x.\forall y \big[\, man(y) \rightarrow answer(x)(y) \,\big])$$
$$= \exists z \big[\, question(z) \land \lambda x.\forall y \big[\, man(y) \rightarrow answer(x)(y)\big](z) \,\big]$$
$$= \exists z \big[\, question(z) \land \forall y \big[\, man(y) \rightarrow answer(z)(y) \,\big] \,\big]$$

整个表达式的真值条件为：至少存在一个 z，使得 z 是一个问题，而且对所有的个体 y 而言，如果 y 是人，那么 y 回答 z。换言之，就是：大家都回答了同一个问题。

第二种情形：主语取宽域。因语义类错配，宾语位置的量化短语必须移位。主语位置的量化短语 every man 如果需要获得宽域解，就只能向更高位置移位。例如：

（6）主语取宽域

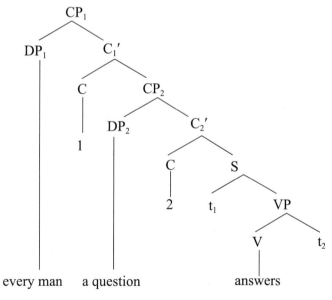

例（6）也是例（3）的另一种逻辑形式。索引不仅起着谓词抽象的作用，也起着约束语迹的作用，如索引"1"约束语迹 t_1，索引"2"约束语迹 t_2。通过赋值函数，可以得到语迹 t_1 的语义表达，并且进一步推导出整个句子的语义。例如：

（7）a. 变量赋值：

$g(1) = x$

$g(2) = y$

$\|t_1\|^g = x$

$\|t_2\|^g = y$

b. 词项与部分短语的指谓：

$\|answers\| = \lambda w.\lambda z.answer(w)(z)$

$\|every\ man\| = \lambda Q.\forall y\ [\ man(y) \rightarrow Q(y)\ ]$

$\|a\ question\| = \lambda Q.\exists z\ [\ question(z) \wedge Q(z)\ ]$

c. 语义计算：

$\|V\|^g = \|answers\|^g$

$= \lambda w.\lambda z.answer(w)(z)$

$\|VP\|^g = \|V\|^g\,(\|t_2\|^g)$

$= [\ \lambda w.\lambda z.answer(w)(z)\ ]\,(y)$

$= \lambda z.answer(y)(z)$

$\|S\|^g = \|VP\|^g\,(\|t_1\|^g)$

$= [\ \lambda z.answer(y)(z)\ ]\,(x)$

$= answer(y)(x)$

$\|C_2{}'\|^g = \lambda g(2)\|S\|^g$

$= \lambda y.answer(y)(x)$

$\|DP_2\|^g = \|a\ question\|^g$

$= \lambda Q.\exists z\ [\ question(z) \wedge Q(z)\ ]$

$\|CP_2\|^g = \|DP_2\|^g\,(\|C_2{}'\|^g)$

$= \lambda Q.\exists z\ [\ question(z) \wedge Q(z)\ ]\,(\lambda y.answer(y)(x))$

$= \exists z\ [\ question(z) \wedge answer(z)(x)\ ]$

$\|C_1{}'\|^g = \lambda g(1).\|CP_2\|^g$

$= \lambda x.\exists z\ [\ question(z) \wedge answer(z)(x)\ ]$

$$\| DP_1 \|^g = \| every\ man \|^g$$
$$= \lambda Q.\forall y\ [\ man(y) \rightarrow Q(y)\ ]$$
$$\| CP_1 \|^g = \| DP_1 \|^g\ (\| C_1' \|^g)$$
$$= \lambda Q.\forall y\ [\ man(y) \rightarrow Q(y)\ ]\ (\ \lambda x.\exists z\ [\ question(z)$$
$$\wedge\ answer(z)(x)\ ]\ )$$
$$= \forall y[\ man(y) \rightarrow \exists z[\ question(z) \wedge answer(z)(y)\ ]\ ]$$

这就是"每个人回答了不同的问题"这种解读的正确的真值条件。

汉语类似格式没有歧义，如"每个人都杀了一条狗"只表示每个人杀了不同的狗，而不能表示有一条狗每个人都杀了。例如：

（8）a. 那些人杀了一条狗，那条狗好可怜。

　　　b.* 每个人都杀了一条狗，那条狗好可怜。

Huang（1982）[1]有个"辖域同构原则"（The Isomorphic Principle），它是说：假设有两个量词 X 和 Y，如果 X 在表层结构 (S-Structure) 上成分统制 Y，那么 X 在逻辑形式层面也会成分统制 Y。以下是成分统制的定义：

（9）成分统制（C-command）

　　节点 α 成分统制节点 β，当且仅当：

　　a. 两个节点不彼此支配，而且，

　　b. 第一个支配节点 α 的节点也支配 β。

如果用家族关系来讲，成分统制是旁系关系，如姐妹，如姨母与外甥女，等等；支配是直系关系，如母女，如祖母与孙女，等等。姐妹间的关系是成分统制关系，姨母与外甥女间的关系也

---

① Huang, C.-T. J. 1982. *Logical Relations in Chinese and the Theory of Grammar.* PhD dissertation, MIT.

是成分统制关系；母女间的关系就是支配关系，祖母与孙女间的关系也是支配关系。例如：

（10）a. 对称的成分统制　　　b. 不对称的成分统制

例（10a）中 α 与 β 为姐妹关系，彼此成分统制。例（10b）中 α 与 β 为旁系前后辈关系，α（不对称地）成分统制 β。例（10）中 γ 为 α 与 β 的直系亲属，或为母亲或为远祖，所以 γ 支配 α 与 β。"每个人都杀了一条狗"，在表层结构中"每个人"成分统制"一条狗"，所以，在逻辑形式层"每个人"也成分统制"一条狗"。例如：

（11）a. 表层结构

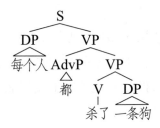

b. 逻辑形式层结构

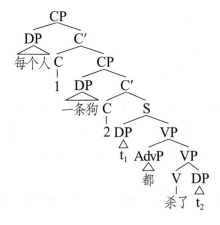

根据"辖域同构原则",例(11)中的"每个人"取宽域,表示"每个人杀了不同的狗"。

4. 定中结构

4.1 形容词做定语

偏正短语的语义也可以表示为并列形式,如"小土豆",直觉上,它就是"小"与"土豆"的交集,即既小又是土豆的东西。例如:

(1)‖小土豆‖=λx∈D_e. [小(x)∧土豆(x)]

据此,我们可以建立如下的并列规则:

(2)并列规则

如果α有β与γ两个女儿节点,而且这两个女儿节点的语义类相同,那么,‖α‖=λψ.[‖β‖(ψ)∧‖γ‖(ψ)],其中ψ的语义类要跟β与γ的输入类相同。

组合规则有两条:并列规则与函数运算规则。两个女儿节点的语义类等同时,使用并列规则;一个女儿节点的语义类跟另一个女儿节点的输入类等同时,使用函数运算规则。当两个女儿节点的语义类为<e, t>时,并列规则也叫谓词修饰规则。

(3)谓词修饰规则

如果α有β与γ两个女儿节点,而且这两个女儿节点的语义类都是<e, t>,那么,‖α‖= λx∈D_e.[‖β‖(x)∧‖γ‖(x)]。

谓词修饰规则实际上就是一种并列规则。并列是从合取联结词"∧"的运用来说的,谓词修饰是从两节点的结构关系来说的。比如说"小土豆":

（4）‖小‖=λz∈D$_e$. ［小 (z)］

　　　‖土豆‖=λy∈D$_e$. ［土豆 (y)］

　　　‖小土豆‖=λx∈D$_e$. ［‖小‖(x)∧‖土豆‖(x)］

　　　= λx∈D$_e$. ［λz∈D$_e$.［小 (z)］(x)∧λy∈D$_e$.［土豆 (y)］(x)］

　　　=λx∈D$_e$. ［小 (x)∧土豆 (x)］

　　"小"与"土豆"语义类相同，都是 <e, t>，所以采用并列规则。因为它们的语义类都是 <e, t>，所以它们需要语义类为 e 的论元 x。"小土豆"是定中结构，所以这里的并列规则也被称为谓词修饰规则。

　　下面我们完整地演示一个包含形容词修饰语的句子的语义计算过程。首先是为句子指派结构，然后是从词库中提取每个词的解释，最后按照规则进行计算。为方便起见，我们可将这里的 the 看作 ι 算子。例如：

（5）Cruella stole the spotted dog.

（6）a. 句法树

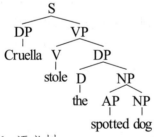

b. 语义树

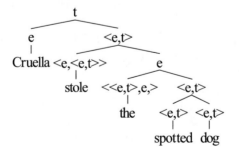

（7）词项信息：

$\|Cruella\| = c$

$\|stole\| = \lambda y.\lambda x.STEAL(y)(x)$

$\|the\| = \lambda P.\iota z.P(z)$

$\|spotted\| = \lambda m.SPOTTED(m)$

$\|dog\| = \lambda n.DOG(n)$

（8）语义计算：

　a. 计算 "spotted dog"

$\|AP\| = \|spotted\| = \lambda m.SPOTTED(m)$

$\|NP\| = \|dog\| = \lambda n.DOG(n)$

$\|NP\| = \lambda o [\|AP\|(o) \wedge \|NP\|(o)]$

$\quad = \lambda o [[\lambda m.SPOTTED(m)](o) \wedge [\lambda n.DOG(n)](o)]$

$\quad = \lambda o [SPOTTED(o) \wedge DOG(o)]$

　b. 计算 "the spotted dog"

$\|DP\| = \|D\|(\|NP\|)$

$\quad = [\lambda P.\iota z.P(z)](\lambda o [SPOTTED(o) \wedge DOG(o)])$

$\quad = \iota z.(\lambda o [SPOTTED(o) \wedge DOG(o)])(z)$

$\quad = \iota z.[SPOTTED(z) \wedge DOG(z)]$

　c. 计算 "stole the spotted dog"

$\|VP\| = \|V\|(\|DP\|)$

$\quad = [\lambda y.\lambda x.STEAL(y)(x)](\iota z.[SPOTTED(z) \wedge DOG(z)])$

$\quad = \lambda x.STEAL(\iota z.[SPOTTED(z) \wedge DOG(z)])(x)$

　d. 计算 "Cruella stole the spotted dog"

$\|S\| = \|VP\|(\|DP\|)$

$\quad = [\lambda x.STEAL(\iota z.[SPOTTED(z) \wedge DOG(z)])(x)](c)$

$\quad = STEAL(\iota z.[SPOTTED(z) \wedge DOG(z)])(c)$

例（8a）计算的是 NP 的语义，例（8b）计算的是 DP 的语义，例（8c）计算的是 VP 的语义，例（8d）计算的是 S 的语义。只有例（8a）采用了并列规则，其他的都采用了函数运算规则。

4.2 介词短语做定语

英语介词短语 on the table 指谓的是在桌子上的个体的集合，其语义类为 <e, t>，普通名词 book 的语义类也是 <e, t>。两者的语义类相同，可采用并列规则计算语义。例如：

（1）the book on the table

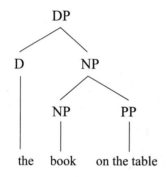

注意，例（1）中的 on the table 修饰的是 book，而不是 the book。现在我们可以一步步对这个短语进行语义计算：

（2）‖the‖=λP.ι z.P(z)

‖book‖=λy.book(y)

‖on‖=λm.λn.on(m)(n)

‖table‖=λu.table(u)

（3）‖the table‖=‖the‖(‖table‖)

=λP［ι z.P(z)］（λu.table(u))

=ι z.(λu.table(u))(z)

=ι z.table(z)

‖on the table‖=‖on‖(‖the table‖)

=［λm.λn.on(m)(n)］（ι z.table(z))

=λn.on(ι z.table(z))(n)

‖ book on the table ‖

=λw. ⌈ ‖ book ‖ (w) ∧ ‖ on the table ‖ (w) ⌉

=λw. ⌈ ⌈ λy. book(y) ⌉ (w) ∧ ⌈ λn.on(ι z.table(z))(n) ⌉ (w) ⌉

=λw. ⌈ book(w) ∧ on(ι z.table(z))(w) ⌉

‖ the ‖ (book on the table)

=λP.ι x.P(x)(λw. ⌈ book(w) ∧ on(ι z.table(z))(w) ⌉)

= ι x.(λw. ⌈ book(w) ∧ on(ι z.table(z))(w) ⌉)(x)

= ι x.(⌈ book(x) ∧ on(ι z.table(z))(x) ⌉)

需要注意的是，on the table 修饰 book 时，因为两者语义类相同，都是 <e, t>，所以我们采用并列规则 / 谓词修饰规则计算。为了区别，我们将 the 的语义表达式的变量做了变化。

4.3　关系子句做定语

英语中除了形容词、介词短语可以做定语之外，还有一种子句也可以做定语，这种子句叫关系子句。例如：

（1）a. The car that Joe bought is very fancy.

　　　b. The red car is very fancy.

　　　c. The car in the garden is very fancy.

（2）a. The woman who admires Joe is very lovely.

　　　b. The Swedish woman is very lovely.

　　　c. The woman in the garden is very lovely.

按以下结构，因为 car 的语义类是 <e, t>，为运用并列规则或函数运算规则，关系子句 CP 的语义类得是 <e, t>，或 << e, t >, < e, t >>。例如：

（3）the car that Joe bought

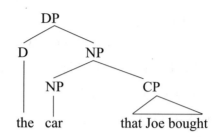

关系子句 CP，一般认为它涉及成分提升，提升的可以是主语，也可以是宾语，还可以是其他成分。例如：

（4）a.［＿＿开车］的人

　　　b.［张三开＿＿］的车

　　　c.［张三＿＿开车］的时间

例（4a）中涉及主语的提升，所以，"开车"的主语没有出现；例（4b）中涉及宾语的提升，所以，"开"的宾语没有出现；例（4c）中涉及时间状语的提升，所以，"开车"的时间状语没有出现。为表征这种提升，一般假定存在一个算子，这个算子可以是听得见的 wh- 成分，如 who，也可以是听不见的成分，听不见的算子标记为 OP。让算子先填充例（4a）中的主语位置、例（4b）中的宾语位置与例（4c）中的状语位置，然后提升到 CP 的指示语位置。例（3）中也有算子，该算子也是 OP，如例（5a）：

（5）a. 句法树

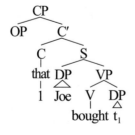

b. 语义树

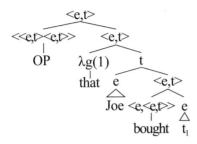

例（5a）中的 OP 一开始在宾语位置，而后提升到 CP 的指示语位置，移出位置的索引和接受范畴的索引相同，都标为"1"。that 在句法上是标句范畴 C，在语义上起谓词抽象的作用，即将 S 的语义类 t 转化为 <e,t>，如例（5b）。空算子 OP 在句法上起填充句法位置的作用，在语义上为隐义词，没有语义贡献。例如：

（6）a. ‖OP‖ = λP.λy.P(y)

　　　b. TYPE(OP) = <<e, t>,<e, t>>

例（6a）是 OP 的语义，例（6b）是 OP 的语义类。OP 的语义类跟 bought 的语义类不匹配，所以对例（5）而言，OP 的提升非常重要。留在原位的语迹 t 是变量，语义类为 e，可跟 bought 的语义类匹配，能运用函数运算规则进行计算；提升到 CP 的指示语位置以后，CP 的语义类仍为 <e, t>，跟所修饰的 NP 的语义类相同，这使得 CP 跟 NP 可运用并列规则进行计算。以下是对例（5）的语义计算：

（7）a. 词项与变量赋值：

　　　g(1) = x

　　　$\|t_1\|^g = x$

　　　‖bought‖ = λw.λz.bought (w)(z)

　　　‖Joe‖ = Joe

　　b. 语义计算：

$$\|V\|^g = \|bought\|^g$$

$$=\lambda w.\lambda z.bought\,(w)(z)$$

$$\|VP\|^g = \|V\|^g\,(\|t_1\|^g)$$

$$=\left[\,\lambda w.\lambda z.bought\,(w)(z)\,\right]\,(x)$$

$$=\lambda z.bought\,(x)(z)$$

$$\|S\|^g = \|VP\|^g\,(\|Joe\|^g)$$

$$=\left[\,\lambda z.bought\,(x)(z)\,\right]\,(Joe)$$

$$=bought\,(x)(Joe)$$

$$\|C'\|^g = \lambda g(1).\|S\|^g$$

$$=\lambda x.bought\,(x)(Joe)$$

$$\|CP\|^g = \|OP\|^g\,(\|C'\|^g)$$

$$=\left[\,\lambda P.\lambda y.P(y)\,\right]\,(\lambda x.bought\,(x)(Joe))$$

$$=\lambda y.\left[\,\lambda x.bought\,(x)(Joe)\,\right]\,(y)$$

$$=\lambda y.bought\,(y)(Joe)$$

以下是对例（3）的语义计算：

（8）$\|NP\|^g = \lambda x.\left[\,\|car\|^g\,(x)\wedge\|CP\|^g\,(x)\,\right]$

$$=\lambda x.\left[\,\left[\,\lambda z.car(z)\,\right]\,(x)\wedge\left[\,\lambda y.bought\,(y)(Joe)\,\right]\,(x)\,\right]$$

$$=\lambda x.\left[\,car\,(x)\wedge bought\,(x)(Joe)\,\right]$$

$$\|DP\|^g = \|the\|^g\,(\|NP\|^g)$$

$$=\left[\,\lambda P\iota y.P(y)\,\right]\,(\lambda x.\left[\,car\,(x)\wedge bought\,(x)(Joe)\,\right])$$

$$=\iota y.(\lambda x.\left[\,car\,(x)\wedge bought\,(x)(Joe)\,\right])(y)$$

$$=\iota y.(car\,(y)\wedge bought\,(y)(Joe))$$

汉语的关系化跟英语大体相同，也是关系子句中的算子 OP 首先移位，构成的 CP 跟中心语合并。不同在于汉语的 CP 会移到一个更高的位置。例如：

（9）张三开的车

（10）a. 定语跟中心语合并

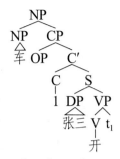

b. ‖CP‖^g

b. $\|CP\|^g = \lambda x.$ 开 $(x)($ 张三 $)$

（11）a. "的"激发 CP 移位

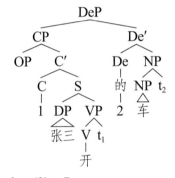

b. $g(2) = P$

　　$\|t_2\|^g = P$

c. $\|NP\|^g = \lambda y.\left[\text{车}(y) \wedge P(y)\right]$

d. $\|De'\|^g = \lambda P\lambda y.\left[\text{车}(y) \wedge P(y)\right]$

e. $\|DeP\|^g = \lambda y.\left[\text{车}(y) \wedge \text{开}(y)(\text{张三})\right]$

例（11）的计算过程如下：

第一，CP 移位之后，留下的语迹被赋值为 P，假定 P 为 <e, t> 类谓词，如例（11b）。

第二，因为 P 与"车"的语义类相同，可运用并列规则，如 $\lambda y.\left[\|\text{车}\|(y) \wedge P(y)\|\right]$，得 NP 的语义：$\lambda y.\left[\text{车}(y) \wedge P(y)\right]$，如例（11c）。

第三，运用附加规则，得 De' 的语义：$\lambda P\lambda y.\left[\text{车}(y) \wedge P(y)\right]$，如例（11d）。

第四，运用函数运算规则，得 DeP 的语义：$\lambda y\,[\,车\,(y) \wedge 开$ $(y)(张三)\,]$，如例（11e）。

在这个计算中，"的"是个索引词，引进索引，为广义 λ 算子，起谓词抽象作用。在关系子句中提升的是没有意义的空算子 OP，OP 起着占位作用，其提升是因为语义类的错配，它为 $<<e, t>, <e, t>>$。以下是各成分的语义：

（12）张三开的车

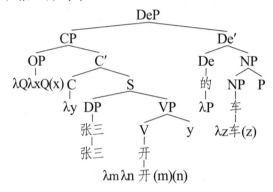

5. 本章结语

语义类不匹配，可以通过两种方式解决，一是引进索引，二是成分提升。引进索引，既起到谓词抽象的作用，也起到约束变量的作用。成分提升，造成自由变量，也满足了语义计算的要求。获得的基本构型是：

$$[_{CP}\,[\,\alpha\,]\,[_{C'}\,[\,c_i\,]\,[_S\ldots t_i\ldots]\,]\,]$$

α 是移位的成分，t 是它留下的语迹，i 是索引。C 在句法学中为功能范畴，在句法学上被称为标句词或标句范畴。C 引进索引"i"，在语义上起着谓词抽象的作用，即将 S 的语义类 t 输出为 $<e, t>$。没有 C 范畴，S 是没有办法跟句首的 α 进行语义计算的。类似于 C 的范畴，也可以根据意义进行标注，如标记为 Top、Q 等。实际操作时，我们会随意性地标记，主要是想让没有句法学基础的读者更轻松。α 的移位动因是语义类的错配，即它的语义类跟与之合并的成分如及物动词的语义类错配造成的。

本章的规则有"附加规则""变量赋值规则"与"并列规则"。
本章的案例有话题提升、被动提升、量化提升与关系化。

▲ 推荐阅读

王　欣　2012《蒙太古语法与现代汉语虚词研究——以"的"为例》，
　　北京：北京语言大学出版社。

熊仲儒　2013《当代语法学教程》（第四章），北京：北京大学出版社。

▲ 练习

1. 除了索引、语迹之外，代词也可解释为变量。根据以下赋值函数，求"他 $_2$"的值。

$$g = \begin{pmatrix} 1 \to 张三 \\ 2 \to 李四 \\ 3 \to 王五 \end{pmatrix}$$

2. 根据树形图计算语义。

（1）

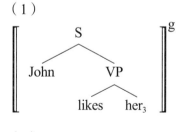

（2）

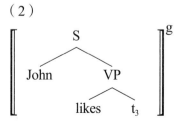

（3）

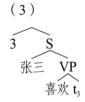

3. 请计算以下句子的语义。

（1）张三读了这本书。

（2）这本书，张三读了。

（3）贾宝玉喜欢她。

（4）他喜欢林黛玉。

4. 计算"张三被李四批评了"的语义。

5. 计算下列句子的语义，假定其结果都可以表示为"seem(happy(John))"。

（1）It seems that John is happy.

（2）John seems to be happy.

6. 根据下图进行语义计算。

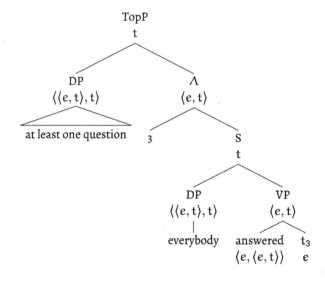

7. 根据以下树形图计算 a doctor examined every patient 的语义。

（1）　　　　　　　　　　　　（2）

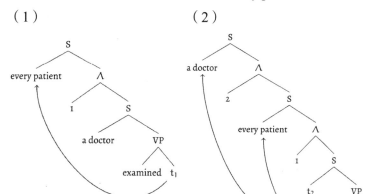

8. 翻译以下材料，注意辖域（scope）与辖域歧义（scope amb-iguity）（Verkuyl 2002）。

Some arguments are now variables bound by a quantifier. For example:

(1.15) a. Bertie kisses a woman.

b.$\exists x \left[\text{Woman}(x) \wedge \text{Kiss}(b, x) \right]$

b'. There is a x such that x is a woman and Bertie kisses x.

(1.16) a. Bertie kisses every woman.

b.$\forall x \left[\text{Woman}(x) \rightarrow \text{Kiss}(b, x) \right]$

b'. For all x, if x is a woman, then Bertie kisses x.

(1.17) a. Bertie kisses no woman.

b.$\neg \exists x \left[\text{Woman}(x) \wedge \text{Kiss}(b, x) \right]$

b'.It is not the case that there is an x such that x is a woman and that Bertie kisses x.

In (1.15) and (1.16) the quantifier inspects the domain in which it operates. The existential quantifier in (1.15) looks for a value in the set of women of the domain and then it checks whether in that set one can find an element satisfying the condition of being kissed by

Bertie. The universal quantifier in (1.16) requires that all elements of the set of women are kissed by Bertie. So quantifiers "run" through a set in order to check whether or not they find the required value. In all three cases above the noun *woman* is said to restrict the operation of the quantifier within the domain.

In expressions containing quantifiers, the quantifier is said to have a *scope*. In the case of (1.16b), for example, it is the part of the formula between the square brackets. The notion of scope is broader: one may say in (1.17b) that $\exists x$ [woman(x) $\wedge$ kiss(b, x)] is in the scope of $\neg$. What happens in the case of a sentence that can be analyzed in terms of a formula having two quantifiers, as in (1.18a)?

    (1.18) a. All men kiss a woman.

        b. $\forall x$ [Man(x) $\rightarrow$ $\exists y$ [Woman(y) $\wedge$ Kiss(x, y)]]

        c. $\exists y$ [Woman(y) $\wedge$ $\forall x$ [Man(x) $\rightarrow$ Kiss(x, y)]]

Generally (1.18) is analyzed as being ambiguous between (1.18b) and (1.18c). In (1.18b) the existential quantifier is said to be in the scope of the universal quantifier, whereas in (1.18c) the existential quantifier has the universal quantifier in its scope. This position results in different interpretations. Suppose there are five men and eight women in the domain of discourse. Then on one reading of (1.18a) each of the five men kissed a woman. This reading is given in (1.18b). There is also an interpretation of (1.18a) saying that there is one woman (among the eight) who is kissed by all five men. This reading is given in (1.18c). The difference between the two readings of (1.18a) is explained in terms of the position of the two quantifiers with respect to each other. This sort of ambiguity (1.18) is often called *scope ambiguity*.

Scope ambiguity has developed into a dominant tool in the analysis of sentences expressing multiple quantification. This is not unproblematic. One of the problems is that (1.18b) and (1.18c) are logically speaking not independent. That is, (1.18b) may be true in a situation in which all men happened to have kissed the same woman. One could argue that a technique useful for mathematicians and logicians (scopal change) in the analysis of eternal propositions is not so suitable for linguists, in particular if these have to take into account the temporal properties of sentences (cf. Verkuyl 2000).

9. 根据以下树形图，写出 a grey cat in Texas fond of Joe 的语义计算过程。

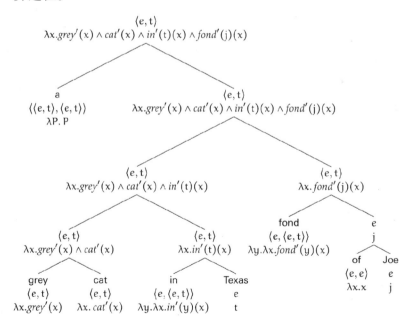

10. 根据并列规则进行计算。

（1）John and every woman arrived.

（2）Every man and every woman arrived.

（3）Somebody smokes and drinks.

（4）Somebody smokes and somebody drinks.

11. 以下两个句子同义，请计算。

（1）Kitty is a cat with gray hair from UK.

（2）Kitty is a cat from UK with gray hair.

12. 翻译以下材料，了解学界对包含关系子句的名词短语的一些看法（Partee 2016）[①]。

Here we give an illustration of the methods of formal semantics and their impact on the resolution of the "mismatch" between logical and linguistic structure by considering one aspect of the analysis of restrictive relative clauses like *that Pat had lost* in (7a) and (7b) and their interaction with the semantics of various quantifiers and determiners.

(7) a. Mary found a hat that Pat had lost.

b. Mary found every hat that Pat had lost.

In the 1960s, there were debates about whether the relative clause combines with the common noun phrase (today's NP), as in structure (8), or with the full DP *a hat, every hat*, as in structure (9).

(8) Mary found $[_{DP}$ a/every $[_{NP} [_{NP}$ hat$]$ $[$ that$[$ Pat had lost $]$ $]$ $]$ $]$

(9) Mary found $[_{DP}$ $[_{DP}$ a/every $[_{NP}$ hat $]$ $]$ $[$ that $[$ Pat had lost $]$ $]$ $]$

There were also debates about the semantics of the relative clause, with some arguing that in (7a) *that Pat had lost* means *and Pat had lost it*, whereas in (7b) it means *if Pat had lost it*, creating

---

① Partee, B. H. 2016 Formal semantics. In M. Aloni & P. Dekker (eds.), *The Cambridge Handbook of Formal Semantics*. Cambridge: Cambridge University Press.

tension between the uniform surface structure of *that Pat had lost* in (7a) and (7b) and the very different "underlying" semantic interpretations posited for them (see Stockwell et al., 1973), inspired by the structure of their translations into first-order logic, as in (10a) and (10b).

(10) a. $\exists x(\text{hat}(x) \wedge \text{lost}(\text{Pat, } x) \wedge \text{found}(\text{Mary, } x))$

b. $\forall x((\text{hat}(x) \wedge \text{lost}(\text{Pat, } x)) \rightarrow \text{found}(\text{Mary, } x))$

The formal semantics perspective suggests searching for a unitary syntax and meaning for *that Pat had lost* and locating the semantic difference between (7a) and (7b) in the semantics of *a* and *every*. The solution (due to Quine (1960b) and Montague (1973b)) requires structure (8): the noun and relative clause denote sets, and their combination denotes the intersection of those two sets. Then the phrase *hat that Pat had lost* denotes the set (11a), whose characteristic function is denoted in the lambda-calculus by (11b).

(11) a. $\{x : x \text{ is a hat and Pat had lost } x\}$

b. $\lambda x.\text{hat}(x) \wedge \text{lost}(\text{Pat, } x)$

Different theories of the semantics of determiners give different technical implementations of the rest of the solution, but that first step settles both the syntactic question and the core of the semantics. Nouns and common noun phrases (NPs) denote sets (or their characteristic functions), and restrictive relative clauses also denote sets (or their characteristic functions); in extensional type theory, they are both of type $<e, t>$. Restrictive relative clauses uniformly combine with an NP to give a new NP; the semantics is just set intersection (12) or its equivalent in the lambda calculus as shown above in (11b).

(12) $\| [_{\text{NP}} \text{ NP REL }] \| = \| \text{NP} \| \cap \| \text{REL} \|$

In the treatment of DPs as generalized quantifiers, the determiner or quantifier is interpreted as a function that applies to a set and gives as a result a generalized quantifier of type $<<e, t>, t>$, a set of sets of individuals. In the classic treatments of Montague and of Barwise and Cooper, the interpretation of a DP of the form *a NP* is the set of all those sets that have a non-empty intersection with the *NP* set, and the interpretation of a DP of the form *every NP* is the set of all subsets of the set denoted by NP.

As a result, sentence (7a) asserts that the set of hats that Pat had lost and the set of hats that Mary found overlap; (7b) says that the set of hats that Pat had lost is a subset of the set of hats that Mary found. Thus the apparent difference in the interpretation of the relative clause in the two DPs turns out to be the predictable result of the semantic difference between the two determiners; there is no need to give the relative clause a non-uniform interpretation, and no reason to give the DPs syntactic structures resembling the formulas of first-order logic.

13. 以下结构分析，哪些正确，哪些不正确，为什么？

   （1）［the black cat］who purred

   （2）the ［black cat who purred］

   （3）［the book］in the corner

   （4）the ［book in the corner］

14. 关系子句中的算子（如 OP、who 等）为什么要移位？

15. 请读图，注意其中的 that，that 不是算子，而是引进索引"2"的词。请套用本书的结构和规则对 fish that Loren hates 进行语义计算。

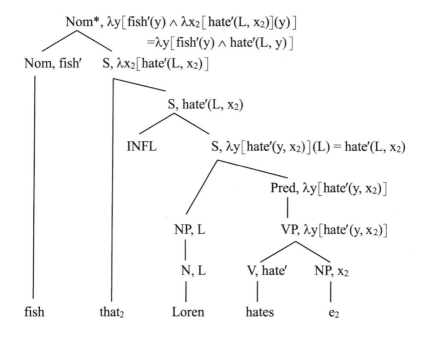

16. 请读图，其中"g3"跟本书中的"g(3)"相同，who 是算子。请独立写出 the woman who John met 的语义计算过程。

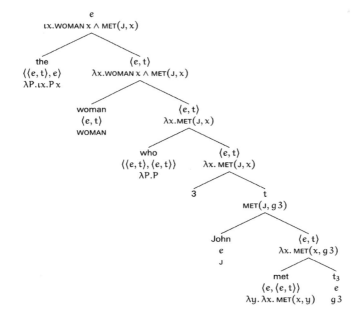

17. 请计算下面三个名词短语的意义。

  （1）张三买的车

  （2）张三买的那部车

  （3）那部张三买的车

18. "张三开的车"是语义类为 <e, t> 的谓词，如何让它充当主语
  与宾语?

  （1）张三开的车停在火车站。

  （2）李四看见了张三开的车。

第六章　谓词短语内部主语假设

宾语位置的量化短语，其提升是为了解决语义类的错配问题，提升的动因就是使得每个句法结构具有可解释性。但第五章的句法结构还需要改进，一是以此为基础的成分提升增大了计算的复杂程度；二是以此为基础的成分提升不太符合直觉。对Every man answers a question 而言，"every man 取宽域，a question 取窄域"这种解读理应最容易获得，但我们却采用了两次提升；而"a question 取宽域，every man 取窄域"这种解读理应不容易得到，我们却只采用一次提升。为了使计算更符合直觉，我们这一章将引进谓词短语内部主语假设。

1. 动词短语内部主语假设

1.1　假设的提出

在否定词一节，我们将否定词的语义类登录为 $<<e, t>, <e, t>>$，语义表达式登录为"$\lambda P \in D_{<e, t>}. \lambda y \in D_e.\neg P(y)$"。这虽然可以计算出否定句的语义来，但跟直觉有些距离。在语义直觉中，否定词否定的是命题，否定句的语义是"$\neg p$"。相应地，否定词的作用应该是输入一个命题，输出一个否定命题，所以直觉上，否定词的语义类与语义表达式应该如下（无关细节，忽略不计）：

（1）a. TYPE(没) = $<t, t>$

　　　b. $\|没\| = \lambda p \in D_t. \neg p$

这意味着否定句中否定词所修饰的动词短语的语义类为 t，所以语义学采纳了动词短语内部主语假设。例如：

（2）张三没称赞李四

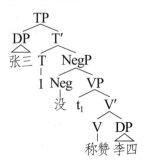

在例（2）中，"称赞"的主语"张三"实现于 VP 内部，后来因为某种原因移到 TP 的主语位置。对 VP 而言，不管"张三"有没有移位，它的语义类现在都是 t 了，"没"在跟 VP 组合之后，可以采用"函数运算规则"直接计算。TP 中的 T，在例（2）中的主要作用是引进索引，它在句法学中被称为时制范畴，TP 被称为时制短语，相当于之前章节中的 S。

动词短语内部主语假设，它假定动词的外部论元在动词短语内部的主语位置生成。主语位置也称指示语位置。动词短语内部的外部论元后来因为某种原因而上移到 TP 的主语位置。例如：

（3）主语提升

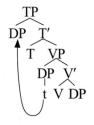

如果承认动词短语内部主语假设，那么动词的外部论元将由动词短语（VP）内部的主语位置提升到句子（TP）的主语位置，在动词短语内部留下带索引的语迹，如"t_1"；在逻辑形式

层面，宾语位置的量化短语（DP）会因为跟动词的语义类不匹配而必须提升，它的着陆点至少有两处，一是动词短语之上，一是时制短语之上。时制短语之上，就是第五章的 S 之上。动词短语之上，就是例（4a）中的 cP 的主语位置，限定短语留在宾语位置的语迹为"t_2"。例如：

（4）a. 逻辑形式结构　　　　　　b. 语义树

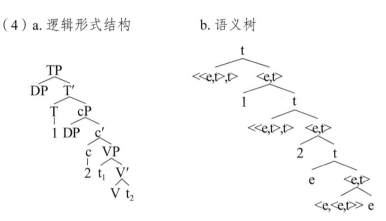

例（4a）在 VP 之上引进 c 范畴，可以称为标语范畴，类似于TP 之上的 C 范畴，后者常被称为标句范畴。让 c 范畴作为接受宾语提升的范畴，其索引跟宾语位置的语迹索引相同，都是"2"。对语义学而言，句法范畴的标记不重要，重要的是它的语义类，如例（4b）。例（4）中的 V 吸收两个论元之后，所构成的 VP 的语义类为 t，如例（4b）。语义类为 t 的语言表达式，无法再跟提升后的量化短语 DP 组合，这时需要索引"2"帮助，即对 VP 中的自由变量作 λ 抽象，重新得到一个语义类为 <e, t>的表达式，以作为语义类为 <<e, t>, t> 的量化短语的论元，如例（4b）。例（4a）中的 T 与 c，都起谓词抽象或者说 λ 抽象的作用，并引入相应的索引。注意，动词短语 VP 的语义类，在此之前的各章节都被处理作 <e, t>，从本章开始将被处理为 t。因为在动词短语内部主语假设中，动词短语 VP 内部有一个主语的位置，不管该主语是留在 VP 内部，还是移出 VP，最终得到的语义类都是 t。语义类为 t 的成分可以属于不同的语法类，如例（4a）中的 VP、cP 与 TP。

量化短语，在第五章可以提升到句子 S 之上，在本章可以提升到动词短语 VP 或时制短语 TP 之上。概言之，任何语义类为 t 的成分，都可以通过 λ 抽象，然后再跟量化短语合并。

1.2　辖域歧义

我们现在处理 Every man answers a question 的歧义问题。根据动词短语内部主语假设，可指派如下结构：

（1）a. a question 取窄域

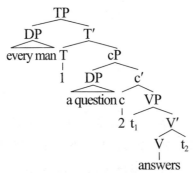

b. $\forall m\,[\,man(m) \rightarrow \exists n\,[\,question(n) \wedge answer(n)(m)\,]\,]$

（2）a. a question 取宽域

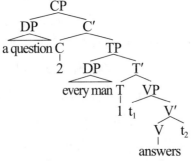

b. $\exists n\,[\,question(n) \wedge \forall m\,[\,man(m) \rightarrow answer(n)(m)\,]\,]$

宾语 a question 因为语义类的缘故，必须移位。在例（1a）中，它移到 VP 之上的 cP 的指示语位置；在例（2a）中，它移到 TP

之上的 CP 的指示语位置。留下的语迹由变量赋值规则赋值，索引引出 λ 算子，约束相关变量。

在这里，无论是移到 TP 之上，还是移到 VP 之上，都只有一次移位。汉语中的存在性广义量词只能移到 VP 之上，而不能移到 TP 之上，所以不会产生歧义。例如：

（3）a. 所有的男孩都问了一个问题。

　　　b. $\forall m$［男孩 (m) → $\exists n$［问题 (n)∧ 问 (n)(m)］］

如果例（3a）中的"一个问题"也能移到 TP 之外的话，则也可以取得宽域。从句法学的角度看，是有可能的。由于没有相关数据，这里就不作讨论。

1.3 专有名词

我们一般将专有名词的语义类看作 e，但也可以将专有名词看成广义量词。把专有名词处理为广义量词之后，也必须采用量化提升。例如：

（1）杨康杀了欧阳克。

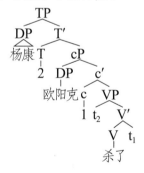

宾语"欧阳克"先移位到 cP 的指示语位置，引入索引"1"，并留下语迹 t_1；接着主语"杨康"移位到 TP 的指示语位置，引入索引"2"，并留下语迹 t_2。例（1）中 VP 的语义计算如下：

第一步，查词典，获知词项的语义表达式。

（2）‖杀了‖= $\lambda m.\lambda n.$ 杀 (m)(n)

‖欧阳克‖=λP.P(欧阳克)

‖杨康‖=λQ.Q(杨康)

第二步，变量赋值。

（3）$\|t_1\|^g = x$

　　$\|t_2\|^g = y$

　　$g(1) = x$

　　$g(2) = y$

第三步，运用规则进行语义计算。

（4）$\|V\|^g = \|杀了\|^g$

　　　　$= \lambda m.\lambda n. 杀 (m)(n)$

　　$\|V'\|^g = \|V\|^g (\|t_1\|^g)$

　　　　$= [\lambda m.\lambda n. 杀 (m)(n)] (x)$

　　　　$= \lambda n. 杀 (x)(n)$

　　$\|VP\|^g = \|V'\|^g (\|t_2\|^g)$

　　　　$= [\lambda n. 杀 (x)(n)] (y)$

　　　　$= 杀 (x)(y)$

（4）计算出动词短语 VP 的语义表达式，其中"杀 (x)(y)"是个开放句，其语义类跟命题相同，都是 t。开放句不包含任何 λ 算子，为了进一步和提升的 DP 组合，就必须引进索引进行谓词抽象，把它的语义类由 t 变成 <e, t>。c 引进的索引为 1，由变量赋值规则，将索引"1"赋值为变量 x。由附加规则可得到 c′ 的语义表达式。例如：

（5）$\|c'\|^g = \lambda g(1)\|VP\|^g$

　　　　$= \lambda x. 杀 (x)(y)$

"欧阳克"的语义表达式，按照广义量词的写法，表示的是欧阳克可能具有的所有特征的集合，如"$\lambda P[P(欧阳克)]$"。"$\lambda P[P(欧阳克)]$"的语义类是 $<<e,t>,t>$，为函数；"$\lambda x.杀(x)(y)$"的语义类为 $<e,t>$，为前者的论元。由函数运算规则可得到 cP 的语义表达式。例如：

（6）$\|cP\|^g = \|DP\|^g(\|c'\|^g)$
　　　　$= [\lambda P.P(欧阳克)](\lambda x.杀(x)(y))$
　　　　$= [\lambda x.杀(x)(y)](欧阳克)$
　　　　$= 杀(欧阳克)(y)$

同样地，cP 的语义类是 t，我们需要引进索引"2"对它进行抽象，使它能够和移位而来的"杨康"组合。例如：

（7）$\|T'\|^g = \lambda g(2)\|cP\|^g$
　　　　$= \lambda y.杀(欧阳克)(y)$
（8）$\|TP\|^g = \|DP\|^g(\|T'\|^g)$
　　　　$= [\lambda Q.Q(杨康)](\lambda y.杀(欧阳克)(y))$
　　　　$= [\lambda y.杀(欧阳克)(y)](杨康)$
　　　　$= 杀(欧阳克)(杨康)$

在 VP 之上设置容纳专有名词或量化短语提升的位置，对英语而言，可以解释准空缺现象（pseudogapping）。例如：

（9）a. John invited Sarah, and Mary will ___ Jane.
　　　b. John invited Sarah, and Mary$_j$ will [$_{cP}$ Jane$_i$ [$_{c'}$ [$_c$] [$_{VP}$ t$_j$ invite t$_i$]]].

在例（9b）中，宾语提升之后，动词要么跟着提升到更高位置，要么被删除。例（9b）就是删除动词的情形，删掉的是整个 VP。动词提升或删除，都是为了满足语音层的需要。

1.4　包含先行语的删除结构

删略的时候要删除等同的成分。有些删略成分很容易确定，有些删略成分很难确定，例如：

（1）a. I [$_{VP1}$ read *War and Peace*] before you did [$_{VP2}$ e].

b. I [$_{VP1}$ went to Tanglewood] even though I wasn't supposed to [$_{VP2}$ e].

c. You may very well [$_{VP1}$ put this experience behind you], but you shouldn't think that you really have to [$_{VP2}$ e].

（2）a. Dulles [$_{VP1}$ suspected everyone who Angleton did [$_{VP2}$ e]]

b. I [$_{VP1}$ read every novel that you did [$_{VP2}$ e]].

c. I [$_{VP1}$ talked to every guy you did [$_{VP2}$ e]].

例（1）中删略的成分很容易确定，分别是 read *War and Peace*、go to Tanglewood 与 put this experience behind you。例（2）中删略的成分较难确定，其中 VP$_2$ 的解释不能通过复制 VP$_1$ 获得，因为它内嵌于 VP$_1$，复制 VP$_1$ 会再次引入一个被删除的 VP$_2$，而该 VP$_2$ 的内容又要再次通过复制 VP$_1$ 得到，如此循环往复，每次复制都会引入一个被删除的 VP$_2$，因此永远无法得到 VP$_2$ 的具体内容。例如：

（3）a. Dulles [$_{VP}$ suspected everyone Angleton did [$_{VP}$ suspect everyone Angleton did [$_{VP}$ e]]].

b. I [$_{VP}$ read every novel that you did [$_{VP}$ read every novel that you did [$_{VP}$ e]]].

c. I [$_{VP}$ talked to every guy you did [$_{VP}$ talk to every guy you did [$_{VP}$ e]]].

例（2）叫包含先行语的删略结构（antecedent-contained deletion），就是被删略的 VP$_2$ 是先行语 VP$_1$ 的一部分，如果 VP$_2$ 被删略，那么就意味着 VP$_1$ 中的一部分也被删略了。

May（1985）^①认为在逻辑形式层面，VP_1 中的宾语先提升嫁接到 S，如例（4a）；然后再通过复制例（4a）中的 VP_1，就可以得到 VP_2 的内容，如例（4b）：

（4）a. $[_{NP}$ everyone who Angleton did $[_{VP2}$ e $]$ $]_i$ $[_S$ Dulles $[_{VP1}$ suspected t_i $]$ $]$

b. $[_{NP}$ everyone who Angleton did $[_{VP2}$ suspected t_i $]$ $]_i$ $[_S$ Dulles $[_{VP1}$ suspected t_i $]$ $]$

例（4a）中的量化短语被提升后，会在原来的宾语位置留下语迹 t_i，其中 VP_1 就变成了 suspected t_i，由于量化提升已经将 VP_2 移出了 VP_1，因此接下来复制 VP_1 就不会引入删略的 VP_2 了，当然也不会引起无数次的循环复制了，如例（4b）。根据动词短语内部主语假设，我们可以假定宾语提升到 VP 之上的 cP 指示语位置，这种提升是语义类错配激发的。以例（2a）为例，我们可以指派如下结构（无关细节，忽略不计）：

（5）Dulles suspected everyone who Angleton did.

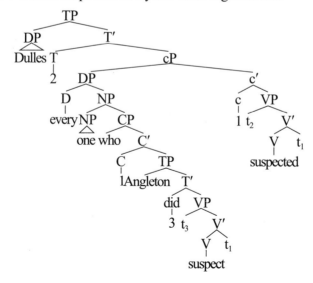

① May, R. 1985. *Logical Form*. Cambridge, MA: MIT Press.

在例（5）中首先是宾语移位到 cP 的指示语位置，c 引入索引"1"；宾语是个内含关系子句的 DP，关系子句涉及算子移位，它的语迹索引跟移位的宾语的索引相同。在语义计算的时候，第一步是查词典，找出每个词项的指谓。例如：

（6）$\|suspect\| = \lambda y.\lambda z.suspect(y)(z)$

$\|suspected\| = \lambda y.\lambda z.suspect(y)(z)$

$\|every\| = \lambda P.\lambda Q.\forall y\, [\, P(y) \rightarrow Q(y)\,]$

$\|one\| = \lambda n.person(n)$

$\|Angleton\| = Angleton$

$\|Dulles\| = Dulles$

$\|who\| = \lambda P.\lambda y.P(y)$

第二步是给变量赋值。例如：

（7）$g(1) = n$

$g(2) = m$

$g(3) = k$

$\|t_1\|^g = n$

$\|t_2\|^g = m$

$\|t_3\|^g = k$

第三步是计算复杂的前移的 DP 的语义。例如：

（8）a. $\|V'\|^g = \|suspect\|^g (\|t_1\|^g)$

$= [\, \lambda y.\lambda z.suspect(y)(z)\,] (n)$

$= \lambda z.suspect(n)(z)$

b. $\|VP\|^g = \|V'\|^g (\|t_3\|^g)$

$= [\, \lambda z.suspect(n)(z)\,] (k)$

$= suspect(n)(k)$

c. $\|T'\|^g = \lambda g(3) \|VP\|^g$

$= \lambda k.\text{suspect}(n)(k)$

d. $\| TP \|^g = \| T' \|^g (\| \text{Angleton} \|^g)$

$= \lceil \lambda k.\text{suspect}(n)(k) \rceil (\text{Angleton})$

$= \text{suspect}(n)(\text{Angleton})$

e. $\| C' \|^g = \lambda g(1) \| TP \|^g$

$= \lambda n.\text{suspect}(n)(\text{Angleton})$

f. $\| CP \|^g = \| \text{who} \|^g (\| C' \|^g)$

$= \lceil \lambda P.\lambda y.P(y) \rceil (\lambda n.\text{suspect}(n)(\text{Angleton}))$

$= \lambda y. \lceil \lambda n.\text{suspect}(n)(\text{Angleton}) \rceil (y)$

$= \lambda y.\text{suspect}(y)(\text{Angleton})$

g. $\| NP \|^g = \lambda x. \lceil \| \text{one} \|^g(x) \wedge \| CP \|^g(x) \rceil$

$= \lambda x. \lceil \lceil \lambda n.\text{person}(n) \rceil (x) \wedge \lambda y.\text{suspect}(y)(\text{Angleton}) \rceil (x) \rceil$

$= \lambda x. \lceil \text{person}(x) \wedge \text{suspect}(x)(\text{Angleton}) \rceil$

h. $\| DP \|^g = \| \text{every} \|^g (\| NP \|^g)$

$= \lceil \lambda P.\lambda Q.\forall y \lceil P(y) \rightarrow Q(y) \rceil \rceil (\lambda x. \lceil \text{person}(x) \wedge \text{suspect}(x)(\text{Angleton}) \rceil)$

$= \lambda Q.\forall y \lceil \lambda x. \lceil \text{person}(x) \wedge \text{suspect}(x)(\text{Angleton}) \rceil (y) \rightarrow Q(y) \rceil$

$= \lambda Q.\forall y \lceil \lceil \text{person}(y) \wedge \text{suspect}(y)(\text{Angleton}) \rceil \rightarrow Q(y) \rceil$

第四步是计算整个句子的语义。例如：

（9）a. $\| V' \|^g = \| \text{suspected} \|^g (\| t_1 \|^g)$

$= \lceil \lambda y.\lambda z.\text{suspect}(y)(z) \rceil (n)$

$= \lambda z.\text{suspect}(n)(z)$

b. $\| VP \|^g = \| V' \|^g (\| t_2 \|^g)$

$= \lceil \lambda z.\text{suspect}(n)(z) \rceil (m)$

$= \text{suspect}(n)(m)$

c. $\| c' \|^g = \lambda g(1) \| VP \|^g$

$$=\lambda n.\text{suspect }(n)(m)$$

d. $\|cP\|^g = \|DP\|^g (\|c'\|^g)$

$$= \big[\lambda Q.\forall y \big[\big[\text{person}(y) \wedge \text{suspect}(y)(\text{Angleton})\big]\rightarrow Q(y)\big]\big]$$

$$(\lambda n.\text{suspect }(n)(m))$$

$$= \forall y \big[\big[\text{person}(y) \wedge \text{suspect}(y)(\text{Angleton})\big]\rightarrow \big[\lambda n.\text{suspect}$$

$$(n)(m)\big] \ (y)\big]$$

$$= \forall y \big[\big[\text{person}(y) \wedge \text{suspect}(y)(\text{Angleton})\big]\rightarrow \text{suspect }(y)$$

$$(m)\big]$$

e. $\|T'\|^g = \lambda g(2)\|cP\|^g$

$$= \lambda m.\forall y \big[\big[\text{person}(y) \wedge \text{suspect}(y)(\text{Angleton})\big]\rightarrow \text{suspect}$$

$$(y)(m)\big]$$

f. $\|TP\|^g = \|T'\|^g (\|DP\|^g)$

$$= \big[\lambda m.\forall y \big[\big[\text{person}(y) \wedge \text{suspect}(y)(\text{Angleton})\big]\rightarrow$$

$$\text{suspect }(y)(m)\big]\big] \ (\text{Dulles})$$

$$= \forall y \big[\big[\text{person}(y) \wedge \text{suspect}(y)(\text{Angleton})\big]\rightarrow$$

$$\text{suspect }(y)(\text{Dulles})\big]$$

计算的结果是说，对任一 y 而言，如果 y 是人并且 Angleton 怀疑 y，则 Dulles 也怀疑 y。简单地说，就是凡 Angleton 怀疑的人，Dulles 都怀疑。

2. 介词短语内部主语假设

2.1 介词短语内部无主语的情形

名词短语内部如果有两个量化短语，也会产生两种可能的解读。比如说例（1），它既可以表示"没有任何一个来自外国的学生被录取"，也可以表示"有一个没有任何学生被录取的外国"。

（1）No student from a foreign country was admitted.

第二种意义比较容易计算，因为 a foreign country 的语义类

为 <<e, t>, t>，from 的语义类是 <e, <e, t>>，这意味着 a foreign country 必须从 from 的宾语位置移出去，否则不可解释。例如：

（2）"a foreign country" 的宽域解读

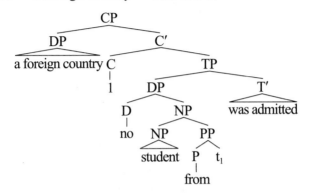

在例（2）中，a foreign country 取得宽域解读。

　　第一种意思要求 no student 取宽域解。为取得宽域解，no student 就必须提升到比 a foreign country 还要高的位置。例如：

（3）"no student" 的宽域解读

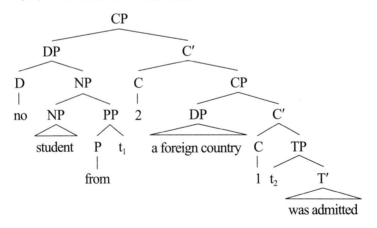

　　移位的 a foreign country 会在 from 的补足语位置留下一个语迹 t_1，并引进索引"1"；接着 no student from t_1 进一步提升到成分统制 a foreign country 的地方，并引进索引"2"。问题是，索引"1"所引进的 λ 算子对 TP 中的变量无所约束。假定：

（4）$\|t_2\|^g = y$

　　　$g(1) = x$

　　　$\|$was-admitted$\| = \lambda m \in D_e.\text{was-admitted}(m)$

（5）$\|TP\|^g = \|$was-admitted$\|^g (\|t_2\|^g)$

　　　$= \lceil \lambda m \in D_e.\text{was-admitted}(m) \rceil (y)$

　　　$=\text{was-admitted}(y)$

（6）$\|C'\|^g = \lambda g(1)\|TP\|^g$

　　　$=\lambda x.\text{was-admitted}(y)$

例（6）中的 λ 算子不能对开放句 was-admitted(y) 中的变量进行约束，推导失败。所以，例（3）是不合法的逻辑形式表达式。

自然语言要满足完全解释原则，既禁止算子无所约束，也禁止变量不受约束，即禁止空约束（vacuous binding）与不受约束（unbound）。约束与被约束都很重要。例如：

（7）a. ∃x 喜欢（李四）（张三）

　　　b. 喜欢 (x)（张三）

例（7a）中的"∃x"无所约束，例（7b）中的 x 不受约束，都被禁止。例（3）中索引"1"与例（6）中 λ 算子都无所约束，这种空约束是被禁止的。

2.2　介词短语内部有主语的情形

既然 a foreign country 不能移到 TP 之上，就只能在 PP 内部进行移位。移位后会引进索引，索引起谓词抽象作用，即将 t 转化为 <e, t>。为获得 t 类表达式，最简洁的办法就是假定介词短语内部存在主语，即假设介词短语 from a foreign country 内部有一个主语位置。from 是一个二元谓词，from a foreign country 可以赋予主语题元角色，但不能赋格，所以我们假设 PP 的指示语位置有一个 PRO 充当主语。例如：

（1）介词短语内部主语假设

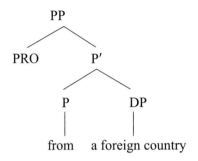

这个介词短语做 student 的修饰语。

　　PRO 在句法上为 DP，在语义上没有贡献，可记为"‖PRO‖ = λP∈D$_{<e, t>}$λx∈D$_e$.P(x)"。在语义上没有贡献的 PRO 不能为谓词 from 提供论元，语义类为 <<e, t>, <e, t>> 的 PRO 也不能使 PP 的语义类变成 t。不过，PRO 和其他的 DP 一样可以移位，因此我们可以将 PRO 提升到更高的位置，原来位置上就剩下了 PRO 的语迹，语迹可以通过赋值函数表达成变量，从而填充 from 的外部论元位置，使得 PP 的语义类变成 t。首先是 a foreign country 移位，然后是 PRO 移位。例如：

（2）No student from a foreign country was admitted.

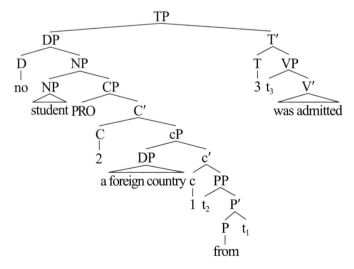

索引"1"可以约束 t_1 引进的变量，索引"2"可以约束 t_2 引进的变量。我们试着根据句法结构推导这句话的语义，例（3）是变量赋值与基本词项的语义表达式：

（3）$g(1) = n$

$g(2) = m$

$g(3) = k$

$\| t_1 \|^g = n$

$\| t_2 \|^g = m$

$\| t_3 \|^g = k$

$\| a \| = \lambda P.\lambda Q.\exists z \left[P(z) \wedge Q(z) \right]$

$\| no \| = \lambda P.\lambda Q.\neg \exists y \left[P(y) \wedge Q(y) \right]$

$\| student \| = \lambda x.student(x)$

$\| from \| = \lambda y.\lambda z.from(y)(z)$

$\| country \| = \lambda x.country(x)$

$\| foreign \| = \lambda x.foreign(x)$

$\| was\ admitted \| = \lambda y.was\ admitted(y)$ [1]

首先计算 PP 的语义：

（4）$\| P' \|^g = \| from \|^g (\| t_1 \|^g)$

$= \left[\lambda y.\lambda z.from(y)(z) \right] (n)$

$= \lambda z.from(n)(z)$

$\| PP \|^g = \| P' \|^g (\| t_2 \|^g)$

$= \left[\lambda z.from(n)(z) \right] (m)$

$= from(n)(m)$

这时的 PP 的语义类已经变成了 t，为了能够进一步运算，必须通

---

① 在 VP 的语义计算中，我们暂时不考虑被动，而是简单地把 was admitted 看成一个一元谓词。

过索引"1"对 PP 进行 λ 抽象，并约束其中的变量。例如：

（5）$\|c'\|^g = \lambda g(1)\|PP\|^g$

　　　$= \lambda n.from(n)(m)$

接着演算 a foreign country 的语义：

（6）$\|foreign\ country\|^g$

　　　$= \lambda y.[\|foreign\|^g(y) \wedge \|country\|^g(y)]$

　　　$= \lambda y.[foreign(y) \wedge country(y)]$

　　　$\|DP\|^g = \|a\ foreign\ country\|^g$

　　　$= \|a\|^g(\|foreign\ country\|^g)$

　　　$= [\lambda P.\lambda Q.\exists z[P(z) \wedge Q(z)]](\lambda y.[foreign(y) \wedge$

　　　$country(y)])$

　　　$= \lambda Q.\exists z[foreign(z) \wedge country(z) \wedge Q(z)]$

得到了 a foreign country 的语义之后，我们可以将它当作函数，将 c' 当作论元，从而得到 cP 的语义：

（7）$\|cP\|^g = \|DP\|^g(\|c'\|^g)$

　　　$= [\lambda Q.\exists z[foreign(z) \wedge country(z) \wedge Q(z)]](\lambda n.from$

　　　$(n)(m))$

　　　$= \exists z[foreign(z) \wedge country(z) \wedge from(z)(m)]$

同样地，cP 的语义类也是 t，但它还有一个变量 m，而且这个变量在句法上是被索引"2"所约束的，所以我们可以通过索引"2"对 cP 进行抽象，得到：

（8）$\|C'\|^g = \lambda g(2)\|cP\|^g$

　　　$= \lambda m.\exists z[foreign(z) \wedge country(z) \wedge from(z)(m)]$

我们假定 PRO 只在句法结构上可见，而在语义上没有贡献（semantic vacuous），所以 CP 的表达式和 C' 的表达式相同，CP

与 C′ 的语义类是 <e, t>，名词 student 的语义类也是 <e, t>，所以它们可以通过并列规则 / 谓词修饰规则得到 NP 的语义：

(9) $\|CP\|^g = \|PRO\|^g(\|C'\|^g)$

$= \big[\lambda P \in D_{<e, t>}\lambda x \in D_e.P(x)\big] (\lambda m.\exists z [foreign(z) \wedge country(z) \wedge from(z)(m)])$

$= \lambda x.\exists z [foreign(z) \wedge country(z) \wedge from(z)(x)]$

$\|NP\|^g = \lambda y. [\|NP\|^g(y) \wedge \|CP\|^g(y)]$

$= \lambda y. [[\lambda x.student(x)](y) \wedge [\lambda x.\exists z [foreign(z) \wedge country(z) \wedge from(z)(x)]](y)]$

$= \lambda y. [student(y) \wedge \exists z [foreign(z) \wedge country(z) \wedge from(z)(y)]]$

然后 NP 再作为 D 的论元和它组合得到 DP 的语义表达式：

(10) $\|DP\|^g = \|D\|^g(\|NP\|^g)$

$= [\lambda P.\lambda Q.\neg\exists y [P(y) \wedge Q(y)]] (\lambda y. [student(y) \wedge \exists z [foreign(z) \wedge country(z) \wedge from(z)(y)]])$

$= \lambda Q.\neg\exists y [student(y) \wedge \exists z [foreign(z) \wedge country(z) \wedge from(z)(y)] \wedge Q(y)]$

然后 DP 作为特征函数和 VP 组合消去谓词变量 Q 得到句子的真值条件：

(11) $\|VP\|^g = was\ admitted(k)$

$\|T'\|^g = \lambda g(3)\|VP\|^g$

$= \lambda k.was\ admitted(k)$

$\|TP\|^g = \|DP\|^g(\|T'\|^g)$

$= \lambda Q.\neg\exists y [student(y) \wedge \exists z [foreign(z) \wedge country(z) \wedge from(z)(y)] \wedge Q(y)] (\lambda k.was\ admitted(k))$

$= \neg\exists y [student(y) \wedge \exists z [foreign(z) \wedge country(z) \wedge$

from(z)(y)] ∧ was admitted(y)]

我们可以把否定算子向内传递，把 not some 转化为 all not 的形式。例如：

（12）‖TP‖^g

=∀y ¬ [student(y) ∧ ∃z [foreign(z) ∧ country(z) ∧

from(z)(y)] ∧ was admitted(y)]

例（12）是说，对于任一 y，不能够同时满足 y 是一个学生，且至少存在一个 z，z 为外国，y 从 z 来，而且 y 被录取了。

为得到句子的正确语义，也需要假设介词短语内部存在主语，并存在量化提升。另外，PRO 这样的隐义词，仅起句法作用。

3. 名词短语内部主语假设

3.1　系词构成的句子

系词，也叫判断动词，在句法上像及物动词。但它对句子的语义没有贡献，属于隐义词。例如：

（1）乔姆斯基是教师。

根据词库和语义规则，"乔姆斯基是教师"的语义计算过程如下：

（2）a. 词项的语义表达式：

‖乔姆斯基‖＝乔姆斯基

‖是‖＝λP∈D$_{<e, t>}$. λx∈D$_e$.P(x)

‖教师‖＝λy∈D_e. 教师 (y)

b. 语义计算：

‖NP‖＝‖N‖＝‖乔姆斯基‖＝乔姆斯基

‖V‖＝‖是‖＝λP∈$D_{<e, t>}$. λx∈D_e.P(x)

‖NP‖＝‖N‖＝‖教师‖＝λy∈D_e. 教师 (y)

‖VP‖＝‖V‖(‖NP‖)

＝‖是‖(‖教师‖)

＝［λP∈$D_{<e, t>}$. λx∈D_e.P(x)］(λy∈D_e. 教师 (y))

＝λx∈D_e.［λy∈D_e. 教师 (y)］(x)

＝λx∈D_e. 教师 (x)

‖S‖＝‖VP‖(‖NP‖)

＝［λx∈D_e. 教师 (x)］(乔姆斯基)

＝教师 (乔姆斯基)

需要注意的是，在该计算中，"是"并非及物动词，它的语义类是 <<e, t>, <e, t>>，而不是 <e, <e, t>>。从语义类 <<e, t>, <e, t>> 来看，"是"类似于副词。

如果我们采用名词短语内部主语假设，则既可以不将"是"处理为及物动词，也可以不将"是"处理为副词。例如：

（3）乔姆斯基是教师。

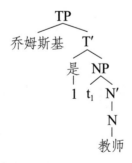

根据名词短语内部主语假设，"乔姆斯基"首先出现在名词短语（NP）内部的主语位置，然后移到句子（TP）的主语位置，留

下语迹 t_1。"是"是 T 的语音实现，且引进索引"1"。T 只是个标记，对"是"而言没有实质性的意义，我们还可以将它标记为谓性范畴 Pr，例如：

（4）乔姆斯基是教师。

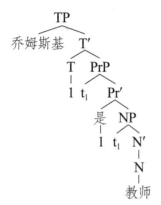

例（4）中的"是"是 Pr 的语音实现，也引进索引"1"。"乔姆斯基"首先在名词短语内部的主语假设，然后移到 PrP 的指示语位置，最后移到 TP 的指示语位置。t_1 是"乔姆斯基"在推导中留下的语迹。索引跟指示语位置的成分的语迹同标。

例（3）与例（4）中的"是"是引进索引的成分的语音形式，它的语义类是 <t, <e, t>>，起谓词抽象作用，即将语义类 t 转变为 <e, t>。"是"还可以处理为语义类为 <t, t> 的成分，其语义为"$\lambda p \in D_t.p$"。例如：

（5）乔姆斯基是教师。

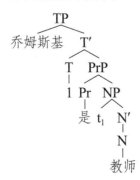

"是"不管对应于哪种词类或语义类，相关的处理都不会改变"乔姆斯基是教师"的语义。

3.2　中心语为关系名词的名词短语

名词有专有名词与普通名词之分。专有名词对应于外部世界中的某个个体，如"张三"这个词对应于"张三"这个人，可刻画为例（1a）；普通名词不能对应于外部世界的某个个体，而是对一类个体的描述或对个体关系的描述，这些个体或个体关系构成集合，可刻画为例（1b）与例（1c）。例如：

（1）a. ‖张三‖ = 张三

　　b. ‖画家‖ = ｛x| x 是画家｝

　　c. ‖父亲‖ = ｛<x, y>| x 是 y 的父亲｝

集合表达和函数表达在本质上是相同的，例（1b—c）也可以改写为 λ 表达式。例如：

（2）a. ‖画家‖ = λx. 画家 (x)

　　b. ‖父亲‖ = λy.λx. 父亲 (y)(x)

句法学中有人将"画家"类名词看作零价名词，将"父亲"类名词看作一价名词。但在语义学中，"画家"是一元谓词（一价名词），"父亲"是二元谓词（二价名词），前者为绝对名词，后者为关系名词。从语义刻画来讲，将"父亲"看作二元谓词会方便些。在语言计算中，一元谓词需要一个论元才能饱和，二元谓词需要两个论元才能饱和。例如：

（3）a. 张三是画家。

　　b.? 张三是父亲。

　　c. 张老三是张三的父亲。

在例（3a）中，"画家"的论元结构达到饱和，因为"张三"是

"画家"的论元。在例（3b）中，"父亲"的论元结构没有达到饱和，"父亲"有两个论元，"张三"只是其中的一个。在例（3c）中，"父亲"的论元结构饱和，"张老三"与"张三"都是"父亲"的论元。"张三的父亲"的语义可表达为"λx. 父亲 (张三)(x)"，"是"对语义没有贡献。例如：

（4）张老三是张三的父亲。

    a.‖张三的父亲‖= λx. 父亲 (张三)(x)

    b.‖是‖= λp∈D_t.p

    c.‖张老三是张三的父亲‖= 父亲 (张三) (张老三)

要得到"张三的父亲"的语义表达式，可指派以下结构：

（5）张三的父亲

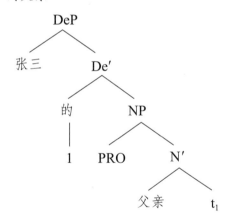

"父亲"是二元谓词，根据名词短语内部主语假设，在 NP 中要实现这两个论元，假定一个是"张三"，一个是空范畴 PRO，PRO 做"父亲"的主语。"张三"最后移到 De 的指示语位置，并留下语迹 t_1。假定"的"是 De 的语音实现，且引进索引"1"以约束语迹 t_1，它们同标，都为"1"。空范畴 PRO 为隐义词，没有语义贡献。根据相应的词条、规则和结构（5），我们可以进行如下的语义计算：

（6）a. 词条：

$\|张三\| = 张三$

$\|父亲\| = \lambda y.\lambda x. 父亲 (y)(x)$

$\|PRO\| = \lambda P.\lambda z.P(z)$

b. 变量赋值：

$g(1) = m$

$\|t_1\|^g = m$

c. 语义计算：

$\|N'\|^g = \|父亲\|(\|t_1\|^g)$

$= [\lambda y.\lambda x. 父亲 (y)(x)](m)$

$= \lambda x. 父亲 (m)(x)$

$\|NP\|^g = \|PRO\|^g(\|N'\|^g)$

$= [\lambda P.\lambda z.P(z)](\lambda x. 父亲 (m)(x))$

$= \lambda z.[\lambda x. 父亲 (m)(x)](z)$

$= \lambda z. 父亲 (m)(z)$

$\|De'\|^g = \lambda g(1).\|NP\|^g$

$= \lambda m.\lambda z. 父亲 (m)(z)$

$\|DeP\|^g = \|De'\|^g(\|张三\|^g)$

$= [\lambda m.\lambda z. 父亲 (m)(z)](张三)$

$= \lambda z. 父亲 (张三)(z)$

$= \{z \mid 父亲 (张三)(z)\}$

为了更直观地反映"张三的父亲"的语义，我们最后采用了集合表达，如"$\{z \mid 父亲 (张三)(z)\}$"。需要注意的是，这个集合通常是单元集，即只含一个元素，"生父""养父"都算父亲的话，就不止一个元素。

John's teacher 与 teacher of John's 的语义也可以采用类似的计算方式，以下是 teacher of John's 的句法结构：

（7）a. NP 移位之前的结构

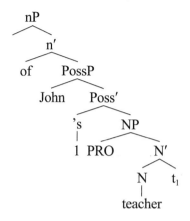

b. NP 移位之后的结构

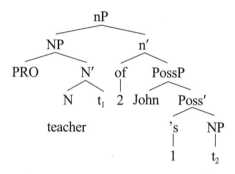

在例（7a）中，teacher 是二元谓词，根据名词短语内部主语假设，首先在 NP 中要实现这两个论元，假定一个是 John，一个是空范畴 PRO，PRO 做 teacher 的主语。接着，John 移位到 PossP 的指示语位置，并引进索引"1"。跟汉语不同的是，英语中的 NP 会因 of 的激发而上移到 of 的指示语位置，如例（7b）。of 引进索引 2 约束 NP 的语迹所引出的变量。以下是计算过程：

（8）a. 词条：

$\|John\| = John$

$\|teacher\| = \lambda y.\lambda x.teacher\ (y)(x)$

$\|PRO\| = \lambda P.\lambda z.P(z)$

b. 变量赋值：

$g(1) = m$

$g(2) = P$

$\|t_1\|^g = m$

$\|t_2\|^g = P$

c. 语义计算：

$\|N'\|^g = \|teacher\|(\|t_1\|^g)$

$= [\lambda y.\lambda x.teacher(y)(x)]\ (m)$

$= \lambda x.teacher(m)(x)$

$\|NP\|^g = \|PRO\|^g(\|N'\|^g)$

$= [\lambda P.\lambda z.P(z)]\ (\lambda x.teacher(m)(x))$

$= \lambda z.[\lambda x.teacher(m)(x)]\ (z)$

$= \lambda z.teacher(m)(z)$

$\|Poss'\|^g = \lambda g(1).\|t_2\|^g$

$= \lambda m.P$

$\|PossP\| = \|Poss'\|^g(\|John\|^g)$

$= [\lambda m.P]\ (John)$

$\|n'\|^g = \lambda g(2).\|PossP\|^g$

$= \lambda P.[[\lambda m.P]\ (John)]$

$\|nP\|^g = \|n'\|^g(\|NP\|^g)$

$= [\lambda \underline{P}.[[\lambda m.\underline{P}]\ (John)]]\ (\underline{\lambda z}.teacher(m)(z))$

$= [[\lambda m.[\underline{\lambda z}.teacher(m)(z)]]\ (John)]$

$= \lambda z.teacher(John)(z)$

$= \{z \mid teacher(John)(z)\}$

Poss′ 的计算涉及附加规则。"λm.P" 看起来违反了禁止空约束限制，因为其中没有变量 m，其实 P 是个盲盒，在计算中会发现它就是一个内含 m 的表达式，所以在它 λ 还原时，它可以由 "λz. teacher(m)(z)" 替换。这跟之前所提到的 "λx.was-admitted(y)" 不同，"was-admitted(y)"中没有 λ 算子所要约束的变量 x。理论上，PRO 应像 OP 一样上移，为简单起见，我们省略了相关步骤。

3.3 中心语为绝对名词的名词短语

在"张三的书包"中，"书包"不是"张三"的谓词，"张三"也不是"书包"的谓词，它们都是某个抽象谓词的论元。根据名词短语内部主语假设，"书包"与"张三"跟抽象谓词 N 构成 NP。这个抽象谓词也可以采用 N 之外的其他标记。"书包"的语义类为 <e, t>，抽象谓词的语义类为 <e, <e, t>>，两者的语义类不匹配。为获得解释，"书包"移位，并引进索引"2"以约束"书包"语迹所引出的变量。"的"激发"张三"移位，并引进索引"1"，以约束"张三"语迹所引出的变量。例如：

（1）张三的书包

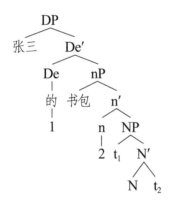

根据相应的词条、规则和结构（1），我们可以进行如下的语义计算：

（2）a. 词条：

‖张三‖ = 张三

‖书包‖ = λz. 书包 (z)

‖N‖ = λx.λy.R(x)(y)

b. 变量赋值：

g(1) = m

$g(2) = n$

$\| t_1 \|^g = m$

$\| t_2 \|^g = n$

c. 语义计算：

$\| N' \|^g = \| R \| (\| t_2 \|^g)$

$= \left[\lambda x . \lambda y . R(x)(y) \right] (n)$

$= \lambda y . R (n)(y)$

$\| NP \|^g = \| N' \|^g (\| t_1 \|^g)$

$= \left[\lambda y . R (n)(y) \right] (m)$

$= R (n)(m)$

$\| n' \|^g = \lambda g(2) . \| NP \|^g$

$= \lambda n . R (n)(m)$

$\| nP \|^g = \lambda x \left[\| n' \|^g (x) \wedge \text{书包} \|^g (x) \right]$

$= \lambda x \left[\left[\lambda n . R (n)(m) \right] (x) \wedge \left[\lambda z . \text{书包} (z) \right] (x) \right]$

$= \lambda x \left[R(x)(m) \wedge \text{书包} (x) \right]$

$\| De' \|^g = \lambda g(1) . \| nP \|^g$

$= \lambda m . \lambda x \left[R(x)(m) \wedge \text{书包} (x) \right]$

$\| DeP \|^g = \| De' \|^g (\| \text{张三} \|^g)$

$= \left[\lambda m . \lambda x \left[R(x)(m) \wedge \text{书包} (x) \right] \right] (\text{张三})$

$= \lambda x \left[R(x)(\text{张三}) \wedge \text{书包} (x) \right]$

这里的 R 表示关系，表示张三与具体的个体 x 之间的关系，x 是书包集合中的成员。R 是张三与特定书包这一个体之间的关系，可以是领属关系，也可以是其他关系。例如：

（3）a. 张三的书包放在桌子上。

b. 张三的书包卖得不错。

c. 张三卖书包卖得不错。

例（3a）中的"张三"跟"书包"之间是领属关系。例（3b）中

的"张三"跟"书包"之间有可能不是领属关系，它可能跟例
（3c）相同，为售卖关系。

英语中的 team of John's 可指派结构（4），team 与 John 都
是某个抽象谓词的论元，根据名词短语内部主语假设，投射为
NP。然后 John 在"'s"的激发下移位，"'s"引进索引"1"约
束 John 语迹引出的变量；最后 team 在 of 的激发下移位，of 引进
索引"2"约束 team 语迹引出的变量。例如：

（4）team of John's

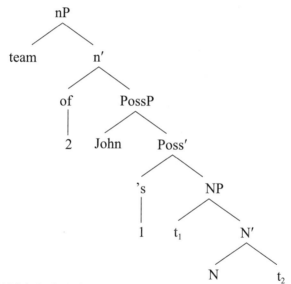

以下是例（4）的语义计算：

（5）a. 词条：

$\|$ John $\|$ = John

$\|$ team $\|$ = λz.team(z)

$\|$ N $\|$ = λx.λy.R(x)(y)

b. 变量赋值：

g(1) = m

g(2) = n

$$\|t_1\|^g = m$$

$$\|t_2\|^g = n$$

c. 语义计算:

$$\|N'\|^g = \|R\|^g(\|t_2\|^g)$$

$$= [\lambda x.\lambda y.R(x)(y)](n)$$

$$= \lambda y.R(n)(y)$$

$$\|NP\|^g = \|N'\|^g(\|t_1\|^g)$$

$$= [\lambda y.R(n)(y)](m)$$

$$= R(n)(m)$$

$$\|Poss'\|^g = \lambda g(1).\|NP\|^g$$

$$= \lambda m.R(n)(m)$$

$$\|PossP\|^g = \|Poss'\|^g(\|John\|^g)$$

$$= [\lambda m.R(n)(m)](John)$$

$$= R(n)(John)$$

$$\|n'\|^g = \lambda g(2).\|PossP\|^g$$

$$= \lambda n.R(n)(John)$$

$$\|nP\|^g = \lambda x.[\|team\|(x) \wedge \|n'\|^g(x)]$$

$$= \lambda x.[[\lambda z.team(z)](x) \wedge [\lambda n.R(n)(John)](x)]$$

$$= \lambda x.[team(x) \wedge R(x)(John)]$$

4. 本章结语

　　这一章讲谓词短语内部主语假设,该假设认为所有的谓词,如动词、形容词、介词、名词在投射的时候,会将主语投射在相应的动词短语、形容词短语、介词短语与名词短语内部。这里没有举形容词短语的例子。对于动词短语内部主语假设而言,其结构不是简单地将主语放置在动词短语内部,它还需要作出其他调整,如将 S 调整为以 T 为核心的短语 TP。这是因为 VP 的语义类现在是 t,需要借助 T 将之变为 <e, t>,之后才能跟主语进行语义计算。有的论著将 S 调整为 IP。起谓词抽象作用的是 T 还是别的范畴，如 I，这不很重要。按照句法学理论的进展，我们定为 T。在句法上，设置 T 也是为了满足结构向心性的要求。为语义计算的顺利进行，也必须假定介词短语内部存在主语。领属短语的语义计算，也需要假定名词短语内部存在主语。

◢ 推荐阅读

何宏华，陈会军　2003 语链结构与汉语量词辖域，《当代语言学》第 3 期。

伍雅清　2000 英汉语量词辖域的歧义研究综述，《当代语言学》第 3 期。

薛小英　2006 量词提升与辖域解释，《当代语言学》第 3 期。

熊仲儒，石玉　2018 名词谓语句的句法分析，《对外汉语研究》，2018 年第 17 辑。

袁毓林　1994 谓词隐含及其句法后果——"的"字结构的称代规则和 "的"的语法、语义功能，《中国语文》第 4 期。

◢ 练习

1. 读图，并按本章重新指派结构，考察结构间的对应性，理解索引的约束作用和前缀身份以及本书的附加规则，最后计算 every kid loves some cat 的语义。

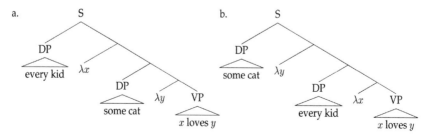

2. 请计算下列句子的语义。

    (1) Dave flunked the student that Phil did.

    (2) Dave read every book Phil did.

    (3) Dave saw something Phil didn't.

3. 翻译以下材料，了解约束与被约束的重要性，并计算相关例句
  （ Huang 2010 ）[①]。

    (17) [$_{NP1}$ Somebody from [$_{NP2}$ every California city]]
        owns a Porsche.

    (18) [$_{NP1}$ Every senator on [$_{NP2}$ a key congressional committee]]
        voted for the amendment.

    The relevant property of interest here is that, when both the QNPs have sentential scope, the less inclusive NP$_2$ must have wider scope than the more inclusive NP$_1$. Thus the sentences have the meanings just indicated, but (17) cannot be paraphrased as "for some person x, every California city is such that x owns a Porsche". Example (18) does not mean "for every senator there is a congressional committee such that he voted for the amendment". That is, more generally, for two QNPs one of which contains the other, the relative scope of these QNPs is "inversely linked" to their relation of domination, so that the smaller, contained NP must have wider scope than the larger, containing NP. May (1977) argues that this otherwise rather surprising fact is readily explained under QR by the independently motivated conditions of (a) Proper Binding (PB), which requires all variables to be properly A′-bound, and (b) Non-Vacuous Quantification (NVQ), which requires all quantifiers

---

①   Huang, C.-T. J. 2010. *Between Syntax and Semantics*. New York: Routledge.

to each properly bind a variable. Assuming that QR affects whole QNPs, (17) may be turned into the structure (19) in which the smaller NP$_2$ has wider scope, or the structure (20), in which the larger NP$_1$ has wider scope:

(19) $[_{IP}[$ every California city $]_i[_{IP}[$ somebody from $t_i]_j[_{IP}$ t_j owns a Porsche $]]]$.

(20)*$[_{IP}[$ somebody from $t_i]_j[_{IP}[$ every California city $]_i[_{IP}$ t_j owns a Porsche $]]]$.

In (19) *every California city* properly binds the variable t_i, and the larger NP *somebody from t_i* properly binds the variable t_j. The LF structure is well-formed with respect to both PB and NVQ, so (17) is predicted to have the interpretation according to which the smaller QNP has scope over the larger QNP containing it. In (20), however, although the larger QNP and its trace are in a proper binding relationship obeying both PB and NVQ, the variable t_i is unbound, in violation of PB, and the quantifier *every California city* does not bind a variable, in violation of NVQ. The structure is ill-formed, and (17) is predicted not to have a reading with the subject having wider scope than the smaller NP it contains. The same explanation applies to (18).

4. 翻译以下材料，了解领属短语的语义表达，并比较一下跟我们计算的异同，并用我们的方法重新计算 [①]。

There are a number of ways, in principle, that the implicit relation in possessives might be incorporated into the semantics. In one approach, possessors can be analyzed as modifier-like, denoting a function that applies to the possessum and introduces the relation.

---

① Kim, J., Y. A. Lander & B. H. Partee. 2004. *Possessives and Beyond: Semantics and Syntax.* Amherst, MA: GLSA Publications.

Supposing the possessum to be of type <e, t>, the possessor would be of type <<e, t>, <e, t>>, and could have a denotation as in (10a), where R stands in for an arbitrary possessive relation. The possessor combines with the possessum in the following way:

(10) a. ‖ *Trevor's* ‖

$= \lambda P \lambda x \left[P(x) \wedge R(trevor)(x) \right]$,

b. ‖ *Trevor's car* ‖

$= \lambda P \lambda x \left[P(x) \wedge R(trevor)(x) \right] (\lambda y \left[car(y) \right])$

$= \lambda x \left[car(x) \wedge R(trevor)(x) \right]$

However, the possessive relation, at least in some cases, appears to be an inherent part of the meaning of the possessum, for example in the noun sister. In this case it makes sense to treat the possessor as an argument, rather than modifier, of the possessum. On this approach, the composition of *Trevor's* sister would be as in (11).

(11) ‖ *Trevor's sister* ‖

$= \lambda y \lambda x \left[sister(x)(y) \right] (trevor)$

$= \lambda x \left[sister(trevor)(x) \right]$

Among the approaches that have been put forward for individual-denoting possessives, I will mention two. One (Partee 1983/97) is to treat possessives as a split construction, in which possessors are arguments when the possessum is relational, and modifiers when the possessum is an intransitive common noun. The other (Jensen and Vikner 1994, Vikner and Jensen 2002) treats possessors as always being arguments of possessums. When the possessum is not inherently relational, it is type-shifted into the <e, <e, t>> type of relational nouns, by adding a relation to its truth conditions. For example, *car* is normally a nonrelational noun with the meaning in (12a), but as a possessum it obtains the meaning in

(12b) (for illustration, I use *drive* as the added relation, but this is just one option among many).

    (12) a. $\lambda x \left[\, car(x) \,\right]$

        b. $\lambda y \lambda x \left[\, car(x) \wedge drive(y)(x) \,\right]$

Both of these are options for possessors of property-denoting possessives. In principle they could be modifiers, with a semantic denotation as in (13a), or simple properties, as in (13b). If they are modifiers, the possessor modifies the possessum (shown in (14a)), with the result in (14b), where *men* is an abbreviation for the property $\lambda x \left[\, men(x) \,\right]$. If possessors are simply properties, the possessor is an argument of the possessum in its shifted reading (as in (15a)), which gives the same result ((15b) = (14b)). I don't know of any empirical evidence that would decide between these two approaches, so I leave this problem for future research.

    (13) a. $\|\ men's\ \| = \lambda P.\lambda x \left[\, P(x) \wedge R(men)(x) \,\right]$

        b. $\|\ men's\ \| = \lambda x \left[\, men(x) \,\right]$

    (14) a. $\|\ magazine\ \| = \lambda x \left[\, magazine(x) \,\right]$

        b. $\|\ men's\ magazine\ \| = \lambda x \left[\, magazine(x) \wedge R(men)(x) \,\right]$

    (15) a. $\|\ magazine\ \|$ (shifted) $= \lambda P.\lambda x \left[\, magazine(x) \wedge R(P)(x) \,\right]$

        b. $\|\ men's\ magazine\ \| = \lambda x \left[\, magazine(x) \wedge R(men)(x) \,\right]$

5. 下面的短语有歧义，为什么？请计算以下三个短语的语义。

    （1）鲁迅的小说

        a. 鲁迅写作的小说

        b. 鲁迅收藏的小说

    （2）今天的报纸

        a. 今天出版的报纸

        b. 今天送来的报纸

（3）拉斐尔的画像

    a. 拉斐尔画的画像

    b. 画拉斐尔的画像

第七章　约束理论

上一章，我们知道主语源于谓词短语内部，在句子中，谓词短语内部的主语又会提升到句子的主语位置。在句法中，这种提升可归为名词性短语的格要求或时制范畴 T 的主语要求或别的原因。在这一章，我们将从语义的角度进行说明，即：宾语的提升跟语义类的错配有关，主语的提升跟语义约束有关。约束，有句法上的约束，也有语义上的约束。

1. 句法上的约束

1.1　约束三原则

有指称的名词性成分大致可分三类：第一类是照应代词（anaphor），如"自己""他自己""你自己"与"互相"等；第二类是一般代词（pronoun），可简称代词，如"我""你""他""他们"等；第三类是指称语（referential expression），如"张三""这孩子""一个孩子"等。例如：

（1）a. 张三喜欢他自己。

　　　b. 张三喜欢他。

　　　c. 张三喜欢张三。

例（1）中的"他自己"是照应代词，"张三"是它的先行语，两者所指相同。例（2）中的"他"是一般代词，"张三"不是它的先行语，两者所指不同。例（3）中的两个"张三"都是指称语，前一个"张三"不能做后一个"张三"的先行语，两者所指不同。

两个成分的所指是否相同，我们可以用索引（index）进行标注，索引相同是同指，索引不同是异指。标注的索引相同，也叫同标（co-index）。根据同标与成分统制，我们可以定义"约束（binding）"。例如：

（2）约束

　　A 约束 B，当且仅当，A 成分统制 B，并且 A 跟 B 同标。

比如说：

（3）a. 张三$_i$喜欢他自己$_i$。

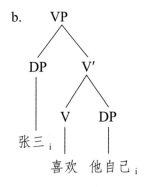

b.

在例（3）中，"张三"成分统制"他自己"，且彼此同标，如索引都是"i"，所以"张三"约束"他自己"。

名词性成分在使用的时候有个要求，即：照应代词要求先行语很近，一般代词要求先行语很远，指称语要求不能有先行语。精确的说法就是，照应代词、一般代词与指称语在句法上必须遵守约束三原则。例如：

（4）a. 约束原则 A：照应代词在局部语域内受约束。

　　　b. 约束原则 B：一般代词在局部语域内不受约束。

　　　c. 约束原则 C：指称语不受约束。

照应代词要在局部语域内受约束，否则会导致不合法。局部语域指的是所在子句或名词短语。例如：

（5）a. John criticized himself.

　　b. [John₁ criticized himself*₂/₁].

（6）a. John said Bill criticized himself.

　　b. John₁ said [Bill₂ criticized himself₂/*₁].

在例（5a）中，himself 必须以 John 为先行语，这就是因为例（5a）是 himself 的局部语域，如例（5b）。在例（6a）中，himself 只能以 Bill 为先行语，不能以 John 为先行语，这是因为所在子句 Bill criticized himself 为 himself 的局部语域，在该局部语域之内 himself 必受约束，如例（6b）。[...] 标记的是照应代词的局部语域，"1、2"是下标。又如：

（7）a. *Himself₁ likes him₁.

　　b. *He₁ likes herself₁.

　　c. *He₁ thinks that [Mary likes himself₁].

例（7a）中的 himself 在主语位置，得不到约束；如果将 him 强解为 himself 的约束者，也不行，因为跟 himself 同标的 him 并没有成分统制 himself。例（7b）中的 herself 不能受 he 约束，因为两者在性特征上并不相同，一个指男性，一个指女性，herself 在局部语域没有得到约束，所以不合法。例（7c）中的 himself 虽然受 he 的约束，但仍然不合法，这是因为作为先行语的 he 并不在 himself 的局部语域内，违反了约束原则 A。

一般代词在局部语域内不受约束，是说在该局部语域内，一般代词不受约束，但在该局部语域之外，它既可以受约束，也可以不受约束，很自由。例如：

（8）a. [John₁ criticized him₂/*₁].

b. John$_1$ said ［Bill$_2$ criticized him$_{*2/1}$］.

例（8a）中 him 的局部语域是整个句子，him 在该局部语域内不能受 John 约束，如索引 "1" 与 "2"，或带星号，或不同标。

例（8b）中 him 的局部语域是所在子句 Bill criticized him，him 在该局部语域中不能以 Bill 为先行语，如索引 "2"，但能够以 John 为先行语，如索引 "1"。又如：

（9）a. 张三$_i$说［李四$_j$批评他$_{i/*j/k}$］。

b. 张三$_i$，［他$_i$说李四去了南京］。

c. ［张三$_i$的母亲很关心他$_i$］。

例（9a）中 "他" 的局部语域是所在子句 "李四批评他"，"张三" 在该局部语域之外，"他" 在局部语域内不受 "李四" 约束，如索引 "j"，但可以受 "张三" 约束，如索引 "i"，也可以不受 "张三" 约束，如索引 "k"。例（9b）中 "他" 的局部语域是所在子句 "他$_i$说李四去了南京"，在该局部语域之外，"他" 可以受约束。例（9c）中 "他" 的局部语域是所在子句 "张三的母亲很关心他"，"张三" 虽然跟 "他" 同标，如索引 "i"，但不成分统制 "他"，所以 "他" 并不受 "张三" 约束。合适的句法约束理论只需要指出一般代词不能受什么约束，而不需要指出它必须受什么约束。在局部语域内，一般代词不能受约束，如例（9a）；但在局部语域外，它可以受约束，如例（9a）与例（9b）；一般代词的先行语也可以出现在一般代词的局部语域内，前提是遵守约束原则 B，如例（9c）。又如：

（10）a. *John$_1$ likes him$_1$.

b. *［Every student］$_1$ likes her$_1$.

c. ［Every student］$_1$ thinks that ［she$_{1/2}$ is smart］.

例（10a）违反了约束原则 B，因为 him 不能受局部语域内的

John 约束。例（10b）也违反了约束原则 B，因为 her 也不能受局部语域内的 every student 约束。例（10c）合法，因为 she 在局部语域即内嵌子句内不受约束，但可以在局部语域之外受 every student 的约束。

指称语是一般代词与照应代词之外的名词性成分，包括狭义的指称语与量化短语。狭义的指称语是语义类为 e 的名词性成分，量化短语是语义类为 <<e, t>, t> 的名词性成分。狭义的指称语的语义类也可以提升或处理为 <<e, t>, t>，所以狭义的指称语与量化短语在这里可不作区分，在句法上，它们的约束关系也表现相同。例如：

（11）a. John$_i$ loves his$_i$ mother.

　　　 b. The boy$_i$ loves his$_i$ mother.

（12）a. Everyone$_i$ loves his$_i$ mother.

　　　 b. Someone$_i$ loves his$_i$ mother.

　　　 c. Who$_i$ loves his$_i$ mother?

例（11）中的 John 与 the boy 是狭义指称语，例（12）中的 everyone、someone、who 都是量化短语，它们都可以约束 his。

指称语不受约束，是说不管在局部语域内，还是局部语域外，指称语都不能受约束。例如：

（13）a. *He$_1$ thinks that [[every student] $_1$/John$_1$ is tired].

　　　 b. * [Every student] $_1$ likes [every student] $_1$.

　　　 c. *John$_1$ likes John$_1$.

例（13a）中的 every student/John 受 he 约束，例（13b）中的 every student 受 every student 的约束，例（13c）中的 John 受 John 约束。这些例子都违反了约束原则 C。又如：

（14）a.* 他 $_i$ 以为 [我不喜欢张三 $_i$]。

b.* 他ᵢ以为［我不喜欢那个学生ᵢ］。

c.* 那个学生ᵢ以为［我不喜欢张三ᵢ］。

例（14）也违反了约束原则 C。例（14a）中的"张三"受"他"约束，例（14b）中的"那个学生"受"他"约束，例（14c）中的"张三"受"那个学生"约束。又如：

（15）a. 张三ᵢ的妈妈从来都不责备张三ᵢ。

b. 这个小孩ᵢ的妈妈一向都袒护这个小孩ᵢ。

例（15）不违反约束原则 C。尽管其中的"张三"跟"张三"同标，"这个小孩"跟"这个小孩"同标，但它们之间并没有成分统制的关系。

1.2　汉语中的"自己"

汉语的照应代词，如果是"他自己"的形式，大体上遵守约束原则 A；如果是光杆的形式，如"自己"，就相对复杂些。

（1）张三ᵢ知道［李四₂老批评他自己 *1/2/*3］。

（2）张三ᵢ知道李四₂认为［他自己 *1/2/*3 最聪明］。

（3）张三ᵢ知道［李四₂常在别人面前批评自己 1/2］。

（4）张三ᵢ相信李四₂认为［自己 1/2 的儿子最聪明］。

（5）这男人一定对自己有意思，不然为什么老往这儿看？

例（1）中的"他自己"在其局部语域内受约束，遵守约束原则 A。例（2）中的"他自己"在其局部语域内未受约束，违反了约束原则 A。例（3）中的"自己"不仅受局部语域中的"李四"约束，也受局部语域外的"张三"约束，"自己"受局部语域外的"张三"约束是对约束原则 A 的违反。例（4）中的"自己"在局部语域内不受约束，而是受局部语域外的"李四"与"张三"约束，这也违反了约束原则 A。例（5）中的"自己"不受约束，也是对约束原则 A 的违反。从英语来看，这里的"自己"

与"他自己"分别对应一般代词与照应代词：

例句	汉语	英语
（1）	他自己	himself
（2）	他自己	he
（3）	自己	himself / him
（4）	自己	he
（5）	自己	speaker

在局部语域内，"自己"不能替换为"他"。例如：

（6）a. 张三 $_1$ 喜欢自己 $_{1/*2}$。

　　　b. 张三 $_1$ 喜欢他 $_{*1/2}$。

为了让"自己"能够受长距离约束，常用的策略就是让它移位并能受先行语最近成分统制，如例（7b）：

（7）a. 张三 $_2$ 认为［李四批评自己 $_2$］。

　　　b. 张三 $_2$ 认为［自己 $_2$ 李四批评 t_2］。

"自己"移到内嵌子句的左侧，受"张三"成分统制并与"张三"同标，所以可以说"张三"约束"自己"。例（7a）中的"自己"不是在局部语域内受约束，所以这里的"自己"并非适用于约束原则 A 的照应代词。受制于约束原则 A 的"自己"是变量，不受制于约束原则 A 的"自己"是个算子，跟之前的算子 OP 类似。作为算子的"自己"可定义为：

（8）$\|$自己$\| = \lambda P \in D_{<e,\,t>}.\lambda x \in D_e.P(x)$

"自己"的语义类为 $<<e,\,t>,\,<e,\,t>>$，跟"批评"的语义类不匹配，"批评"的语义类是 $<e,\,<e,\,t>>$，所以"自己"会提升。例如：

（9）张三认为李四批评自己。

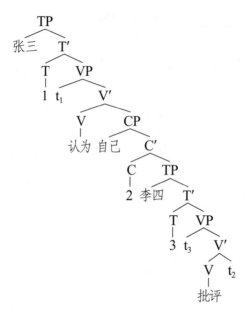

经过计算，相应的结果可表达为：

（10）a. ‖CP‖=λx. 批评 (x)(李四)

　　　b. ‖TP‖= 认为 (λx. 批评 (x)(李四))(张三)

例（10a）是内嵌句的语义，表达的是一种属性；例（10b）是整句的语义，表达的是一种涉己态度（de se attitude）。在涉己解读中，主要谓词如"认为"的补足语不是命题，而是属性，如"λx. 批评 (x)(李四)"，其语义类为 <e, t>。属性本无真假，但在句子中它可相对于某个人为真或为假。比如，"李四批评自己"这一属性相对于每一个受李四批评的人为真。认为李四批评自己，就是把受李四批评的属性归属于自身；张三认为李四批评自己，就是张三把受李四批评的属性归属于自身。

　　跟涉己相对的是涉物（de re），涉物也有译为涉实的。涉己说的是自己对自己的态度与信念，涉物说的是自己对他人的态度与信念。即使这个他人实际上就是他自己，涉物信念者也不知道。人们通常以照镜子来举例说明涉己态度与涉物态度的不同。

例如：

（11）城北徐公对着镜子说：

    a. "我真美。"

    b. "他真美。"

例（11a）表达的就是涉己态度，例（11b）表达的就是涉物态度，"他"是镜子中的那个人，镜子中的那个人其实是徐公自己，只是徐公不知道而已，因为他可能从未照过镜子，也不知道自己的真实形象。又如：

（12）a. 徐公说自己真美。

    b. 徐公说他真美。

例（12a）中的"自己"受"徐公"约束，表达的是涉己态度。例（12b）中的"他"可以受"徐公"约束，也可以不受"徐公"约束，在受"徐公"约束的情形下，表达的既可以是涉己态度，也可以是涉物态度；在不受"徐公"约束的情形下，表达的是涉物态度。例（12b）在表示涉己态度时，实际上是例（11a）的间接引语，如：

（13）a. 徐公说："我真美。"

    b. 徐公说他真美。

例（12b）在表示涉物态度时，实际上是例（11b）的间接引语，如：

（14）a. 徐公说："他真美。"

    b. 徐公说他真美。

在涉物解读中，信念者认为某一命题是真的；在涉己解读中，信念者（心照不宣地）认为某一属性属于他/她自己。所以，在涉物解读中，主要谓词的补足语是命题，而非属性。例如：

（15）张三相信他的裤子着了火。

  a.［λx. 相信 (x 的裤子着了火)(x)］(张三)

   = 相信 (张三的裤子着了火)(张三)

  b. 相信 (λx.x 的裤子着了火)(张三)

例（15a）是涉物解读，即张三相信某个人的裤子着了火，却不知道是自己的，是信念者与命题间的关系；例（15b）是涉己解读，即张三把裤子着火的属性归属于自身，是信念者与属性间的关系。这里的一般代词可用在涉物与涉己解读的语境。又如：

（16）a. 张三说［扒手偷了他的钱包］。

  b. 张三说［扒手偷了自己的钱包］。

例（16a）有涉物解与涉己解，例（16b）只有涉己解。

2. 语义上的约束

2.1　句法约束促使语义约束

语义上的约束跟句法上的约束不同，以下两个结构都满足句法上的约束要求，但只有例（1a）满足语义上的约束，而例（1b）不满足语义上的约束。

（1）张三 $_1$ 称赞自己 $_1$。

  a. 满足语义上的约束

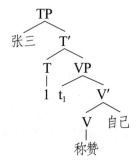

b. 不满足语义上的约束

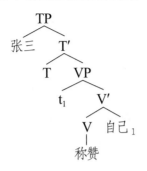

在句法上，例（1）中"自己"的局部语域是VP，"自己"在VP中跟 t 同标，且受 t 成分统制，所以"自己"受 t 约束，满足句法上的约束原则 A。两个结构的差别在于，例（1a）中的时制范畴 T 引入了索引，例（1b）中的时制范畴 T 没有引入索引。照应代词是个变量，在语义上需要受到约束。约束变量的是激发谓词抽象的索引。例（1a）中的"自己"能够受 T 下的索引"1"约束，例（1b）缺乏这样的索引，所以其中的"自己"在语义上不能获得约束。例（1a）通过语义计算可得到"称赞（张三）（张三）"，如：

（2）a. ‖VP‖＝称赞 $(x)(x)$

b. ‖T′‖＝λx 称赞 $(x)(x)$

c. ‖TP‖＝$[\lambda x$ 称赞 $(x)(x)]$（张三）＝称赞（张三）（张三）

例（1b）在计算到例（2a）之后，就没有办法继续进行计算了，这是因为例（1b）没有引进索引。

句法约束跟成分统制与同标有关，而语义约束跟激发谓词抽象的索引有关。以下是语义约束（semantic binding）的定义：

（3）语义约束

α 与 β 都是名词性短语，α 语义约束 β 当且仅当 β 与 α 的语迹受相同的索引约束。（Heim & Kratzer 1998: 263）

句法约束说的是成分统制与同标，语义约束说的是依赖关系。α 句法约束 β，是说它们之间有成分统制与同标关系。α 语义约束 β，是说它们之间有依赖关系，即 β 的语义值依赖于 α 的语义值。一般来说，只有变量的语义值才会依赖其他成分，像一般代词与反身代词都是变量，所以一般代词和反身代词都可以受约束，只是前者在局部语域内不受约束，后者在局部语域内必须受约束。在例（1）中，"自己"是反身代词，所以它的语义值要依赖于其他成分，如"张三"。但在局部语域如 VP 中，"自己"受语迹约束，获得相同的索引，经由变量赋值规则，两个索引被赋予相同的变量，如 x，所以"自己"的语义值在 VP 中得不到着落，如例（2a）；引进索引后，就有了 λ 算子约束变量，如例（2b）；例（2b）是个函数，没有真值，代入"张三"以后，得到命题，"张三"起着 λ 还原的作用，如例（2c）。

语义学上的约束要求约束关系要同时满足句法约束与语义约束，即满足"约束原则（Binding Principle）"：

（4）约束原则

　　α 与 β 都是名词性短语，β 有语音形式，α 在表层结构句法约束 β，当且仅当，α 在逻辑形式层面语义约束 β。

（Heim & Kratzer 1998：264）

句法上的约束发生在表层结构，语义上的约束发生在逻辑形式层面。如果 α 在句法上约束 β，那么 α 在逻辑形式层面也约束 β，反之亦然。句法约束与语义约束相辅相成，互为充分必要条件。

假定"自己"的局部语域为 VP，则例（1a）与例（1b）都满足句法上的约束关系。只有例（1a）引进了索引，这使得例（1a）还满足语义上的约束关系，因为索引"1"既约束"张三"的语迹，又约束"自己"。语义上的约束最直观的判断是看有没有索引，为了满足语义上的约束，约束者必须发生移位并引进索引，如例（1a），其中的索引"1"约束"张三"的语迹 t 与"自己"。在例（1a）中，"张三"与"自己"既然满足了句法约束与语义约束，自然也就遵守了约束原则。

约束原则要求同时满足语义约束与句法约束。为满足语义约束，可通过句法移位引进索引。根据之前的学习，我们可以认为语义学上的移位动因有两条：第一，语义类上的不匹配，激发了宾语移位；第二，为了获得语义约束，激发了主语移位。

在语义学中，不管是专有名词还是量化短语，它们只要对一般代词进行句法约束，在逻辑形式层面就都需要提升，唯有如此才能满足句法约束与语义约束，即遵守约束原则。例如：

（5）a. John$_1$ loves his$_1$ mother.

b. The boy$_1$ loves his$_1$ mother.

（6）a. Everyone$_1$ loves his$_1$ mother.

b. Someone$_1$ loves his$_1$ mother.

例（5）与例（6）都满足句法上的约束。对于 he（his）而言，它在所在的局部语域中是自由的，这里的局部语域是名词短语，如 his mother。在该局部语域之外，he 可以接受专有名词与量化短语等指称语的约束。为了满足约束原则，这些指称语还必须提升，以引进索引。例如：

（7）a. John 1 ［t$_1$ loves his$_1$ mother］.

b. The boy 1 ［t$_1$ loves his$_1$ mother］.

（8）a. Everyone 1 ［t$_1$ loves his$_1$ mother］.

b. Someone 1 ［t$_1$ loves his$_1$ mother］.

例（7）与例（8）中的一般代词满足约束原则。在句法上，这些一般代词受指称语约束；在语义上，这些一般代词也受指称语的约束，因为指称语的语迹与一般代词都受相同的索引约束。

在语义学理论中，狭义的指称语与量化短语没有实质性差异，都可以处理为广义量词。在句法学理论中，狭义的指称语与量化短语需要分别处理，前者为论元，后者为约束论元位置的算子，只有后者才有量化提升。例如：

（9）a. [Everyone₁ [t₁ loves his₁ mother]].

　　b. [Someone₁ [t₁ loves his₁ mother]].

例（9）是句法学中的量化提升，例（8）是语义学中的量化提升，两者的差别在于索引的位置。语义学将索引标在接受移位的范畴上，句法学将索引标在移位的成分上。标在移位的成分上的索引，语义规则看不见。

在句法学中，专有名词不需要提升；但在语义学中，为了约束变量，专有名词必须移位，如例（7a）。句法学区分专有名词跟量化短语，是因为它们在句法行为上有所不同。例如：

（10）a. 我看到他ᵢ的时候，张三ᵢ正在上网。

　　b.* 我看到他ᵢ的时候，每个人ᵢ都正在上网。

（11）a. 我们看到张三ᵢ的时候，他ᵢ正在上网。

　　b.* 我们看到每个人ᵢ的时候，他ᵢ正在上网。

例（10a）与例（11a）中的"他"跟"张三"同标，是碰巧，所以，"张三"不需要提升以约束"他"，这里的"他"为指称性代词（referential pronoun）。例（10b）与例（11b）中的"他"跟"每个人"同标，只能是约束，因为"每个人"的语义类跟"张三"不同，为 <<e, t>, t> 而非 e，这里的"他"为受约代词（bound pronoun）。例（10b）与例（11b）中的"每个人"必须提升以约束"他"，但这会违反约束原则，因为"每个人"在表层结构并不成分统制"他"。所以，例（10b）与例（11b）不合法。

所有的代词都是变量，受约代词被解释作受约变量，指称性代词被解释作自由变量。例如：

（12）a. 指称性代词

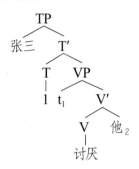

b. 受约代词

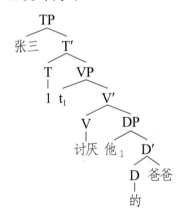

例（12a）中的代词为指称性代词，不能受"张三"约束，否则会违反约束原则 B。例（12b）中的代词既可以是指称性代词，也可以为受约代词，我们标记为受约代词。句子禁止自由变量。作为自由变量的指称性代词，必由语境赋值。

当代词受专有名词成分统制的时候，代词可以是受约代词，也可以是指称性代词。当代词受量化短语成分统制时，代词只能是受约代词。例如：

（13）a. 张三打他的驴子，李四也在打。

b. 所有的农夫都在打他的驴子，李四也在打。

对例（13a）而言，张三打的可以是自己的驴子，也可以是别人的驴子；李四打的也可以是自己的驴子，也可以是张三的驴子。对例（13b）而言，由于"他"受"所有的农夫"的约束，所以每个农夫只能打自己的驴子，李四打的也只能是自己的驴子。例（13a）中的"他"可以是受约代词，也可以是指称性代词；例（13b）中的"他"只能是受约代词。又如：

（14）a. <u>Pedro</u> beats <u>his</u> donkey, and Juan does, too.

b. <u>Every farmer</u> beats <u>his</u> donkey, and Juan does, too.

对例（14a）而言，Juan 打的可以是自己的驴子，如例（15a）；也可以是 Pedro 的驴子，如例（15b）。对例（14b）而言，Juan 打的只能是自己的驴子，如例（16）。

（15）a. Pedro 1 ［t_1 beats his$_1$ donkey］, and Juan 1 does ［~~t_1 beat his$_1$ donkey~~］, too.

b. Pedro 1 ［t_1［beats his$_1$ donkey］］, and Juan 2 does ［t_2 ［~~beat his$_1$ donkey~~］］, too.

c. Pedro 3 ［t_3 beats his$_1$ donkey］, and Juan 3 does ［~~t_3 beat his$_1$ donkey~~］, too.

d. Pedro 3 ［t_3 ［beats his$_1$ donkey］］, and Juan 2 does ［t_2 ［~~beat his$_1$ donkey~~］］, too.

（16）a. Every farmer 1 ［t_1 beats his$_1$ donkey］, and Juan 1 does ［~~t_1 beats his$_1$ donkey~~］, too.

b.*Every farmer 1 ［t_1 ［beats his$_1$ donkey］］, and Juan 2 does ［t_2 ［~~beats his$_1$ donkey~~］］, too.

在例（15a）中，删略部分的 his 受约于 Juan，这是索引"1"

决定的；在例（15b）中，删略部分的 his 在所在小句中为自由变量，这是索引"1"与"2"不同标造成的，但在语境中获得 Pedro 解。例（15c-d）的第一个分句中的代词是指称性代词，指称 Pedro 之外的人，如 Bill，那么 Juan 打的也是 Bill 的驴子。在例（16a）中，删略部分的 his 仍然受约于 Juan，这是索引"1"决定的；在例（16b）中，删略部分的 his 在所在分句中也是自由变量，这是索引"2"决定的，但由于 every farmer 是量化短语，所以该 his 无法在前一分句中获得解。

删略操作要遵守"逻辑形式等同限制"，即：两个成分只有在逻辑形式层面上等同，其中一个才能在 PF 层面上删略。例（15a）删的是 t_1 beats his_1 donkey，例（15b）删的是 beats his_1 donkey，都能遵守逻辑形式等同限制。例（16）也能遵守逻辑形式等同限制，只是例（16b）删略部分中的 his 无法从前一分句中获得解。

2.2 受约变量需要句法约束

2.2.1 弱跨越效应

语义约束的前提是句法约束，如果违反句法约束，句子就会不合法。换言之，如果在逻辑形式层面将代词解释为受约变量，那么它在表层结构必须受约束。

（1）他的女朋友喜欢每一个演员。

　　a. * 他 $_2$ 的女朋友喜欢［每一个演员］$_2$。

　　b. 他 $_3$ 的女朋友喜欢［每一个演员］$_2$。

例（1）比较合理的解释是有一个语境中存在的特定的人，那个人的女朋友喜欢所有的演员，如例（1b）；而不是所有的演员都被他们各自的女朋友喜欢，如例（1a）。也就是说，对例（1）而言，"每一个演员"与"他"同标的解读不合适。这可从语义学上进行解释。

第一，从代词的角度看，"他"不受"每一个演员"的句法约束。因为在表层结构中，"他"并不受"每一个演员"成分统制，没有成分统制关系，也就没有约束关系。例（1a）遵守约束原则 B，按理合法，但实际上不合法。

第二，从指称语的角度看，"每一个演员"也不受"他"的句法约束。因为在表层结构中，"他"并不能成分统制"每一个演员"，没有成分统制关系，也就没有约束关系。例（1a）遵守约束原则 C，按理合法，但实际上也不合法。

第三，从逻辑形式层面看，倒可以让例（1）中的"每一个演员"语义约束"他"。因为"每一个演员"在宾语位置，根据语义类的驱动，它在逻辑形式层面必须提升。在逻辑形式层面引进索引"2"，该索引可以约束"每一个演员"的语迹 t_2 与"他$_2$"，所以，"每一个演员"可以语义约束"他"。例如：

（2）* 他$_2$ 的女朋友喜欢［每一个演员］$_2$。

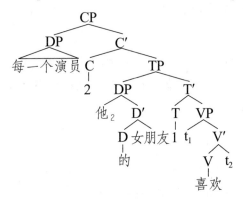

但由于句法约束是语义约束的前提，在表层结构中"他"不受"每一个演员"的成分统制，"每一个演员"也不受"他"的成分统制，所以，例（2）不是例（1）的逻辑形式。也就是说，它们并不满足句法上的约束要求。所以，例（1a）不合法。

"每一个演员"在例（2）中跨越了一个与它同标的代词，这在句法学中叫跨越现象（crossover），造成解读不自然。跨越现象分强跨越（strong crossover）与弱跨越（weak crossover）。弱跨越是跨越一个同标但不成分统制它的代词。例（2）在句法学中可表达成例（3b）：

（3）a.* 他 $_2$ 的女朋友喜欢［每一个演员］$_2$。

　　　b.*［每一个演员］$_2$［他 $_2$ 的女朋友喜欢 t$_2$］。

例（1）中的量化短语"每一个演员"因为语义类的原因，必须移位，但它不一定非得移到 TP 之上。根据谓词短语内部主语假设，它也可以移到 VP 之上。例如：

（4）他 $_3$ 的女朋友喜欢［每一个演员］$_2$。

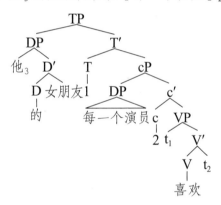

在例（4）中，"他"既不受"每一个演员"的句法约束，也不受"每一个演员"的语义约束，所以"他"是一个指称性代词，而不是受约代词。受约代词的解，由约束者（binder）规定；指称性代词的解，由语境指派。所以，例（4）的解读是，语境中的一个特定的人的女朋友喜欢每一个演员。

2.2.2　强跨越效应

在弱跨越效应中，代词在表层结构没有成分统制量化短语。在强跨越效应中，代词在表层结构成分统制量化短语，如例（1a）。

（1）他喜欢每一个演员。

　　　a.* 他 $_2$ 喜欢 每一个演员 $_2$。

      b. 他 $_3$ 喜欢 每一个演员 $_2$。

例（1）可以直接从约束原则 C 的角度进行解释。在表层结构，例（1a）中的"每一个演员"受"他"约束，违反了约束原则 C，所以不合法；例（1b）中的"他"与"每一个演员"都不受约束，不违反约束原则，所以合法。

      在句法学中，例（1a）中的"每一个演员"作为量化短语必须量化提升，最后跨越"他"提升到 TP 之上。例如：

      （2）*每一个演员 $_i$ [$_{TP}$ 他 $_i$ 喜欢 t_i]。

在例（2）中，"每一个演员"成分统制"他"，并且在"他"的局部语域之外，所以"他"可以受"每一个演员"约束，即同标；t 是"每一个演员"的语迹，也可以同标。按理例（2）应该合法，但实际上并不合法，这是因为句法学认为量化提升留下的语迹 t 也是指称语。作为指称语的语迹 t，像有语音的指称语一样，也不能受约束，但它在例（2）中受"他"约束，所以不合法。

      例（2）是从句法学的角度分析的，从语义学来看，也是这样。"他"在表层结构中不受"每一个演员"的约束，在逻辑形式层面也不能受"每一个演员"约束。例如：

      （3）a. 表层结构   b. 逻辑形式结构

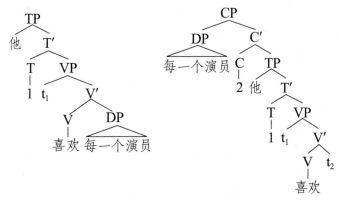

在例（3a）中，"他"成分统制"每一个演员"，自然不会受

"每一个演员"的约束。在例（3b）中，"他"与"每一个演员"的语迹也不能受相同的索引约束，否则会违反语义学的约束原则。

2.2.3　同指

句法约束要求所有的指称语都不能被约束，但是有些情况下这条规则似乎可以被违反。比如：

（1）A：谁喜欢张三？

　　　B：张三$_1$喜欢张三$_1$。

在例（1）中，主语位置的"张三"成分统制宾语位置的"张三"，而且两个"张三"同标，这违反了句法约束。假定在逻辑形式层面"张三喜欢张三"具有如下结构：

（2）张三$_1$喜欢张三$_1$。

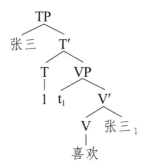

（3）张三$_1$喜欢张三$_2$。

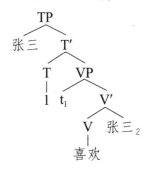

例（2）违反了约束原则，因为"张三"在句法上不能受约束，当然也就不能受 t 约束。例（3）并不违反约束原则 C，因为"张三"跟 t 不同标。例（1）中两个"张三"同指，只是凑巧而已，对于听话人来说，这种解读是很费事的。

3. 语义解释

3.1 约束代词的专有名词

为满足约束原则，"张三称赞自己"中的"张三"必须移位到 T 的指示语位置，并引进索引"1"。索引"1"在语义上约束"张三"的语迹 t 与"自己"，所以"张三"在语义上约束"自己"。在句法上，"张三"也约束"自己"。例如：

（1）张三称赞自己。

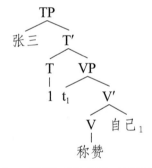

在 VP 节点，谓词"称赞"的两个论元都被自由变量填充；在 T′ 节点，谓词抽象后"称赞 (m)(m)"中的两个自由变量都被同一个 λ 算子约束；所以在 TP 节点，这两个变量被相同的值取代。例（1）的词项信息和变量赋值如下：

（2）‖称赞‖ $= \lambda y.\lambda x.$ 称赞 $(y)(x)$

　　　‖张三‖ = 张三

　　　$g(1) = m$

　　　‖自己$_1$‖$^g = g(1) = m$

　　　‖t_1‖$^g = g(1) = m$

由此，我们很容易计算出例（1）的语义来，如为"称赞（张三）（张三）"。

在"张三讨厌他的父亲"中，"张三"成分统制"他"，而且"张三"可以与"他"同标，因此在句法上"张三"可以约束"他"。如果一个代词和专有名词同标，我们通常认为两者同指一个个体。在语义上，"他"可以理解为受约代词与指称性代词。例如：

（3）a. "他"为受约代词

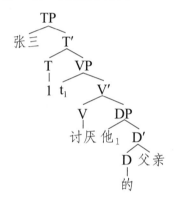

b. "他"为指称性代词

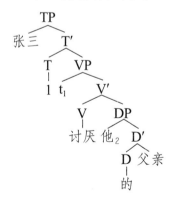

在例（3a）中，"张三"移到 T 的指示语位置，引入索引"1"，并在动词短语内部的主语位置留下一个语迹 t。在句法上，"他"可以受 t 约束，所以 t 也与"他"同标，都为"1"。索引与语迹 t、"他"同标，所以语迹 t 与"他"都受索引"1"约束。在（3b）中，"他"跟语迹 t 不同标，索引"1"只约束"张三"的语迹，而不约束"他"。根据约束原则，"他"不受"张三"约束。"他"作为变量，只能依靠语境 c 赋值，在第一种语境中是李四，在第二种语境中是王五，在第三种语境中是张三。例如：

（4）a. g_{c1} = ［ z → 李四 ］

b. g_{c2} = ［ z → 王五 ］

c. g_{c3} = ［ z → 张三 ］

（5）a. ［ 张三 讨厌 z 的父亲 ］^{gc1} = 张三讨厌李四的父亲

b. ［ 张三 讨厌 z 的父亲 ］^{gc2} = 张三讨厌王五的父亲

c. ［ 张三 讨厌 z 的父亲 ］^{gc2} = 张三讨厌张三的父亲

在第三种语境中，赋值函数 g 正好将"张三"指派给了"他"，这时获得的是"他"与"张三"的同指解读。

3.2 约束代词的量化短语

照应代词在句法上受约束，这意味着它跟先行语同指，即继承先行语的指称。但当先行语是量化短语时，照应代词并不能继承先行语的指谓。例如：

（1）a. 林黛玉称赞自己。

b. 称赞 (林黛玉)(林黛玉)

（2）a. 有的女人称赞自己。

b. ∃z ［ 女人 (z) ∧ 称赞 (z)(z) ］

"自己"的语义类为 e，"林黛玉"的语义类是 e，"有的女人"的语义类是 <<e, t>,t>。从语义类的角度看，例（1a）中的"自己"的解就是"林黛玉"的指谓，如例（1b）；例（2a）中的"自己"的解不能是"有的女人"的指谓，如例（2b）。

量化短语，并非狭义的指称语，照应代词无法与之共指。所以，文献上将照应代词与量化短语的关系看作一种约束关系，即例（2）中的"有的女人"约束"自己"。例如：

（3）有的女人称赞自己。

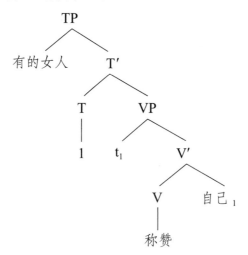

在例（3）中，"有的女人"提升到 TP 指示语的位置，并引入索引"1"。索引"1"与"有的女人"的语迹 t 同标，索引"1"约束"有的女人"的语迹 t；"有的女人"的语迹 t 在句法上约束"自己"，所以它们也同标。最后的结果是索引、"有的女人"的语迹与"自己"，三者都同标，所以索引"1"约束"有的女人"的语迹与"自己"。根据语义约束，"有的女人"语义约束"自己"。例（3）符合约束原则，相应的词项信息和变量赋值如下：

（4）$\|称赞\| = \lambda y.\lambda x.$ 称赞 $(y)(x)$

$\|有的\| = \lambda P.\lambda Q.\exists z\, [\, P(z) \wedge Q(z)\,]$

$\|女人\| = \lambda r.$ 女人 (r)

$g = [\, 1 \rightarrow m, 2 \rightarrow n\,]$

$g(1) = m$

$\|自己_1\|^g = g(1) = m$

$$\|t_1\|^g = g(1) = m$$

由此我们很容易计算出例（2）的语义来。

照应代词也可以内嵌于名词短语之中，比如说"一本关于自己的书"中的"自己"。其中的代词如果是受约代词，也必须满足句法约束与语义约束。所以，"一本关于自己的书"只能提升到 VP 之上。例如：

（5）有的女人买了一本关于自己的书。

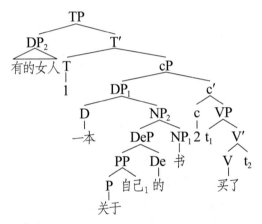

例（5）的词项信息和变量赋值如下：

（6）词项信息：

$$\|买了\| = \lambda y.\lambda x. \ 买 \ (y)(x)$$

$$\|有的\| = \lambda P.\lambda Q.\exists z \ [\ P(z) \wedge Q(z)\ ]$$

$$\|女人\| = \lambda r. \ 女人 \ (r)$$

$$\|一本\| = \lambda P\lambda Q.\exists u \ [\ P(u) \wedge Q(u)\ ]$$

$$\|关于\| = \lambda u.\lambda v. \ 关于 \ (u)(v)$$

$$\|书\| = \lambda w. \ 书 \ (w)$$

（7）变量赋值：

$$g(1) = m$$

$$g(2) = n$$

$$\|t_1\|^g=g(1)=m$$

$$\|t_2\|^g=g(2)=n$$

$$\|自己_1\|^g=g(1)=m$$

我们先计算"一本关于自己的书"和"有的女人"的语义，假定其中的"的"为隐义词：

（8）$\|PP\|^g=\|关于\|^g(\|自己_1\|^g)$

　　$=[\lambda u.\lambda v.\ 关于\ (u)(v)]\ (m)$

　　$=\lambda v.\ 关于\ (m)(v)$

　　$\|DeP\|^g=\|PP\|^g$

　　$=\lambda v.\ 关于\ (m)(v)$

　　$\|NP_1\|^g=\|书\|^g$

　　$=\lambda w.\ 书\ (w)$

　　$\|NP_2\|^g=[\lambda t\ [\|PP\|^g(t)\wedge\|NP_1\|^g(t)]\ ]$

　　$=\lambda t\ [\ [\lambda v.\ 关于\ (m)(v)]\ (t)\wedge[\lambda w.\ 书\ (w)]\ (t)]$

　　$=\lambda t\ [关于\ (m)(t)\wedge 书\ (t)]$

　　$\|DP_1\|^g=\|D\|^g(\|NP_2\|^g)$

　　$=\lambda P\lambda Q.\exists u\ [P(u)\wedge Q(u)]\ (\lambda t\ [关于\ (m)(t)\wedge 书\ (t)])$

　　$=\lambda Q.\exists u\ [\ [\lambda t\ [关于\ (m)(t)\wedge 书\ (t)]\ ]\ (u)\wedge Q(u)]$

　　$=\lambda Q.\exists u\ [关于\ (m)(u)\wedge 书\ (u)\wedge Q(u)]$

　　$\|DP_2\|^g=\|有的\|^g(\|女人\|^g)$

　　$=\lambda P.\lambda Q.\exists z\ [P(z)\wedge Q(z)]\ (\lambda r.\ 女人\ (r))$

　　$=\lambda Q.\exists z\ [\ [\lambda r.\ 女人\ (r)]\ (z)\wedge Q(z)]$

　　$=\lambda Q.\exists z\ [女人\ (z)\wedge Q(z)]$

接着计算 TP 的语义：

（9）$\|V'\|^g=\|V\|^g(\|t_2\|^g)$

　　$=\|买了\|^g\ (n)$

　　$=[\lambda y.\lambda x.\ 买\ (y)(x)]\ (n)$

$=\lambda x.$ 买 $(n)(x)$

$\|VP\|^g = \|V'\|^g (\|t_2\|^g)$

$= \lceil \lambda x.$ 买 $(n)(x) \rfloor (m)$

$=$ 买 $(n)(m)$

$\|c'\|^g = \lambda g(2) \|VP\|^g$

$=\lambda n.$ 买 $(n)(m)$

$\|cP\|^g = \|DP_1\|^g (\|c'\|^g)$

$=\lambda Q.\exists u \lceil$ 关于 $(m)(u) \wedge$ 书 $(u) \wedge Q(u) \rfloor (\lambda n.$ 买 $(n)(m))$

$= \exists u \lceil$ 关于 $(m)(u) \wedge$ 书 $(u) \wedge \lceil \lambda n.$ 买 $(n)(m) \rfloor (u) \rfloor$

$= \exists u \lceil$ 关于 $(m)(u) \wedge$ 书 $(u) \wedge$ 买 $(u)(m) \rfloor$

$\|T'\|^g = \lambda g(1) \|cP\|^g$

$=\lambda m. \exists u \lceil$ 关于 $(m)(u) \wedge$ 书 $(u) \wedge$ 买 $(u)(m) \rfloor$

$\|TP\|^g = \|DP_2\|^g (\|T'\|^g)$

$=\lambda Q.\exists z \lceil$ 女人 $(z) \wedge Q(z) \rfloor (\lambda m. \exists u \lceil$ 关于 $(m)(u) \wedge$ 书 (u) $\wedge$ 买 $(u)(m) \rfloor)$

$=\exists z \lceil$ 女人 $(z) \wedge \lceil \lambda m. \exists u \lceil$ 关于 $(m)(u) \wedge$ 书 $(u) \wedge$ 买 (u) $(m) \rfloor \rfloor (z) \rfloor$

$=\exists z \lceil$ 女人 $(z) \wedge \exists u \lceil$ 关于 $(z)(u) \wedge$ 书 $(u) \wedge$ 买 $(u)(z) \rfloor \rfloor$

通过计算，例（5）的语义是，至少存在一个 z，使得 z 是女人，并且存在 u，使得 u 是书，并且 u 是关于 z，z 买 u。

4. 本章结语

句法上的约束跟成分统制与同标有关；语义上的约束跟索引有关，由索引引进的 λ- 算子约束指称语的语迹，由于指称语的语迹在句法上约束代词，所以索引既约束了指称语的语迹，又约束了由指称语语迹所约束的代词。句法上的约束要遵守约束三原则。语义上的约束，不管是专有名词还是量化短语，它们只要对代词进行约束，都需要在逻辑形式层面进行提升，即句法约束促使语义约束。语义约束的前提是句法约束，如果违反句法约束，句子就会不合法，即受约变量需要句法约束，如各种跨越效应。

◢ 推荐阅读

程　工　1994 生成语法对汉语"自己"一词的研究，《国外语言学》第 1 期。

程　工　1994 汉语"自己"一词的代词性，《现代外语》第 3 期。

黄正德，李艳惠，李亚非　2023《汉语句法学》（第九章 9.1—9.2 节），张和友译，北京：商务印书馆。

夏登山，郭洁 2019《汉语长距离反身代词》，上海：学林出版社。

熊仲儒 2013《当代语法学教程》（第七章第一节），北京：北京大学出版社。

◢ 练习

1. 解释下面句子的语法性。

（1）* 自己$_i$的书，李四$_i$都睡着了。

（2）[自己$_i$的书]$_j$，张三$_i$不想看 e$_j$。

2. 解释下面句子的语法性。

（1）张三$_i$说张三$_j$批评张三$_{k/*i/*j}$。

（2）* 他$_i$不认识张三$_i$。

（3）* 张三$_i$，他$_i$不认识 e$_i$。

3. 为什么主语位置的 every diver 要量化提升（Heim & Kratzer
   1998）？

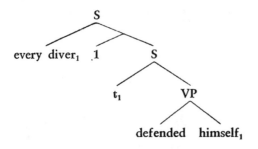

4. 根据以下变量赋值与相应词条，计算"张三称赞自己"的语义。

$\|自己_1\|^g = x$

$\|t_1\|^g = x$

$\|称赞\| = \lambda m \lambda n\ 称赞\ (m)(n)$

$\|张三\| = 张三$

5. 调查下例 b 句的意义，并说说为什么[①]。

（1）a. 每个人都喜欢自己。

    b. 只是张三不喜欢。

（2）a. 张三不喜欢关于自己的谣言。

    b. 李四也不喜欢。

6. 翻译以下材料，了解 wh- 短语与量化短语的显性或隐性提升都
   会造成跨越效应。[②]

   It seems to be a fact of natural language that an operator
   cannot felicitously bind a given variable if it has to "cross over" it
   on its way to its scope position. The examples in (1)–(2) illustrate

---

① Otani, K. & J. Whitman. 1991. V-Raising and VP-Ellipsis. *Linguistic Inquiry* (22): 345–358.

② Agüero-Bautista, C. 2012. Team Weak Crossover. *Linguistic Inquiry* (43): 1–41.

this fact.

(1) a. *Who$_i$ does he$_i$ love t$_i$?

    b. *He$_i$ loves every student$_i$.

(2) a. *?Who$_i$ does his$_i$ mother love t$_i$?

    b. *?His$_i$ mother loves every student$_i$.

The deviance of (1a–b), under the intended interpretation, is stronger than that of (2a–b). After Postal (1971) and Wasow (1979), researchers have used the terms strong crossover (SCO) and weak crossover (WCO) to refer to the phenomena in (1) and (2), respectively. The terms are mnemonics for the difference in deviance between the two pairs.

7. 请解释以下句子为什么合法与不合法。

（1）a. Everyone$_i$ loves his$_i$ mother.

    b. Everyone$_i$'s mother loves him$_i$.

    c. *His$_i$ mother loves everyone$_i$.

    d. *He$_i$ loves everyone$_i$'s mother.

（2）a. Someone$_i$ loves his$_i$ mother.

    b. Someone$_i$'s mother loves him$_i$.

    c. *His$_i$ mother loves someone$_i$.

    d. *He$_i$ loves someone$_i$'s mother.

8. 请描述以下现象，并作解释。

（1）a. The woman he$_i$ loved betrayed John$_i$.

    b. His$_i$ professor criticized John$_i$.

    c.*Who$_i$ did the woman he$_i$ loved betray t$_i$?

    d.*Who$_i$ did his$_i$ professor criticize t$_i$?

（2）a. Someone$_i$ was betrayed by the woman he$_i$ loved.

    b. Every professor$_i$ criticized his$_i$ student(s).

    c.*The woman he$_i$ loved betrayed someone$_i$.

    d.*His$_i$ professor criticized every student$_i$.

9. 解释下列句子的合法与不合法。

（1）［每个学生］$_i$都喜欢他$_i$的老师。

（2）*他$_i$的老师喜欢［每个学生］$_i$。

（3）张三$_i$，他$_i$说李四走了。

（4）*张三$_i$，他$_i$说李四看见了 t$_i$。

10. 为下列句子指派逻辑形式结构，并计算各句的语义。

（1）张三$_i$希望李四喜欢他$_i$。

（2）张三$_i$很想念他$_i$的母亲。

（3）张三$_i$的母亲很担心他$_i$。

（4）我们看到张三$_i$的时候，他$_i$正在上网。

（5）我看到他$_i$的时候，张三$_i$正在上网。

11. 为下列各句指派逻辑形式，并计算其语义。

（1）每个人$_i$都想李四喜欢他$_i$。

（2）每个人$_i$都爱他$_i$的妈妈。

（3）每个孩子$_i$都喜欢自己$_i$的妈妈。

（4）所有男人$_i$都喜欢那个爱他$_i$的女人。

（5）No woman$_i$ blamed herself$_i$.

（6）No woman$_i$ bought a book about herself$_i$.

12. 请根据下列信息计算 No woman blamed herself 的语义。

（1）$\|no\| = \lambda P.\lambda Q.\neg.\exists y\,[\,P(y)\wedge Q(y)\,]$

（2）$\|herself\| = \lambda P.\lambda z.\,[\,P(z)(z)\,]$

13. 请计算"张三喜欢踢那只驴子"的语义。

14. 请根据下图计算"有的女人买了一本关于自己的书"的语义。

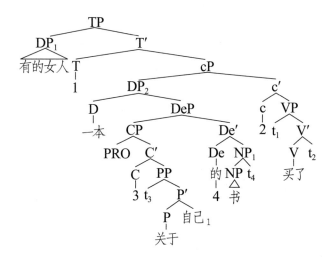

第八章　无定短语

约束原则要求语义约束与句法约束必须同时满足，但随着研究的深入，人们发现句子中的无定短语可以跨句约束代词，这表明句法约束可以不必满足，因为跨句在句法上很难满足成分统制关系。此外，我们一直将无定短语当作存在性量化短语，而事实上，它的量化语力可以随语境的变化而变化，有时有存在解读，有时有全称解读，甚至还可以有别的量化解读。处理的办法是，不再将无定短语当作量化短语，让无定短语的量化语力由语境提供，它自身虽然不能约束跨句的代词，但引进的量词可以约束跨句的代词。

1. 无定短语的问题

我们之前将无定短语解释为具有存在义的量化短语，将代词解释为受约变量。受约变量表明该变量存在于某量词的辖域内并受其成分统制，但有些句子中的代词在没有受到量词成分统制的情况下，却也是受约变量。例如：

（1）a. A man$_1$ came in. He$_1$ sat down.

　　　b. If a farmer$_i$ owns a donkey$_j$, he$_i$ beats it$_j$.

约束的前提是成分统制。例（1a）中 a man 在句法上并不成分统制 he，而在语义上 he 却受到 a man 的约束。例（1b）中的 a farmer 与 a donkey 在句法上也都不能成分统制 he 与 it，但后者在语义上却受到前者的约束。按上一章的方案，例（1a）需要指派如下结构：

（2）A man₁ came in. He₁ sat down.

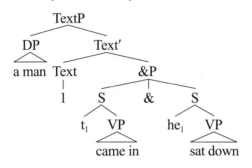

在例（2）中，a man 可以通过索引"1"约束 he；但在句法中，这是两个独立的子句，a man 跟 he 同标但不能成分统制 he，不满足句法上的约束要求。例（1b）也是如此。以成分统制为基础的约束理论无法解决（1）中的约束问题。这里的约束实际上是依存关系或照应关系。

例（1）是句群与复句，不满足约束要求似乎也说得通，但实际上，即使是单句，也不一定能满足约束要求。例如：

（3）Someone from every city despises it.

例（3）比较可行的解读是"每个城市都有人鄙视这个城市"，即 PP 中的补足语 every city 要取宽域。要得到这样的解释，就要使 every city 提升到比 someone 更高的位置上去，其可能结果是：或在 DP 之上，如例（4a）；或在 TP 之上，如例（4b）。

（4）a. every city 移到 DP 之上

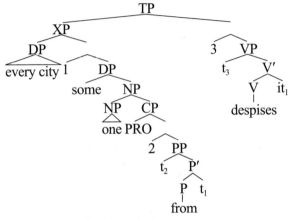

b. every city 移到 TP 之上

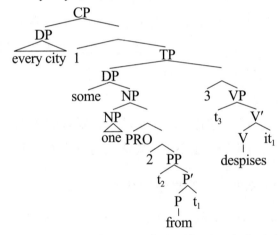

这两个结构都符合谓词短语内部主语假设，但都有其他问题。

第一，自然语言禁止不受语义约束的受约变量。在例（4a）中，索引"1"不能成分统制 it，也就不能约束 it，it 得不到语义约束，不能获得和 every city 同标的解读。所以例（4a）不合法。

第二，自然语言禁止违反语义上的约束原则。在例（4b）中，索引"1"成分统制 it，所以，它可以约束 it，根据语义约束的定义，every city 也能够语义约束 it。不过，在表层结构中，every city 并不能句法约束 it。也就是说，例（4b）并不符合语义上的约束原则。

更重要的是，无定短语并没有固定的语义。例（1a）中的 a man 取存在解，例（1b）中的 a farmer 与 a donkey 取全称解。例如：

（5）a. $\exists x \left[\, man(x) \wedge come\text{-}in(x) \wedge sit\text{-}down(x)\,\right]$

b. $\forall x \forall y \left[\,\left[\, farmer(x) \wedge donkey(y) \wedge own(y)(x)\,\right] \to beat(y)(x)\,\right]$

例（1b）叫驴子句（donkey sentence）。驴子句的语义解释说明无定短语本身不具有固定的量化语力，对它所进行的语义解释会随着语境的变化而变化。

除了量化语力不同之外，无定短语跟量化短语在约束代词上也呈现出很大的差异。在相同的语境中，无定短语可以约束后续的代词，而量化短语不能约束后续的代词。例如：

（6）a. 十年前我教过一个好学生$_i$，最近他$_i$来找了我。

b.* 十年前我教过每一个好学生$_i$，最近他$_i$来找了我。

（7）a. 我看到一个人$_i$的时候，他$_i$正在吃饭。

b.* 我看到每个人$_i$的时候，他$_i$正在吃饭。

（8）a. 如果你找到一个新朋友$_i$，请把他$_i$介绍给我。

b.* 如果你找到每一个新朋友$_i$，请把他$_i$介绍给我。

量化短语不能约束后续的代词，是因为在表层结构中它们并不能句法约束后续代词，如例（6—8）中的 b 句。无定短语如果也是量化短语，则不好解释它为什么约束后续代词，如例（6—8）中的 a 句。本章将论证无定短语并非量化短语。

2. 无定短语的解读

2.1　插入存在量词

在处理广义量词的时候，我们曾引进三分枝结构，即将包含广义量词的句子的语义表达处理成量词及其左元、右元三部分。这主要是因为量词有两类，一类是限定词，可称为量化限定词；

另一类是副词，可称为量化副词。量化限定词跟名词性短语组合成广义量词，量化副词无法跟名词性短语构成广义量词。为统一描述句子的语义，常采用三分枝结构，即语义表达式由算子、限制部分与核心域组成。例如：

（1）

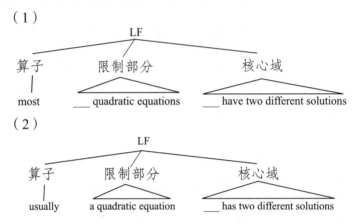

例（1）中的 most 是量化限定词，量化的是个体。例（2）中的 usually 是量化副词，量化的通常是事件（event），但也可以量化个体，量化个体时发挥着跟量化限定词相同的作用。在三分枝结构中，量化副词不是跟动词性短语组合，量化限定词也不是跟名词性短语组合，而是将这两种量词都处理为算子，各自所修饰的成分与剩余部分都被处理为它的论元。其中限制部分对应于句子的话题或预设部分，核心域对应于句子的述题或焦点部分，我们在下一章再说跟预设与焦点相关的内容。例（1）与例（2）的语义表达式可表达为例（3）：

（3）a. most x［x is a quadratic equation］［x has two different solutions］

　　b. usually x［x is a quadratic equation］［x has two different solutions］

例（3）中的变量 x 是由无定短语引进的。

无定短语没有固定的量化语力，我们可以假定它并非广义量词，其中的数量词如"一头"等也并非存在量词。要约束相关变量，只能靠相关算子。例如：

（4）张三买了一头驴子。

    a. 移出无定短语

    b. 插入存在量词

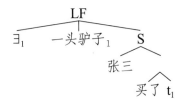

例（4a）将无定短语从宾语位置移出，并带上跟语迹相同的索引"1"，这是一种句法操作，也可当作语义中的成分提升，只是索引的位置跟原来不同，前面的章节索引进行谓词抽象。例（4a）中索引的作用不在于谓词抽象，而是引进变量。因为这个索引是由无定短语移位引进的，所以通俗的说法就是，无定短语引进变量。例（4b）是插入一个存在量词，以约束相关无定短语所引进的变量。对存在量词而言，不区分限制部分与核心域也行，因为"一头驴子$_1$"与"张三买了t_1"将构成合取式，合取式具有对称性。例（4b）是三分枝的逻辑形式，涉及如下步骤：

第一步，将句子内部的无定短语从动词的论元位置移出，无定短语移出之后会在原地留下标有索引的语迹，如"t_1"。例如：

（5）移出无定短语

　　这种移位是由语义类不匹配激发的，无定短语的语义类是 <e, t>，而"买"的语义类是 <e, <e, t>>。变量（语迹）与专有名词的语义类都是 e，能跟语义类为 <e, <e, t>> 的及物动词"买"进行语义计算。例（5）的语义计算如下：

（6）$g = \{ [1 \rightarrow m], [2 \rightarrow n] \}$

　　　$\| t_1 \|^g = m$

　　　$\| 买 \| = \lambda x. \lambda y.$ 买 $(x)(y)$

　　　$\| 张三 \| = 张三$

　　　$\| S \|^g = \| 买 \|^g (\| t_1 \|^g)(\| 张三 \|^g)$

　　　　　$= [\lambda x. \lambda y.$ 买 $(x)(y)] (m)(张三)$

　　　　　$=$ 买 $(m)(张三)$

　　第二步，将移出的名词短语嫁接到合适的位置，并带上跟其语迹相同的下标，例如：

（7）嫁接到合适位置

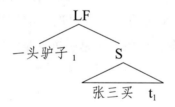

例（7）中的"一头驴子"带上跟它语迹 t_1 相同的下标，这跟句法学的操作相同。"一头驴子"中"一头"不是存在量词，可假定它是隐义词，对语义没有贡献。"一头驴子"后边的下标很重要，是语义类为 e 的变量，充当名词的论元。例如：

（8）$\| 驴子 \| = \lambda x$ 驴子 (x)

　　　$\| 一头驴子_1 \|^g = \| 驴子_1 \|^g$

　　　　　$= \| 驴子 \|^g (\| 1 \|^g)$

　　　　　$= [\lambda x$ 驴子 $(x)] (g(1))$

$$= \lceil \lambda x\ 驴子\ (x) \rceil\ (m)$$

$$= 驴子\ (m)$$

例（8）表明"一头驴子"的语义为"驴子 (m)"。这个语义表达式让学者们认为，无定短语的语义功能是向篇章引入话语指称（discourse referent）。即在"驴子 (m)"中，m 是话语指称，"驴子"是 m 的制约条件。

第三步，插入存在量词，对变量进行约束。"一头驴子"是无定短语，本身没有量化语力，即并非存在性广义量词，又引进了自由变量，如"驴子 (m)"中的 m。为约束无定短语所引进的变量 m，需要插入存在量词。我们可以将存在量词嫁接在 LF 上，量词也要带上跟它所约束成分相同的下标，如"1"：

（9）插入存在量词

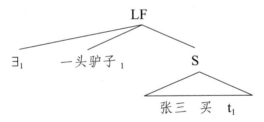

存在量词是二元谓词，假如所有的算子都只能嫁接于其论元的姐妹节点位置的话，则只能产生例（9）这样的三分枝形式的逻辑形式。语义计算如下：

（10）$\|$张三买了一头驴子$\|^g$

$$=\|\exists_1\|^g\ (\|一头驴子_1\|^g)(\|S\|^g)$$

$$=\exists m\lceil 驴子\ (m)\rceil\lceil 买\ (m)(张三)\rceil$$

存在量词的限制部分与核心域具有合取关系，所以例（10）可以改写为例（11）。例如：

（11）$\exists m\lceil 驴子\ (m)\rceil\lceil 买\ (m)(张三)\rceil$

$$=\exists m\lceil 驴子\ (m)\wedge 买\ (m)(张三)\rceil$$

总结一下，以上计算有以下几条要点：第一，语义类不是 e 的成分要移出谓词的论元位置，这是为了应用函数运算规则；第二，移出的名词性成分要嫁接于合适的位置，并带上跟其基础位置相同的下标，下标的值由变量赋值规则解释；第三，插入存在量词以约束无定短语引入的变量。

为约束无定短语引入的变量，不仅单句中需要插入存在量词，有的时候，语篇（Text）中也需要插入存在量词。语篇由句子构成，例如：

（12）张三看见了一个小姑娘，她很漂亮。

第一步，将无定短语从论元位置移出，并嫁接到语篇上，并标注相关索引。例如：

（13）无定短语的移位

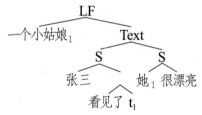

第二步，为约束无定短语引进的变量，需要将存在量词插入到语篇中去。例如：

（14）存在量词的插入

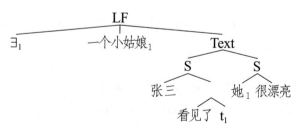

存在量词作用于整个语篇，约束"一个小姑娘"及其语迹和相关代词引入的变量。例如：

（15）‖张三看见了一个小姑娘，她很漂亮‖^g
　　　=‖∃$_1$‖^g(‖一个小姑娘$_1$‖^g)(‖张三看见了 t$_1$，
　　　她$_1$很漂亮‖^g)
　　　=∃x[小姑娘(x)∧[看见(x)(张三)∧很漂亮(x)]]
　　　=∃x[小姑娘(x)∧看见(x)(张三)∧很漂亮(x)]

当无定短语不在条件从句或关系子句中时，或当无定短语在量词的核心域时，也需要在量词的核心域插入存在量词使该无定短语产生存在解读。例如：

（16）如果一个人太孤独，他通常就买一只猫。

例（16）中有两个无定短语"一个人"与"一只猫"，其中的"一只猫"不在"如果"所引导的条件从句中，也不在关系子句中，而在量词"通常"的右元/核心域，如例（17a）。在语义上，"一只猫"应该取存在解，所以将存在量词插到"通常"的核心域，如例（17b）。

（17）a. 没插存在量词的情形

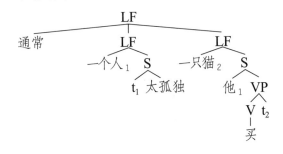

b. 插入存在量词的情形

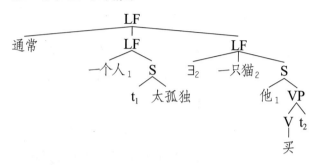

例（17a）的操作很简单，就是将无定短语移出论元位置。例（17b）中的"一只猫"引进的变量受存在量词约束。"通常"具有非选择性（unselective），其核心域中"一只猫"引进的变量已经被存在量词约束，而其限制部分中"一个人"引进的变量没被约束，故由"通常"约束。例如：

（18）$\|$如果一个人太孤独，他通常就买一只猫$\|^g$

　　　$=\|$通常$_1\|^g(\|$［一个人$_1$］［t_1 太孤独］$\|^g)$

　　　　$(\|$∃$_2$［一只猫$_2$］［他$_1$就买t_2］$\|^g)$

　　　$=\forall x[$人$(x)\wedge$太孤独$(x)][$∃$y[$猫$(y)\wedge$买$(y)(x)]]$

　　　$=\forall x[[$人$(x)\wedge$太孤独$(x)]\rightarrow$∃$y[$猫$(y)\wedge$买$(y)(x)]]$

存在量词只对域内的变量进行约束，如对"一只猫"及其引进的变量进行约束。"一个人"做"他"的先行语，是因为最近成分统制"一个人"的"通常"也成分统制"他"。

2.2 由量化算子约束

无定短语的作用在于向句子或语篇引进变量，因为它的移位会引进索引，该索引会被解释为变量。跟代词、语迹引进的变量不同，无定短语引进的变量是全新的变量。作为变量，它必须受到显性或隐性算子的约束，否则会因为变量未受到约束而导致句子不合格。无定短语的量化语力来自于插入的存在量词与显性、隐性算子。对不含其他显性、隐性算子的句子而言，无定短语受存在量词约束，可通过插入存在量词实现。在包含 always、sometimes、seldom、never 等显性算子的语境里，无定短语受这些量化副词的约束，并获得类似于 every、some、few、no 的量化语力。例如：

（1）a. A farmer nowadays is **always** rich.

　　　= **Every** farmer nowadays is rich.

　　b. A farmer nowadays is **sometimes** rich.

　　　= **Some** farmers nowadays are rich.

　　c. A farmer nowadays is **seldom** rich.

　　　= **Few** farmers nowadays are rich.

　　d. A farmer nowadays is **never** rich.

　　　= **No** farmers nowadays are rich.

a farmer 在 always 的语境中取全称解，如例（1a）；在 sometimes 的语境中取存在解，如例（1b）；在 seldom 的语境中取极小量解，如例（1c）；在 never 语境中取不存在解，如例（1d）。这些量化副词会将句子分裂成三个部分：量词、限制部分与核心域。例如：

（2）

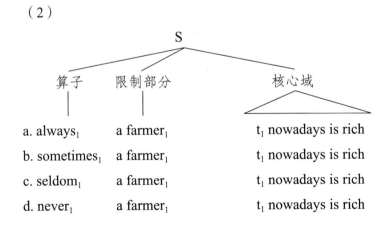

"a farmer" 的语义类是 <e, t>，为了应用函数运算规则，它也必须从论元位置移位。假定下标 "1" 的值为 x，可以得到如下的语义表达式。例如：

（3）a. always x ［farmer(x)］［x nowadays is rich］

     b. sometimes x ［farmer(x)］［x nowadays is rich］

     c. seldom x ［farmer(x)］［x nowadays is rich］

     d. never x ［farmer(x)］［x nowadays is rich］

量化副词非选择性地约束无定短语引进的变量，如果有多个变量，则多个变量同时受其约束。例如：

（4）a. Always, if a farmer owns a donkey, he beats it.

     b. Usually, if a farmer owns a donkey, he beats it.

     c. Sometimes, if a farmer owns a donkey, he beats it.

（5）a. Always$_{x, y}$, if a farmer$_x$ owns a donkey$_y$, he$_x$ beats it$_y$.

     b. Usually$_{x, y}$, if a farmer$_x$ owns a donkey$_y$, he$_x$ beats it$_y$.

     c. Sometimes$_{x, y}$, if a farmer$_x$ owns a donkey$_y$, he$_x$ beats it$_y$.

当缺乏 all、most、some、always、usually、sometimes 等显性量词时，无定短语与代词可受隐性的必然算子的非选择性约束，并产生全称语力，这时代词跟无定短语有相同的下标。例如：

（6）a. If a farmer owns a donkey, he beats it.

     b. Necessarily$_{1, 2}$, If a farmer$_1$ owns a donkey$_2$, he$_1$ beats it$_2$.

     c. $\forall x, y [[x \text{ is a farmer} \wedge y \text{ is a donkey} \wedge x \text{ owns } y] \rightarrow x \text{ beats } y]$

下面的句子也含有隐性的必然算子，起着约束变量的作用。例如：

（7）谁先来，谁先吃。

例（7）中，代词 "谁" 是变量，其语义类是 e，能直接跟谓词进行计算，不必移出论元位置；代词本身也需要添加索引，由变量赋值规则解释。例如：

（8）$\|$谁$_1$先来，谁$_1$先吃$\|^g$

　　　$=\|$NEC$_1\|^g$($\|$谁$_1$先来$\|^g$)($\|$谁$_1$先吃$\|^g$)

　　　$=\forall x$［x 先来］［x 先吃］

　　　$=\forall x$［x 先来 → x 先吃］

必然算子取全称量词解。

对于广义量词，我们首先需要将广义量词从论元位置移出来，接着将量词从广义量词中分离出来，以构造三分枝结构。例如：

（9）张三买了所有的驴子。

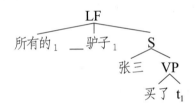

跟广义量词不同，无定短语自身没有量化语力，需要插入存在量词或由语境提供算子。全称性广义量词内部含有量词，可分离出来约束变量，如例（9）。索引引进变量，例如：

（10）$\|$张三买了所有的驴子$\|^g$

　　　$=\|$所有的$_1\|^g$($\|$驴子$_1\|^g$)($\|$张三买了$t_1\|^g$)

　　　$=\forall m$［驴子 (m)］［买 (m)（张三）］

全称量词的限制部分与核心域具有蕴涵关系，所以例（10）也可以改写作例（11）：

（11）$\forall m$［驴子 (m)］［买 (m)（张三）］

　　　$=\forall m$［驴子 (m)→买 (m)（张三）］

2.3 代词的先行语

有些代词能以无定短语为先行语，有些代词不能以无定短语为先行语，这主要看最近成分统制无定短语的算子是不是也成分统制该代词，即：一个无定短语 α 可以做代词 β 的先行语，当且仅当最近的成分统制 α 的算子也成分统制 β。例如：

（1）Always, if a farmer owns a donkey, he beats it.

例（1）显示：最近成分统制 a farmer 与 a donkey 的 always 也能成分统制 he 与 it，所以 he 与 it 能分别以 a farmer 与 a donkey 为先行语。例如：

（2）a. Always$_{1,2}$, if a farmer$_1$ owns a donkey$_2$, he$_1$ beats it$_2$.

b. Always$_{x,y}$ [a farmer(x), a donkey(y), own(y)(x)]
[beats(y)(x)]

c. $\forall x \forall y$ [[farmer(x) $\wedge$ donkey(y) $\wedge$ own(y)(x)] $\rightarrow$
beats(y)(x)]

量化短语中的量词，如 every、no 等，像前面所说的"所有的"一样，要从量化短语中分离出来。例如：

（3）Every man who owns a donkey beats it.

由例（3）可见：最近成分统制 a donkey 的 every 也成分统制 it，所以 it 能以 a donkey 为先行语。例（3）的语义可表达为：

（4）$\|every_{1,2}\|^g(\|man_1,a\ donkey_2,t_1\ owns\ t_2\|^g)(\|t_1\ beats\ it_2\|^g)$

　　$= \forall x,y\ [\ man(x) \wedge donkey(y) \wedge own(y)(x)\ ]\ [\ beat(y)(x)\ ]$

　　$= \forall x \forall y [\ [\ man(x) \wedge donkey(y) \wedge own(y)(x)\ ] \rightarrow beat(y)(x)\ ]$

表面上，例（3）中 every 跟 man 有选择性关系，而跟 donkey 没有选择性关系。其实，every 在句法上并没有选择 man，而是选择 man who owns a donkey，其句法结构可以简单地表示为：

（5）every man who owns a donkey

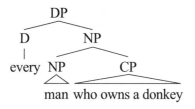

英语中有很多不能用语义上的约束原则来解释的现象。因为约束原则不仅要求语义约束，而且要求句法约束。语义约束很简单，就是让相应的量化短语提升；但句法约束要求在表层结构中成分统制，成分统制有时很难实现。例如：

（6）a. [Someone from every city$_i$] despises it$_i$.

　　b. [Everyone$_i$'s mother] thinks he$_i$'s a genius.

　　c. John gave [to each participant$_i$] a framed picture of her$_i$ mother.

　　d. We [will sell no wine$_i$] before it$_i$s time.

　　e. [After unthreading each screw$_i$], but before removing it$_i$...

　　f. The grade[that each student$_i$ receives] is recorded in his$_i$ file.

这些量词被内嵌于领属性 DP、介词的补足语、动词短语、时间状语与关系子句之中，根本不能成分统制它在句中所约束的代词。汉语中也有类似的现象。例如：

（7）a. 每个人ᵢ收到的信上面都写着他ᵢ家的地址。

　　　b. 每个人ᵢ喜欢的小说都让他ᵢ想起了童年往事。

以例（6a）为例，就是成分统制 city 的 every 也成分统制 it，所以 it 能分别以 city 为先行语。例如：

（8）［Someone from every city₁］despises it₁.

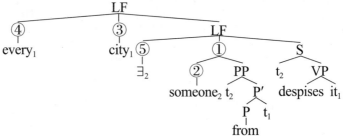

在例（8）中，序号表示操作步骤。第一步是将 someone from every city 从 S 中移出，即将 despises 的论元掏空；第二步是将 someone 从 someone from every city 中移出；第三步是将 every city 从 PP 中移出，掏空 from 的论元；第四步是将 every 从 every city 中移出，every 是算子；第五步是插入存在量词。根据例（8），句子的语义可表达为：

（9）$\|$every₁$\|^g$ ($\|$［city₁］$\|^g$) ($\|$［∃₂］（［someone₂］，

　　　［t₂ from t₁］）(t₂ despises it₁)$\|^g$)

　　　= ∀x［city(x)］［∃y［［people(y)］［from(x)(y)］

　　　［despise(x)(y)］］］

　　　= ∀x［city(x) → ∃y［people(y) ∧ from(x)(y) ∧ despise

　　　(x)(y)］］

例（9）是说，对任一 x 而言，如果 x 是城市，则存在 y，使得 y 是人，并且 y 来自 x，y 鄙视 x，即"每个城市都有人鄙视这个城市"。

无定短语在否定句中的时候，不能做另一句子中代词的先行语。例如：

（10）a. Joan can't afford a Ferrari$_i$.　　　b.*She likes it$_i$ though.

（11）a. Joan doesn't own a donkey$_i$.　　　b.*It$_i$ is grey.

例（10b）中的 it 不能以 a Ferrari 为先行语，例（11b）中的 it 也不能以 a donkey 为先行语，就是因为最近成分统制无定短语的算子不能成分统制代词，以例（10）为例：

（12）否定的干涉

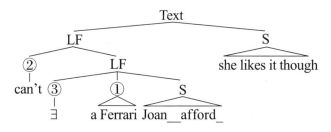

第一个分句有否定词，也有变量，为约束无定短语引入的变量，需要插入存在量词，如例（12）。成分统制 a Ferrari 的存在量词不能成分统制 it，所以例（10）中的 it 不能以 a Ferrari 为先行语。例（11）也是如此。

最近成分统制无定短语的其他量化限定词，如果不能成分统制代词，则无定短语也不能作为代词的先行语，例如：

（13）a. *John introduced [every new student]$_i$ to the chairperson, and Bill introduced him$_i$ to the dean.

b. *John introduced [every new student]$_i$ to the chairperson. Bill introduced him$_i$ to the dean.

c. John introduced [a new student]$_i$ to the chairperson, and Bill introduced him$_i$ to the dean.

d. John introduced [a new student]$_i$ to the chairperson. Bill introduced him$_i$ to the dean.

（14）a. *When ［every Italian］$_i$ is tall, he$_i$ is also blond.

　　　b. *If John owns ［no donkey］$_i$, he wants it$_i$.

　　　c. If John owns ［a donkey］$_i$, he beats it$_i$.

　　　d. When ［an Italian］$_i$ is tall, he$_i$ is also blond.

（15）a. *Every man that has ［every donkey］$_i$ beats it$_i$.

　　　b. *Every man that has ［no donkey］$_i$ wants it$_i$.

　　　c. Every man that has ［a donkey］$_i$ beats it$_i$.

　　　d. No man that has ［a donkey］$_i$ beats it$_i$.

（16）* 如果你找到每一个新朋友$_i$，请把他$_i$介绍给我。

例（13—15）中 a、b 两组句子中的代词不能以 every NP 或 no NP 为先行语，就是因为成分统制 NP 的 every/no 不能成分统制代词。例（13—15）中 c、d 两组句子中的代词能以 an NP 为先行语，就是因为最近成分统制它们的存在量词也成分统制代词，请参见例（1）与例（3）。例（16）中的"他"不能以"每一个新朋友"为先行语，也是因为最近成分统制"一个新朋友"的"每"不能成分统制"他"的缘故。例（16）中的"他"换成复数之后，就能以"每一个新朋友"为先行语，英语也是这样。例如：

（17）a. John introduced ［every new student］$_i$ to the chair
　　　　and Bill introduced them$_i$ to the dean.

　　　b. ［No new student］$_i$ came to the party. They$_i$ didn't know about it.

　　　c. 如果你找到［每一个新朋友］$_i$，请把他们$_i$介绍给我。

复数有点复杂，这里不作探讨。

3. 相关问题处理

3.1 疑问代词

3.1.1 分别处理

问句不是命题，没有真值，可以认为它是一个函数。比如说"张三买了什么"，它的回答有两种。例如：

（1）张三买了什么？

    a. 书。

    b. 张三买了书。

针对第一种回答，我们可以认为疑问句表达的是个体的集合；针对第二种回答，我们可以认为疑问句表达的是命题的集合。

疑问句表达个体集合时，疑问句 CP 的语义类为 <e, t>，由于 C′ 的语义类也是 <e, t>，所以其中的疑问代词的语义类是 <<e, t>, <e, t>>。例如：

（2）$\|$什么$\| = \lambda P \in D_{<e, t>} \lambda x \in D_e$ ［东西 $(x) \wedge P(x)$］

在宾语位置，疑问代词的语义类跟及物动词的语义类不匹配，为了获得解释，它必须移位。这是语义类错配激发的移位。例如：

（3）张三买了什么？

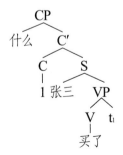

"什么"移位后会引进索引"1"。该索引不仅会约束移位成分（如"什么"）的语迹，还会起到谓词抽象的作用。计算

如下：

（4）变量赋值：

$$g = \{[1 \rightarrow m], [2 \rightarrow n]\}$$

$$g(1) = m$$

$$\|t_1\|^g = m$$

（5）词项的指谓：

$$\|什么\| = \lambda P \in D_{<e, t>} \lambda x \in D_e [东西(x) \wedge P(x)]$$

$$\|买\| = \lambda x \in D_e.\lambda y \in D_e 买(x)(y)$$

$$\|张三\| = 张三$$

（6）语义计算：

$$\|S\|^g = \|买\|^g (\|t_1\|^g)(\|张三\|^g)$$

$$= [\lambda x \in D_e.\lambda y \in D_e 买(x)(y)](m)(张三)$$

$$= \lambda y \in D_e 买(m)(y)(张三)$$

$$= 买(m)(张三)$$

$$\|C'\|^g = \lambda g(1) \|S\|^g$$

$$= \lambda m 买(m)(张三)$$

$$\|CP\|^g = \|什么\|^g (\|C'\|^g)$$

$$= [\lambda P \in D_{<e, t>} \lambda x \in D_e [东西(x) \wedge P(x)]](\lambda m 买(m)(张三))$$

$$= \lambda x \in D_e [东西(x) \wedge (\lambda m 买(m)(张三))(x)]$$

$$= \lambda x \in D_e [东西(x) \wedge 买(x)(张三)]$$

$$= \{x \mid 东西(x) \wedge 买(x)(张三)\}$$

"张三买了什么？"的语义可用函数表达，如"$\lambda x \in D_e [东西(x) \wedge 买(x)(张三)]$"；也可以用集合表达，如"$\{x \mid 东西(x) \wedge 买(x)(张三)\}$"。句法学也通常采用类似的函数方式诠释特指疑问句，如例（7c）：

（7）a. 张三买了什么？

b. $\lambda x \in D_e [东西(x) \wedge 买(x)(张三)]$

c. For which x, x a thing, John bought x?

表达命题集合时，疑问句的语义类必须为 <t, t>，为此，我们准备引进一个疑问算子"Int"，并假定疑问算子和疑问代词的语义分别如下：

（8）a. ‖Int‖ = λq∈D_t λp∈D_t［p = q］

b. ‖什么‖ = λP∈D_<e, t>.∃y［东西 (y)∧P(y)］

我们为疑问句指派如下结构：

（9）张三买了什么？

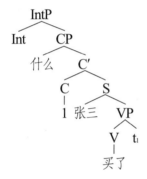

例（9）跟例（3）稍有不同。根据例（6）中的‖C′‖的表达式，可以分别得到‖CP‖与‖IntP‖的语义表达式：

（10）a. ‖CP‖ = ‖什么‖(‖C′‖)

＝［λP∈D_<e, t>.∃y［东西 (y)∧P(y)］］(λm 买 (m)(张三))

＝∃y［东西 (y) ∧［λm 买 (m)(张三)］(y)］

＝∃y［东西 (y) ∧ 买 (y)(张三)］

b. ‖IntP‖ = ‖Int‖(‖CP‖)

＝［λq∈D_t λp∈D_t［p=q］］(∃y［东西 (y)∧ 买 (y)(张三)］)

＝λp∈D_t［p = ∃y［东西 (y)∧ 买 (y)(张三)］］

＝λp∈D_t ∃y［p = ［东西 (y)∧ 买 (y)(张三)］］

＝λp∈D_t ∃y［东西 (y)∧ p = 买 (y)(张三)］

$$=\{p \mid [\exists y [东西 (y) \wedge p = 买 (y)(张三)]]\}$$

在这里，我们将疑问用法的"什么"分别表达为"$\lambda P \in D_{<e, t>}$ $\lambda x \in D_e [东西 (x) \wedge P(x)]$"与"$\lambda P \in D_{<e, t>}.\exists y [东西 (y) \wedge P(y)]$"。疑问代词还有虚指用法，即存在解。比如说：

（11）a. 张三没买什么。

b. 你买了什么吗？

c. 你想不想买什么？

d. 你以为他买了什么。

e. 你看！他一定买了什么，不然怎么那么高兴呢？

例（11a）的结构与语义计算分别如下：

（12）张三没买什么。

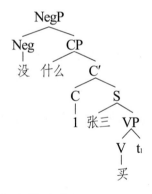

（13）变量赋值：

$$g = \{[1 \rightarrow m], [2 \rightarrow n]\}$$

$$g(1) = m$$

$$\|t_1\|^g = m$$

（14）词项的指谓：

$$\|什么\| = \lambda P \in D_{<e, t>}. \exists x [东西 (x) \wedge P(x)]$$

$$\|买\| = \lambda x \in D_e.\lambda y \in D_e \ 买 (x)(y)$$

$$\|张三\| = 张三$$

$$\|没\| = \lambda p \in D_t. \neg\, p$$

（15）语义计算：

$$\|S\|^g = \|买\|^g\,(\|t_1\|^g)(\|张三\|^g)$$

$$= \left[\lambda x \in D_e.\lambda y \in D_e\, 买\,(x)(y)\right]\,(m)(\,张三\,)$$

$$= \lambda y \in D_e\, 买\,(m)(y)(\,张三\,)$$

$$= 买\,(m)(\,张三\,)$$

$$\|C'\|^g = \lambda g(1)\,\|S\|^g$$

$$= \lambda m\, 买\,(m)(\,张三\,)$$

$$\|CP\|^g = \|什么\|^g\,(\|C'\|^g)$$

$$= \lambda P \in D_{<e,\,t>}\, \exists x\,\left[\,东西\,(x) \wedge P(x)\,\right]\,(\lambda m\, 买\,(m)(\,张三\,))$$

$$= \exists x\,\left[\,东西\,(x) \wedge \lambda m\, 买\,(m)(\,张三\,)(x)\,\right]$$

$$= \exists x\,\left[\,东西\,(x) \wedge 买\,(x)(\,张三\,)\,\right]$$

$$\|NegP\|^g = \|没\|^g\,(\|CP\|^g)$$

$$= \left[\lambda p \in D_t. \neg\, p\right]\,(\exists x\,\left[\,东西\,(x) \wedge 买\,(x)(\,张三\,)\,\right]\,)$$

$$= \neg\, \exists x\,\left[\,东西\,(x) \wedge 买\,(x)(\,张三\,)\,\right]$$

$$= \forall x \neg\,\left[\,东西\,(x) \wedge 买\,(x)(\,张三\,)\,\right]$$

推导的结果是"不存在某个东西张三买了"或者说"所有的东西张三都没买"。最后一步采用的是量词转换规则，即"$\neg\, \exists x\, P(x) \leftrightarrow \forall x \neg\, P(x)$"。

只要为疑问句设置疑问算子，疑问代词的存在义跟疑问义，可以相同，如虚指用法与疑问用法的"什么"都可以表示为：

（16）$\|什么\| = \lambda P \in D_{<e,\,t>}\, \exists x\,\left[\,东西\,(x) \wedge P(x)\right]$

汉语中的疑问代词，除了存在义跟疑问义之外，还可以有任指义，即全称解。例如：

（17）张三什么都没买。

例（17）的结构与语义计算分别如下：

（18）结构指派

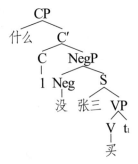

（19）变量赋值：

$$g = \{ [1 \rightarrow m], [2 \rightarrow n] \}$$

$$g(1) = m$$

$$\| t_1 \|^g = m$$

（20）词项的指谓：

$$\| 什么 \| = \lambda P \in D_{\langle e, t \rangle} \forall x [东西 (x) \rightarrow P(x)]$$

$$\| 买 \| = \lambda x \in D_e . \lambda y \in D_e \ 买 (x)(y)$$

$$\| 张三 \| = 张三$$

$$\| 没 \| = \lambda p \in D_t . \neg p$$

（21）语义计算：

$$\| S \|^g = \| 买 \|^g (\| t_1 \|^g)(\| 张三 \|^g)$$

$$= [\lambda x \in D_e . \lambda y \in D_e \ 买 (x)(y)] (m)(张三)$$

$$= \lambda y \in D_e \ 买 (m)(y)(张三)$$

$$= 买 (m)(张三)$$

$$\| NegP \|^g = [\lambda p \in D_t . \neg p] \| S \|^g$$

$$= \neg \ 买 (m)(张三)$$

$$\| C' \|^g = \lambda g(1) \| Neg \|^g$$

$$= \lambda m . \neg \ 买 (m)(张三)$$

$$\| CP \|^g = \| 什么 \|^g (\| C' \|^g)$$

$$= \lambda P \in D_{\langle e, t \rangle} \forall x [东西 (x) \rightarrow P(x)] (\lambda m . \neg \ 买 (m)(张三))$$

$$= \forall x \left[\text{东西}(x) \rightarrow \lambda m. \neg \text{买}(m)(\text{张三})(x) \right]$$

$$= \forall x \left[\text{东西}(x) \rightarrow \neg \text{买}(x)(\text{张三}) \right]$$

推导的结果是"所有的东西张三都没买"。

3.1.2　统一处理

一般认为疑问代词有疑问、虚指、任指特征，我们也相应地为它们指派三种不同的语义表达式。例如：

（1）a. $\|\text{什么}\| = \lambda P \in D_{<e,t>} \lambda x \in D_e \left[\text{东西}(x) \wedge P(x) \right]$

　　　b. $\|\text{什么}\| = \lambda P \in D_{<e,t>} \exists x \left[\text{东西}(x) \wedge P(x) \right]$

　　　c. $\|\text{什么}\| = \lambda P \in D_{<e,t>} \forall x \left[\text{东西}(x) \rightarrow P(x) \right]$

例（1）中的"什么"分别对应于疑问算子、存在量词与全称量词。它们可作如下分解：

（2）a. 什么：$\left[\text{which } x, \ x = R\text{<thing>} \right]$

　　　b. 什么：$\left[\text{some } x, \ x = R\text{<thing>} \right]$

　　　c. 什么：$\left[\text{every } x, \ x = R\text{<thing>} \right]$

例（2）中的 which x 对应于例（1）中的 λx，为疑问算子；some x 对应于例（1）中的 $\exists x$，为存在算子；every x 对应于例（1）中的 $\forall x$，为全称算子。x=R<thing> 对应于例（1）中的"东西(x)"，为限制部分。我们也可以为疑问代词的三种用法指派统一的语义表达式。例如：

（3）$\|\text{什么}\| = \lambda x \text{ 东西}(x)$

例（3）实际上就是将疑问代词处理为无定短语。如果疑问代词是无定短语，则它只能引进变量，如后附的索引，自身并无量化语力。例如：

（4）张三买了什么？

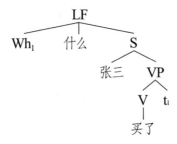

（5）张三没买什么。

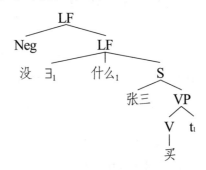

（6）张三什么都买。

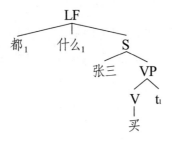

例（4）是由疑问算子提供量化语力，例（5）是由存在算子提供量化语力，例（6）是由全称算子"都"提供量化语力。进行推导之后，各表达式的语义如下：

（7）a. $\|什么_1\|^g = 东西(x)$

b. $\|张三买了 t_1\|^g = 买(x)(张三)$

c. $\|Wh_1\|^g = Qx$

d. $\|都_1\|^g = \forall x$

所以，各句的语义如下：

（8）a. ‖张三买了什么？‖^g = Qx［东西 (x)］［买 (x)(张三)］

　　b. ‖张三没买什么。‖^g = ¬∃x［东西 (x)］［买 (x)(张三)］

　　c. ‖张三什么都买。‖^g = ∀x［东西 (x)］［买 (x)(张三)］

由此可见，疑问代词的疑问解来自于疑问算子，虚指解来自于存在算子，任指解来自于全称算子。我们一直以来都将"都"处理为隐义词，但为了更简单地处理疑问代词，需要将"都"处理为全称算子，如例（7d）。疑问代词在反问句中还有否定用法。例如：

（9）a. 谁吃牛排？

　　b. 谁不吃牛排？

例（9a）是说没有人吃牛排，例（9b）是说没有人不吃牛排。对此，我们可以引进极性算子 Pol，让它提供否定义。"谁"是无定短语，所引进的变量需要由存在量词约束。所以例（9a）的结构与语义计算分别如下：

（10）结构指派

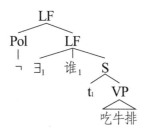

（11）Pol［∃x］［人 (x)］［x 吃牛排］

　　 = ¬∃x［人 (x)］［x 吃牛排］

　　 = ¬∃x［人 (x)∧ x 吃牛排］

　　 = ∀x［人 (x) → ¬x 吃牛排］

例（11）的最后结果是所有的人都不吃牛排，这是例（9a）的语义。

3.2 "都"

汉语的"都"很复杂。Li（1995）[1] 提到"都"的三种语义属性：复数性、分配性与穷尽性。复数性，即"都"要求所指向的成分具有复数性。例如：

（1）a.* 他都打了张三。

　　b. 他们都打了张三。

（2）a.* 你都去过哪一个地方？

　　b. 你都去过哪些地方？

例（1a）与例（2a）中的"他"与"哪一个地方"具有单数性，所以不合法；例（1b）与例（2b）中的"他们"与"哪些地方"具有复数性，所以合法。

分配性（distributivity），即"都"要求所指向成分中的每个个体或每个部分去执行某个行为或承受某个行为。例如：

（3）a. 他们都吃了一个苹果。

　　b. 他们吃了一个苹果。

例（3a）只有分配解，即他们中的每个人各自吃了一个苹果。例（3b）具有分配解与集体解，可以各自吃了一个苹果，也可以合吃一个苹果。假定"他们"指的是"张三""李四""王五"三个人，则例（3a）表示"张三吃了一个苹果，李四吃了一个苹果，王五吃了一个苹果"，例（3b）既可以表示"张三吃了一个苹果，李四吃了一个苹果，王五吃了一个苹果"，也可以表示"张三、李四、王五一起吃了一个苹果"。Li 用有定成分

---

① Li, J. 1995. Dou and wh-questions in Mandarin Chinese. *Journal of East Asian Linguistics* 4(4): 313–323.

进行测试，即用"那个苹果"替换例（3）中的"一个苹果"。
例如：

（4）a.* 他们都吃掉了那个苹果。

　　　b. 他们吃掉了那个苹果。

（5）a.* 都谁吃掉了那个苹果？

　　　b. 谁吃掉了那个苹果？

如果他们中的某个人先吃掉了那个苹果，其他人就没有办法再去
执行吃掉那个苹果的事了，所以例（4a）与例（5a）都不合法；
例（4b）与例（5b）没有"都"，就不强调分配性了，即可以通
过合吃吃掉那个苹果。所以，Li 认为"都"具有分配解。不过，
徐烈炯（2014）[1] 等认为"都"也有集体解。例如：

（6）a. 孩子们都在高高兴兴地吃一个生日大蛋糕。

　　　b. 整座桥都倒下来了。

　　　c. 他们都一起来。

例（6a）不是每个孩子各自吃一个大蛋糕，而是合吃一个大蛋
糕；例（6b）是整体倒塌，还是一部分一部分地倒下，也是有争
议的，有人认为它是整体事件，不需要分配。例（6c）中的副词
"一起"表明"都"在这里不能取分配解，而只能取集体解。

　　Yang（2001）[2] 认为"每个 NP"只有分配解，如例（7a）；
而"所有的 NP"与有定的复数短语既可以有分配解也可以有集
体解，如例（7b）与例（7c）。

（7）a. 每个人都扛着一个大箱子（上了楼）。

　　　b. 所有的人都扛着一个大箱子（上了楼）。

---

① 徐烈炯 2014 "都"是全称量词吗？《中国语文》第 6 期。

② Yang, R. 2001. *Common Nouns, Classifiers, and Quantification in Chinese*, PhD dissertation, Rutgers University.

      c. 那些人都扛着一个大箱子（上了楼）。

    穷尽性，即"都"要求所指向成分中的每个个体或每个部分都去执行某个行为或承受某个行为，没有例外。例如：

    （8）a. 书都在桌子上。

       b. 书在桌子上。

例（8a）是概无例外的，即所有的书都在桌子上；例（8b）可以有例外。Li（1995）认为汉语的复数也具有穷尽性。例如：

    （9）a. 他们都在家里。

       b. 他们在家里。

Li（1995）认为例（9a）与例（9b）的真值条件相同。

    徐烈炯（2014）认为："都"的特性是覆盖从多到全，把"都"说成是全称量词只是取个近似值。例如：

    （10）a. 中午时分，车间里大家都在休息，有三个工人在检修机器。

       b.* 中午时分，车间里所有工人都在休息，有三个工人在检修机器。

    对于"都"的分布，Lin（1998：219-220）①认为"都"在有些语境中是必须出现的，在有些语境中是可以出现可以不出现的。例如：

    （11）a. 每个人 *（都）买了书。

       b. 所有的人 *（都）买了书。

       c. 大部分的人 *（都）买了书。

    （12）a. 三分之二以上的人（都）买了书。

---

    ①   Lin, J.-W. 1998. Distributivity in Chinese and its implications. *Natural Language Semantics* 6: 201-243.

b. 很多人（都）买了书。

"每"在宾语位置时是不能有"都"的，但一旦提到动词之前，"都"就必须强制性出现（Yang 2001）：

（13）a. 我要拜访每一位朋友。

b. 每一位朋友我＊（都）要拜访。

Lee（1986）[①]认为汉语中的量化短语是需要受"都"这样的算子约束的变量，疑问代词也是如此。在他看来，"都"是非选择性的量词。Yang（2001）认为这有问题：

第一，疑问代词跟"都"在一起的时候是全称解。例如：

（14）谁……都　　　⇒ Quantificational force: ∀ 'anybody'

什么……都　　⇒ Quantificational force: ∀ 'anything'

什么时候……都　⇒ Quantificational force: ∀ 'anytime'

（15）每……都　　　⇒ Quantificational force: every

大部分……都　⇒ Quantificational force: most

很多……都　　⇒ Quantificational force: many

所有……都　　⇒ Quantificational force: all

第二，只有疑问代词可以受非选择性算子约束。例如：

（16）如果谁找我，请告诉我一下。（条件算子）

可能谁找过你。（情态算子）

谁看见你了吗？（疑问算子）

（17）如果每个人＊（都）找我，请告诉我一下。（条件算子）

可能每个人＊（都）找过你。（情态算子）

每个人＊（都）看见你了吗？（疑问算子）

---

① Lee, Thomas. 1986. *Studies on Quantification in Chinese*, PhD dissertation, University of California, Los Angeles.

为简单起见，我们不妨把"每个NP"看作复数性无定短语，"都"的作用在于约束该无定短语引进的变量，例如：

（18）每个学生都来了

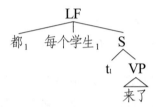

对例（18）而言，汉语的"每个NP"有点像无定短语，即引进变量，需要受算子约束，"都"正好就是这样的算子，理论上"每个NP"也可以由其他算子约束。"都"有复数性属性，"每"可能起着给"学生"复数化的作用。例如：

（19）a. 每个学生都来了。

b. 学生们都来了。

所以例（18）的语义可表达为：

（20）$\|都_1\|^g(\|每个学生\ t_1\|^g)(\|t_1\ 来了\|^g)$

$=\|都\|^g x.［学生 (x)］［来 (x)］$

如果"都"是全称算子，例（20）可以表达为例（21）：

（21）$\forall x.［学生 (x)］［来 (x)］$

$=\forall x.［学生 (x) \rightarrow 来 (x)］$

例（20）只是表明"都"是算子，至于"都"是不是全称算子，它是无法确定的。

"每个NP"作为无定短语，会像其他的无定短语一样缺乏量化语力，需要借助于其他成分。例如：

（22）a.* 每个人没来。　　　每个人都没来。

b.* 一个人没来。　　　一个人都没来。

c.* 谁没来。　　　　　　　谁都没来。

"都"起着提供量化语力的作用，所以汉语存在"每……都……"配合模式。语境中除了"都"以外，还有其他成分也能提供量化语力，如无定短语与照应代词等。例如：

（23）a. 每一个厨师做一个菜。

　　　　b. 每一个演员红了一年。

　　　　c. 每一个孩子有自己的床。

例（23a）的结构和语义计算如下：

（24）结构指派

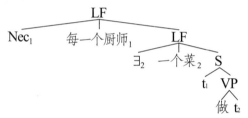

（25）$\forall x$［厨师 (x)］［$\exists y$［菜 (y)］［做 (y)(x)］］

　　　$=\forall x$［厨师 (x) $\rightarrow \exists y$［菜 (y)$\wedge$ 做 (y)(x)］］

"都"是算子，可以约束无定短语"每个NP"所引进的变量。"都"跟"每个NP"可以在同一个子句中，也可以在不同的子句中。例如：

（26）［［每个老师都推荐］的书］特别好卖。

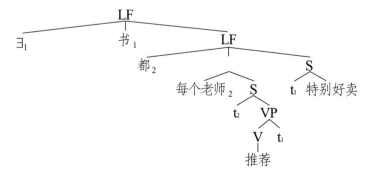

（27）［［每个老师推荐］的书］都特别好卖。

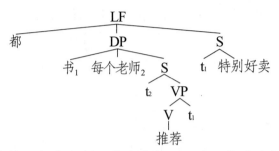

例（26）中的"每个老师"作全称解，"书"作存在解，意思近于"所有老师一致推荐的书特别好卖"。例（27）中的"每个老师"作全称解，"书"也作全称解，意思近于"每本老师推荐的书都特别好卖"。"都"对变量无选择性，在（26）中约束"每个老师"引出的变量，在（27）中约束"书"与"每个老师"引出的变量。例（26）与例（26）中两个句子的语义表达式分别表示如下：

（28）a.‖每个老师都推荐的书特别好卖‖^g

=‖∃$_1$‖^g(‖书$_1$‖^g)(‖都$_2$‖^g(‖每个老师$_2$，t$_2$ 推荐 t$_1$‖^g)(‖t$_1$ 特别好卖‖^g))

= ∃x［书 (x) ∧ ∀y［［老师 (y) ∧ 推荐 (x)(y)］→特别好卖 (x)］］

b.‖每个老师推荐的书都特别好卖‖^g

=‖都$_{1,2}$‖^g(‖书$_1$，每个老师$_2$，t$_2$ 推荐 t$_1$‖^g) (‖t$_1$ 特别好卖‖^g)

= ∀x∀y［［书 (x) ∧ 老师 (y) ∧ 推荐 (x)(y)］→特别好卖 (x)］

4. 本章结语

这一章属于话语表达理论（Discourse Representation Theory）的内容，话语表达理论关注的是话语（或者说语篇）的语义解释。在话语表达理论中，基本的语义（和句法）单位不是句子而是话语（或语篇）。上一章是单句内的代词约束问题，本章是跨句的代词约束问题。这要求最近成分统制无定短语的算子也成分统制代词。无定短语缺乏自身的量化语力，只是引进新的话语指称，或者说变量，其量化语力来自于语境而非无定短语自身。无定短语引入新的话语指称，代词选择已经存在的话语指称为先行语。

◢ **推荐阅读**

黄正德，李艳惠，李亚非　2023 《汉语句法学》（7.4 节，9.3 节），
　　张和友译，北京：商务印书馆。

王广成　2013 《汉语无定名词短语的语义和句法》，北京：北京大学
　　出版社。

王　欣　2016 "什么……什么句"的逻辑语法特征与推演，《逻辑学
　　研究》第 1 期。

文卫平　2008 汉语驴句研究——兼谈英语相关句式，《外语教学与研
　　究》第 1 期。

文卫平　2010 英汉光杆名词的语义分析，《外语教学与研究》第 1 期。

文卫平　2020 《英汉无定名词短语的语义》，上海：上海外语教育出
　　版社。

▲ 练习

1. 翻译下面的材料，了解无定短语缺乏固定的量化语力 [①]。

Since the work of Frege and Russell, indefinites have been analyzed as existentially quantified terms. According to such an analysis, a sentence like (1a) is interpreted as shown in (1b), which seems to be intuitively right:

(1) a. A cat chased a mouse.

　 b. $\exists x \exists y$ [x is a cat and y a mouse and x chased y]

Generalized quantifier theory (Barwise and Cooper, 1981; and much subsequent work since) has basically stuck to this view. However, indefinites have also been observed to display varying quantificational force in a number of contexts, such as in generic sentences and in the presence of adverbs of quantification (Lewis, 1975). The following is a typical paradigm:

(2) a. A cat always/usually/never chases a mouse.

　 b. If a cat sees a mouse, it usually/always/never/chases it.

　 c. A cat is always/usually/never ferocious.

　 d. If a cat has long hair, it is always/usually/never ferocious.

In (2a) and (2c), indefinites occur in the main clause; in (2b) and (2d), they occur in the protasis of a conditional. (2a–b) illustrate the phenomenon of quantificational variability with episodic (stage level) predicates, while (2c–d) illustrate it with non-episodic (individual level) predicates. A sentence like (2a) seems to say that *all, most, or no cats chase mice*, depending on which adverb of quantification we pick. Similarly for the other examples.

---

① Chierchia, G. 2000. Chinese conditionals and the theory of conditionals. *Journal of East Asian Linguistics* 9: 1–54.

2. 翻译以下材料，了解理论发展的动因 [1]。

A landmark innovation in the integration of context-dependence into semantics came with the dynamic semantics of Kamp (1981b) and Heim (1982). Consider the contrasting mini-discourses in (14) and (15):

(14) A baby was crying. It was hungry.

(15) Every baby was crying. #It was hungry. ("#" means "anomalous".)

On the Kamp-Heim theory, an indefinite NP like *a baby* in (14) introduces a "novel discourse referent" into the context, and the pronoun *it* in the second sentence of (14) can be indexed to that same discourse referent, whose "life span" can be a whole discourse, not only a single sentence. The discourse referent introduced by an essentially quantificational NP like *every baby* in (15), however, cannot extend beyond its clause, so the pronoun *it* in (15) is anomalous. The Kamp-Heim theory also includes an account of the famous "donkey"-sentences of Geach, variants of which are given in (16a) and (16b).

(16) a. If a farmer owns a donkey, he always beats it.

b. Every farmer who owns a donkey beats it.

These sentences had previously resisted compositional analysis, including with the tools of Montague Grammar and its early extensions. On Kamp's and Heim's theories, the indefinite *a donkey* introduces a discourse referent into the local context, but has no quantificational force of its own; it ends up being bound by the "unselective quantifiers" *always* in (16a) and *every* in (16b). The theories involve the interdependent areas of quantification and anaphora, and the relation of sentence semantics to discourse

---

[1]　Partee, B. H. 2016 Formal semantics. In M. Aloni & P. Dekker (eds.), *The Cambridge Handbook of Formal Semantics*. Cambridge: Cambridge University Press.

semantics and pragmatics, giving rise to much new work in these areas.

3. 翻译以下材料，了解三分枝操作的步骤和方法。

（1）NP-indexing: Assign every NP a referential index.

（2） NP-prefixing: Adjoin every non-pronominal NP to S, leaving behind a coindexed empty NP.

（3）Quantifer Construal: Attach every quantifer as a leftmost immediate constituent of S.

（4） Quantifer Indexing: Copy the referential index of every indefnite NP as a selection index onto the lowest c-commanding quantifer.

4. 翻译下边的材料，了解三分枝结构与非选择性约束 [①]。

(i) Certain expressions lack quantificational force of their own. Indefinite DPs are such expressions. (Definites are assigned the same semantics, the difference between indefinites and definites residing in novelty and familiarity respectively, but there is no need to go into this here; see Heim 1982). Indefinite DPs are interpreted not as existential quantifiers, but as free variables, just like pronouns. Semantically, they also contribute descriptive content which conveys a predicative condition that has to be met by the variable. Thus, the indefinite *a student* is represented as in (78):

(78)‖a student‖= student (x)

(ii) A quantificational operator (Q-operator) sets up a tripartite structure of the form $Q [A] [B]$, where A is the restriction and

---

① Giannakidou, A. 1998. *Polarity Sensitivity as (Non)veridical Dependency.* Amsterdam: Benjamins.

B is the (nuclear) scope.

(iii) Indefinites are subject to a requirement for binding by Q-operators. Q-operators are quantifying determiners (*every, most, few* etc.) and adverbs of quantification (Q-adverbs, *always, usually, seldom* etc.). Binding may be direct, in which case the Q-operator binds the indefinite variable, and the indefinite acquires the quantificational force of the Q-operator. Binding can also be done indirectly, by inserting an existential quantifier which induces existential closure ($\exists$-closure) in the scope; indirect binding by an inserted existential quantifier results in the default existential interpretation of the indefinite.

(iv) Binding is unselective and exhaustive. Generally, a variable is bound by the first C-commanding Q-operator. The unselectiveness of quantification resides in the fact that since all variables are bound by whatever quantifier is C-commanding them first, one quantifier may end up binding several variables. On the other hand, binding is exhaustive because all variables get bound by some quantifier. The two properties of binding are illustrated in (79) with a donkey-sentence:

(79) a. Every man who owns a donkey beats it with a stick.

   b. $\forall$x,y [man (x) $\wedge$ donkey (y) $\wedge$ own (x,y)] $\rightarrow$ [$\exists$z [stick (z) $\wedge$ beat (x,y,z)]]

The variable z in the right argument of $\forall$, i.e. in the scope of $\forall$, is bound indirectly and is interpreted by default as if it were "left over", i.e. by nuclear scope $\exists$-closure. Heim (1982) postulates also a rule of text level $\exists$-closure, which applies to indefinites in unembedded positions.

5. 注意操作，QR 是量化提升操作，QC 是量化诠释，∃-closure 是存在封闭，并根据下面的图示进行语义计算。①

（1）Every man likes him.

    QR

    ⇒ [every man_i [t_i likes him_j]]

    QC

    ⇒

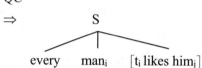

（2）If a man sings he is usually happy.

    QR

    ⇒ [_s[a man_i [t_i sings]] [he_i is usually happy]]

    QC

    ⇒

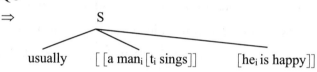

（3）[Every man]_i likes [a cat]_j.

    QR

    ⇒ [every man_i [a cat_j [t_i likes t_j]]]

    QC

    ⇒

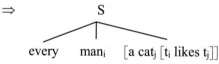

    ∃-closure

    ⇒

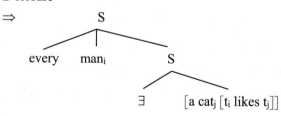

① Chierchia, G. 1995. Dynamics of Meaning: Anaphora, Presupposition, and the Theory of Grammar. Chicago: The University of Chicago Press.

（4）a. It is not the case that John likes a woman.

b. [not [a woman$_i$ [John likes t$_j$]]]

∃-closure

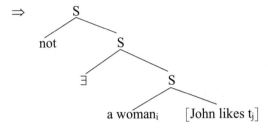

6. 计算以下句子的语义。

（1）所有的猴子都吃西瓜。

（2）所有的猴子都吃了一个西瓜。

（3）张三买了一只猴子。

（4）张三买了所有的猴子。

7. 翻译以下材料，了解无定短语与量化副词的作用（Chierchia 2000）。

（1）Indefintes lack a quantificational force of their own. They get it either from existential closure or from a (possibly null) Q-adverb.

（2）Lacking quantificational force, indefinites are assimilated to variables. They differ from other variables (pronouns, traces and other definite NPs) in that they introduce "novel" variables (the "Novelty Condition").

（3）Q-adverbs split the clause into a restriction and a scope and bind the free (novel) variables in their scope.

8. 指派下列各句的逻辑形式结构并推导其语义表达式。

（1）a. 每个学生都出席了会议。

　　b. 学生每个都出席了会议。

（2）a. 大部分学生都出席了会议。

　　b. 学生大部分都出席了会议。

（3）a. 张三每本书都读了。

　　b. 书张三每本都读了。

（4）a. 张三大部分书都读了。

　　b. 书张三大部分都读了。

9. 翻译以下材料，了解量词的论元与双分枝结构，并试着把本章三分枝结构改成双分枝结构（Chierchia 2000）。

　　The above semantics enables us to make a very simple hypothesis on the Logical Form of sentences with adverbs of quantification. Typically the basic position of the quantificational adverb is somewhere in the main clause:

　　(18) If a man is blond, he is usually from the north.

　　Usually needs two (clausal) arguments. Where can it find them? Well, we can simply move and adjoin it to IP (or somewhere to the left periphery of the clause). Then its right most argument (its scope) can be identified with its c-command domain, as it standard for other operators. Its left argument (its restriction) will be what locally c-commands the Q-adverb (its Spec, in a multiple Spec system such as the one outlined in Chomsky, 1995).

　　(49)

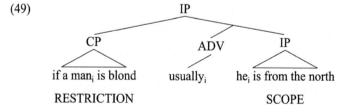

　　In the spirit of much recent work, it is plausible to maintain that in its movement, the adverb is attracted to some clause-initial topic position. The Q-adverb combines with its two arguments one at a time, via functional application. The steps of the derivation are as follows:

(50) a. $\lambda B\lambda A.\text{usually}_i$ ［ A ］ ［ B ］ (he$_i$ is from the north)

$= \lambda A.\text{usually}_i$ ［ A ］ ［ he$_i$ is from the north ］

b. $\lambda A.\text{usually}_i$ ［ A ］ ［ he$_i$ is from the north ］ (a man$_i$ is blond)

$= \text{usually}_i$ ［ a man$_i$ is blond ］ ［ he$_i$ is from the north ］

So at the level of the syntax of LF, we only have binary branching structures, consistent with what is currently known about this level of representation. Tripartite structures, such as the bottom line of (50b), arise only as part of the interpretive procedure, as it were. For convenience, though, we will keep referring to LFs such as (49) with the label "tripartite structure". The process of partitioning is achieved, in the present approach, by an independent mechanism: movement to some suitable clause initial site. It requires no construction specific rules (as in DRT) or domain conditions (such as Diesing's mapping hypothesis, which governs the domain of existential closure). If we are lucky and we've done things right, the lexical meaning of quantificational adverbs and universal semantic rules such as functional application are all that is needed to suitably partition the clause.

10. 翻译以下材料，了解逆反辖域（inverse scope）与逆反系联（inverse linking），句法学对逆反系联采用的仍是量化提升（QR）手段 [1]。

Sometimes a DP embedded inside of another DP can take wide

——————
① Lappin, S. & C. Fox. 2015. *The Handbook of Contemporary Semantic Theory*. Oxford: Wiley-Blackwell.

scope with respect to the host DP.

(5) a. ［Some person from ［every city］］ loves it.

b. There is a person who is from every city and who loves some salient thing.

c. For every city x, there is some person y who is from x, and y loves x.

In (5), there are two scope interpretations. On the frst interpretation, there is some person who has lived in each of some salient set of cities. On the second interpretation, for each choice of a city, there must be some (potentially different) person who is from that city. This second reading is similar to inverse scope, but distinct from it. It is known as the inverse linking reading (May, 1977, 1985; May and Bale, 2005), and it is often more prominent than the non-inversely-linked reading (when the latter is available at all). Although the inverse-linking reading gives wide scope to the quantifer whose determiner (here, every) linearly follows the determiner that heads the other quantifer (some), this is not a counterexample to the linear scope bias, since the linear scope bias concerns quantifers that follow one another, and in (5), one quantifer is contained within the other, as shown by the brackets in (5a). Inverse linking is sporadic; for instance, there is no inverse linking reading of no one from no city, which would otherwise have a reading equivalent to (5c). Note that in (5), the universal quantifer is able to bind the pronoun in the verb phrase only under the inverse linking reading.

11. 调查句子（2）的可接受性，并对（1）进行语义计算。

（1）Everyone$_i$'s friend likes him$_j$.

（2）每个人$_i$的朋友都喜欢他$_j$。

12. 下列句子为什么有差别?

    (1) John introduced ［a student］$_i$ to the chairman, and Bill introduced him$_i$ to the dean.

    (2) *John introduced ［every student］$_i$ to the chairman, and Bill introduced him$_i$ to the dean.

    (3) If John owns ［a donkey］$_i$, he beats it$_i$.

    (4) *If John owns ［no donkey］$_i$, he wants it$_i$.

    (5) Every man that has ［a donkey］$_i$ beats it$_i$.

    (6) *Every man that has ［every donkey］$_i$ beats it$_i$.

13. 指派下列各句的逻辑形式结构与并推导其语义表达式

    (1) 大部分人都犯错误。

    (2) 人总是犯错误。

    (3) 人只要努力就会取得成功。

14. 请推导"谁喜欢张三?"的语义表达式。

15. 请根据以下信息推导"谁喜欢什么?"的语义表达式。

    (1) a. ‖什么‖ $= \lambda O. \lambda v. ［东西 (v) \wedge O(v)］$

        b. ‖谁‖ $= \lambda P. \lambda v. ［人 (v) \wedge P(v)］$

        c. ［$_{CP}$［谁］［$_{C'}$［$_C$ 1］［$_{CP}$［什么］［$_{C'}$［$_C$ 2］［$_{TP}$ t_1 喜欢 t_2］］］］］

    (2) a. ‖什么‖ $= \lambda P \in D_{<e, t>}. \exists y ［P(y)］$

        b. ‖谁‖ $= \lambda O \in D_{<e, t>}. \exists z ［O(z)］$

        c. ‖? ‖ $= \lambda q \lambda p ［p = q］$

        d. ［$_{IntP}$［$_{Int}$?］［$_{CP}$［谁］［$_{C'}$［$_C$ 1］［$_{CP}$［什么］［$_{C'}$［$_C$ 2］［$_{TP}$ t_1 喜欢 t_2］］］］］］］

16. 下面两种格式的意义基本相同，请推导。

　　（1）a. 没有谁会游泳。

　　　　　b. 谁也不会游泳。

　　（2）a. 刘刚没有什么嗜好。

　　　　　b. 刘刚什么嗜好都没有。

　　（3）a. 赵薇不想去哪儿。

　　　　　b. 赵薇哪儿也不想去。

17. 请采用如下三分枝结构，计算"张三买了什么？"的语义。

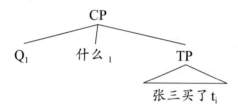

18. 下面的句子有的有歧义，有的没有，请给出逻辑形式表达式
　　并推导其语义表达式。

　　（1）每个人都买了什么东西？

　　　　　a. 每个 x，Q y，x 买 y？

　　　　　b. Q y，每个 x，x 买 y？

　　（2）什么东西，每个人都买了？

　　　　　a.* 每个 x，Q y，x 买 y？

　　　　　b. Q y，每个 x，x 买 y？

　　（3）Who does everyone like?

　　　　　a. For which x, for every y, y likes x?

　　　　　b. For every y, for which x, y likes x?

第九章　焦点理论

一个指称语不是焦点的时候，它可以充当左侧代词的先行语，但它做焦点之后就不能充当左侧代词的先行语，否则会违反约束理论，造成弱跨越效应。这是因为焦点成分像量化短语一样会提升。在焦点理论中，焦点提升以后，引进的索引会进行λ抽象，相应的λ表达式被称为预设集，λ算子所操作的开放句被称为预设。焦点句的语义可根据焦点、预设集、预设等进行表达，相关的焦点敏感算子也会影响到焦点句的语义。

1. 弱跨越效应

代词蒙后指，在英语中是合法的，如例（1）；但如果所指对象为焦点，代词就不能蒙后指了，如例（2）。

（1）a. His$_i$ dog bit John$_i$.

　　b. The woman who left him$_i$ loved John$_i$.

（2）a. *His$_i$ dog bit JOHN$_i$.

例（1）不违反约束三原则。例（1a）中的 his 没有成分统制 John，即 his 与 John 之间不构成约束关系；例（1b）也是如此，其中的 him 跟 John 也没有约束关系。所以，例（1）合法。例（2）表面上看来，跟例（1a）相同，但例（2）不合法，这是因为例（2）中的 John 是焦点成分。焦点成分会发生移位，这就造成了例（2）中的弱跨越效应。例如：

（3）His dog bit JOHN.

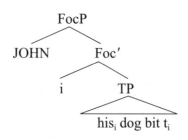

例（3）中的 John 可以语义约束 he，因为 he 与 John 的语迹 t 受相同的索引 i 约束；但句法上，例（2）中的 he 并不句法约束 John。不能句法约束，也就不能语义约束。所以例（2）违反了语义学中的约束原则。当例（2）中的 John 取消焦点特征，如例（1a），它就可以不必移位。这个时候，he/his 与 John 的同指，是由语境决定的，即 he 为指称性代词。例如：

（4）His dog bit John.

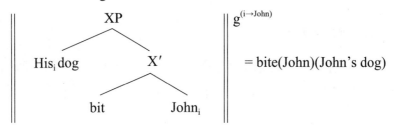

例（4）中 his 后边的 i，语义规则可以发现并赋值；John 后边的 i，语义规则是看不见的，这个 i 只起句法标记作用。

句法学家将疑问短语、量化短语跟焦点短语作相同处理，即都进行移位，只是有些可能是逻辑形式层面的移位，有些是表层结构的移位。例如：

（5）a. Bill read every book.

b. Bill read some book.

c. Which book did Bill read?

例（5a）中的 every book 在逻辑形式层面发生移位，例（5b）中的 some book 也在逻辑形式层面发生移位，例（5c）中的 which book 在表层结构中发生移位。根据这种移位的结果，句法学家也给出了平行的语义表达式。例如：

（6）a. $\forall x{:}book(x), read(x)(B)$

　　　b. $\exists x{:}book(x), read(x)(B)$

　　　c. $Qx{:}book(x), read\ (x)(B)$

既然量化短语与疑问短语都会移位，自然也会引起弱跨越效应。这跟焦点一样。例如：

（7）a. *His$_i$ dog bit everyone$_i$.

　　　b. *Who$_i$ did his$_i$ dog bite t$_i$?

2. 焦点句的语义

2.1 焦点、预设集与预设

在焦点句中，焦点会发生移位，移位会引进索引，以约束移位留下的语迹。对于移位成分来说，接受移位的范畴，其索引跟成分移出位置的索引相同。例如：

（1）焦点结构

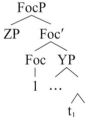

例（1）是焦点结构，Foc 是焦点范畴，它接受焦点成分 ZP 移位，焦点范畴引进的索引跟语迹的索引相同，语迹是 ZP 的移出位置的标记。从例（1）来看，FocP 是由 ZP 与 Foc′ 两个节点构

成；Foc′是由索引"1"与 YP 两个节点构成。YP，可以是 VP，也可以是 TP。YP 的指谓是焦点句的预设，Foc′的指谓是焦点句的预设集，ZP 的指谓是焦点句的焦点。例如：

（2）a. $\|ZP\|^g$ = 焦点

b. $\|Foc'\|^g$ = 预设集

c. $\|YP\|^g$ = 预设

焦点、预设集与预设是焦点句最为重要的三要素。焦点是例（1）中 ZP 的语义。预设是 YP 中焦点成分移出之后剩余成分的意义，由语义变量 x 代替焦点成分得到的，该语义变量 x 必须与焦点相关。预设集是语境／语域中能够替换焦点变量 x 的个体的集合，即每个可能与焦点对比的成分都会放在预设集里。例如：

（3）［张三］$_F$ 买了那本书。

例（3）中的焦点是"张三"，由 F 标记；预设是"x 买了那本书"，即"有人买了那本书"；预设集是"{x | x 买了那本书}"，如"{张三，李四，王五，赵六}"。

疑问句中的疑问短语可以看作焦点，相应地，答句中针对疑问短语的回答也是焦点。疑问点与答疑点对应，或者说，答句的焦点位置必须对应于问句中疑问成分的位置，否则，答句会显得不自然。例如：

（4）Q：谁明年退休？

A：老张明年退休。

（5）Q：老张什么时候退休？

A：老张明年退休。

（6）Q：老张明年做什么？

A：老张明年退休。

回答例（4）中的"谁"时，"老张"是焦点。回答例（5）中的"什么时候"时，"明年"是焦点。回答例（6）中的"做什么"时，"退休"是焦点。英语中的疑问短语要移位，假定汉语也是这样。疑问点与答疑点这两个焦点都需要移位，例（5）的逻辑形式可表示如下：

（7）a. 问句的结构

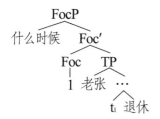

　　b. 答句的结构

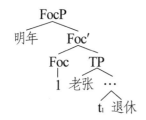

从例（7）来看，问句与答句对应，TP 反映的是预设相同，都是"老张在某个时间 x 退休"，Foc′ 反映的是预设集相同，都是"{x| 老张在某个时间 x 退休 }"，答句中的焦点只要是预设集的一个元素即可。答句和问句的预设集相同，答句与问句才会话语协调（discourse congruence）。答句和问句的预设等同，所以答句的非焦点部分可删略，只保留焦点部分。例如：

（8）Q：老张什么时候退休？
　　 A：明年 ［1 ~~老张 t_1 退休~~ ］。

英语也是如此。例如：

（9）a. Q: What did John eat?

b. A: Beans.

c.

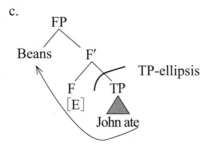

Merchant（2004: 675）[①] 认为片段性答语 beans 是由 TP 内部上移到 TP 之上的，如例（9c），然后删略 TP 达到的。问答句如此，非问答句也可以如此。例如：

（10）a. 张三看见了他的妈妈，李四也是 ~~看见了他的妈妈~~ 。

b. 张三会做这道题，李四也会 ~~做这道题~~ 。

c. 张三没有去南京，李四也没有 ~~去南京~~ 。

是非问句的回答也要针对焦点，如果答句的焦点不针对问句的焦点，就会有答非所问的感觉，即缺乏适切性。例如：

（11）a. Q：是张三喜欢李四吗？

b. A：不，是王五喜欢李四。

c. A：#不，张三喜欢赵六。

例（11b）可以作为例（11a）的答句，例（11c）不能作为例（11a）的答句。例（11a）的焦点是"张三"，它预设了有人 x 喜欢李四，但不知道喜欢李四的人是不是"张三"，并且认为可以从答话人口中得知这个新信息。例（11b）的预设与例（11a）相同，也是"有人 x 喜欢李四"，该答句把焦点放在新信息"王

① Merchant, J. 2004. Fragments and ellipsis. *Linguistics and Philosophy* 27: 661-738.

五"这个成分上，亦即问话人想要得到的新信息。例（11c）的预设是"张三喜欢某人 x"，焦点则在"赵六"上，这与问话人的预设有出入，并非问话人想要知道的新信息，所以话语不协调。例（11a）的焦点是"张三"，回答只能针对焦点，例（11b）是针对焦点的，而例（11c）没有针对焦点。例（11）中各句的预设、预设集以及焦点与预设集的关系分别如下：

（12）预设：喜欢（李四）(x)

预设集：｛x | 喜欢（李四）(x)｝

焦点与预设集：张三 ∈｛x | 喜欢（李四）(x)｝

（13）预设：喜欢（李四）(x)

预设集：｛x | 喜欢（李四）(x)｝

焦点与预设集：王五 ∈｛x | 喜欢（李四）(x)｝

（14）预设：喜欢 (x)（张三）

预设集：｛x | 喜欢 (x)（张三）｝

焦点与预设集：赵六 ∈｛x | 喜欢 (x)（张三）｝

由例（12—14）可知：例（11a）与例（11b）的预设相同，与例（11c）的预设不同；例（11a）中的"张三"与例（11b）中的"王五"属于相同的预设集，而例（11c）中的"赵六"不属于该预设集。

焦点相对于预设来说，是新信息，即该成分并不存在于说话人和听话人的共享知识中；预设属于旧信息，存在于说话人和听话人的共享知识中。在问答中，答句必须为问话人提供新信息，而且问话人和答话人必须有同样的预设。

2.2　焦点句的语义表达

2.2.1　分开表达

焦点句的意义可以用标准义（standard meaning）、预设（presupposition）及预设集（presuppositional set）这三项来表

达。例如：

（1）张三只推荐［李四］_F 给王五。

    a. 标准义：推荐（王五）（李四）（张三）

    b. 预　设：推荐（王五）(x)（张三）

    c. 预设集：{x| 推荐（王五）(x)（张三）}；

          λx. 推荐（王五）(x)（张三）

预设是把标准义中的焦点常量"李四"换成自由变量 x 得来的，可解释作"张三推荐某个人 x 给王五"，如例（1b）。预设中的自由变量 x 在经 λ 抽象后得出预设集，即由"所有张三可能向王五推荐的人"所组成的集合，如例（1c）。标准义是焦点句的断言，它表明预设集中至少存在一个成分可以使句子为真，即把预设集为空集的可能性排除掉了。焦点是预设集中的一个元素。

（2）张三只推荐李四给［王五］_F。

    a. 标准义：推荐（王五）（李四）（张三）

    b. 预　设：推荐 (x)（李四）（张三）

    c. 预设集：{x| 推荐 (x)（李四）（张三）}；

          λx. 推荐 (x)（王五）（张三）

例（2a）为标准义，即断言，跟例（1a）相同。例（2）的焦点位置跟例（1）不同，所以例（2）的预设也跟例（1）不同，例（2）的预设是"张三推荐李四给某个人 x"，即以自由变量 x 代替焦点常量"王五"，得出例（2b），例（2b）经 λ 抽象后得出预设集，如例（2c）。

    预设是个开放句，即含有变量 x 的句子，为例（3）中 TP 的指谓；预设集是对预设的谓词抽象，是例（3）中 Foc′ 的指谓；标准义是不考虑焦点敏感算子的语义表达式，为 FocP 的指谓。例如：

（3）张三推荐［李四］_F给王五。

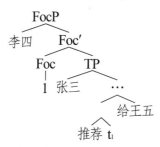

（4）a.‖TP‖^g = 预设

　　b.‖Foc′‖^g = 预设集

　　c.‖FocP‖^g = 标准义

以下是对例（3）中标准义、预设集与预设的计算：

（5）a. 变量赋值：

　　g= {<1, x>, <2, y>}

　　g(1) = x

　　‖t₁‖^g =g(1) = x

　　b.‖张三‖= 张三

　　‖李四‖= 李四

　　‖王五‖= 王五

　　‖推荐‖= λk.λm.λn 推荐 (k)(m)(n)

　　c. 语义计算：

　　‖TP‖^g = 推荐（王五）(x)（张三）

　　‖Foc′‖^g = λg(1).‖TP‖^g

　　　= λx. 推荐（王五）(x)（张三）

　　‖FocP‖^g =‖Foc′‖^g (‖李四‖^g)

　　　=［λx. 推荐（王五）(x)（张三）］（李四）

　　　= 推荐（王五）（李四）（张三）

在语义计算中，TP 的语义等同于预设，Foc′ 的语义等同于预设集，FocP 的语义等同于标准义。FocP 的语义表达式中 Foc′ 为谓词，焦点"李四"为其论元。

2.2.2　合一表达

焦点句有两个分枝节点，分别对应于焦点与预设集。焦点句的"结构化的意义"（structured meaning）可以合一表达为预设集与焦点 <Ps, F> 这样的有序二元组，其中第一个元素是预设集，第二个元素是焦点的语义。例如：

（1）张三推荐［李四］$_F$给王五

（2）<Ps, F> = <λx. 推荐 (王五)(x)(张三), 李四 >

例（2）是例（1）的结构化的意义，其中的"λx. 推荐 (王五)(x)(张三)"为预设集，表达的是个集合，是由个体组成，如 { 李四、赵六、钱七、孙八 }，焦点"李四"是该集合中的一个元素。焦点不同，焦点句的结构化的意义会有不同的表现形式。例如：

（3）a. 张三只推荐［李四］$_F$给王五。

　　　b. <λx. 推荐 (王五)(x)(张三), 李四 >

（4）a. 张三只推荐李四给［王五］$_F$。

　　　b. <λx. 推荐 (x)(李四)(张三), 王五 >

（5）a. 张三推荐［李四］$_F$给［王五］$_F$。

　　　b. <λx.λy. 推荐 (x)(y)(张三), < 李四，王五 >>

例（3—5）为三个不同的焦点句，由于其焦点位置及数量不同，得出的结构化的意义也不同。在例（3）中，"李四"为焦点，"λx. 推荐 (王五)(x)(张三)"为预设集；在例（4）中，"王五"为焦点，"λx. 推荐 (x)(李四)(张三)"为预设集；在例（5）中，"李四"和"王五"都是焦点，"λx.λy. 推荐 (x)(y)(张三)"为预设集。

焦点句的结构化的意义也可以在预设集与焦点 <Ps, F> 这个二元组中加入焦点所造成的选项集（Alternative set），记作 A。例如：

（6）<F, A, Ps>

这个选项集是由焦点引进的，可以说，焦点的作用就是为句子引入一个可替换焦点成分的选项集。选项集与预设集实质相同，侧重点不同，一个凸显集合，一个凸显属性。例如：

（7）a. λx.introduce (Sue)(x)(John) ={Partee, Chomsky, Jackendoff, Rooth, Krifka }

b. A($\|$Bill$\|$) = {Partee, Chomsky, Jackendoff, Rooth, Krifka }

例（7a）是预设集的指谓，例（7b）是选项集的指谓，两者相同。根据例（6），例（8a）的结构化的意义可表达为例（8b）。

（8）a. John only [$_{VP}$ introduced Bill$_F$ to Sue]

b. <Bill, A, λx.introduce (Sue)(x)(John)>

焦点敏感算子 only 可作用于焦点意义 F、焦点的选项集 A 与预设集 Ps 这个三元组，即以 "F, A, Ps" 为论元。例如：

（9）ONLY (F, A, Ps)

例（9）可诠释为例（10a），即 only 相当于一个全称量词，如例（10b）：

（10）a. ONLY (F, A, Ps) = $\forall y \in A$ [Ps (y) → y = F]

b. ONLY = λPs.λF.$\forall y \in A$ [Ps (y) → y = F]

据此，例（8）的意义可表达为例（11）：

（11）ONLY(BILL, A, λx.introduce (Sue)(x)(John))

　　　 = ∀y∈A ［introduce (Sue)(y)(John) → y = Bill］

例（11）的意思是说，凡约翰介绍给苏的皆为比尔，也就是约翰只介绍了比尔，没有介绍其他人。如果只考虑焦点与预设集，例（8）的语义可表达为：

（12）ONLY(BILL, λx.introduce (Sue)(x)(John))

　　　 = ∀y ［introduce (Sue)(y)(John) → y = Bill］

如果一个句子中有多个焦点，可将焦点表示成有序关系，如例（13b），然后应用例（10），如例（13c），可以简化为例（13d）：

（13）a. 张三只推荐［李四］$_F$ 给［王五］$_F$。

　　　 b. << 李四，王五 >，A，λx.λy. 推荐 (x)(y)(张三)>

　　　 c. ∀x∈A$_{李四}$ ∀y∈A$_{王五}$［推荐 (x)(y)(张三) → <x, y>
　　　　 =< 李四，王五 >］

　　　 d. ∀x ∀y［推荐 (x)(y)(张三) → <x, y> =< 李四，王五 >］

3. 焦点敏感词

3.1　否定词

否定词可以对句子进行否定，也可以对句子中的特定成分进行否定。我们之前说的都是对句子的否定，下面再说说对句内成分的否定，例如：

（1）a. 我没问他的<u>经历</u>（只谈了谈现在的情况）。

　　　 b. 我没问他的<u>详细</u>经历（只知道他在农村里待过）。

　　　 c. 我没<u>问</u>他的经历（是他自己告诉我的）。

d. 我没特地问他的经历（是谈情况时透露的）。

这里的否定词都只否定其后的部分成分。"没"在例（1a）中否定的是"经历"，在例（1b）中否定的是"详细"，在例（1c）中否定的是"问"，在例（1d）中否定的是"特地"。否定词也可以否定前面的部分成分，例如：

（2）a. 你明天别来。

　　 b. 你别明天来。

（3）a. 小王不想打球（，小李想打）。

　　 b. 是老王没来。

　　 c. 老王是昨天晚上没吃饭。

（4）a. 我就这句话听不进去。

　　 b. 他连工本费也不给我。

　　 c. 他一天也没有拖延。

　　 d. 老刘对职工不关心。

例（2）中否定的是"明天"，例（3a）否定的是"小王"，例（3b）否定的是"老王"，例（3c）否定的是"昨天晚上"，例（4a）否定的是"这句话"，例（4b）否定的是"工本费"，例（4c）否定的是"一天"，例（4d）否定的是"对职工"。例（2）中两句意思基本上一样，只是着重点不同，都表示"要你来，但不要你明天来"的意思，如果要否定"要你来"的意思，需要一个后续句，如"你明天别来，我去找你"。

　　否定句中被否定的是焦点成分，这个焦点成分一般是句子末了的一个成分，即句末重音所在，所以，例（1）中否定的是否定词后边的画线成分；但如果前边有对比重音，焦点成分就移到这个重音所在，所以，例（3—4）中否定的是否定词前边的画线成分。

现在争议比较大的是焦点在否定词前的情形。比如说"是老王没来"，有人说它表示"很多人都来了，但老王没来"，有人说它表示"有人来了，但这个人不是老王"。第一种解读的人，认为"没"否定的是"来"；第二种解读的人，认为"没"否定的是"老王"。从焦点来看，"没"否定的是"老王"。在逻辑形式层面，"老王"需要移位到焦点范畴的指示语位置，"没"要移位到焦点范畴。例如：

（5）a. 双分枝结构

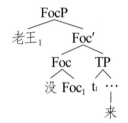

b. 三分枝结构

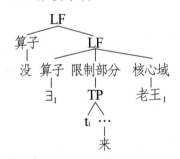

从例（5a）来看，"老王"与"来"是复合算子"没 -Foc$_1$"的论元，可表达为（6a）：

（6）a. $\| 没 \text{-Foc}_1（老王_1）（t_1 来）\|^g$

b. 没 x［来 (x)］［老王 (x)］

c. $\neg\exists x［来 (x) \wedge x= 老王］$

例（6）中的 Foc 算子起着决定限制部分与核心域的作用。限制部分是 Foc 的补足语，即"来 (x)"，即预设部分；核心域是

Foc 的指示语部分，即"老王 (x)"，即焦点部分。如例（5b）所示，可表达为例（6b）。否定的域内要插入存在量词，以约束变量 x，如例（5b）与例（6c）。不过，对于例（6c）而言，区分限制部分与核心域意义并不大，因为是合取式，具有对称性。

　　焦点"老王"引出选项集，如语境中的"老王、老李、老张、老钱"等，"老王"是必需的元素，可记作：

　　（7）［老王］^{A} = {老王、老李、老张、老钱}

　　由焦点 F、选项集 A 与预设集 Ps 这个三元组，我们可以将例（5a）的语义表达如下：

　　（8）$\forall x \in$［老王］^{A}［来 (x) $\to$ x $\neq$ 老王］

［老王］^{A} 为焦点选项集 A；"来 (x)"是预设，其对应的预设集为"$\lambda x.$ 来 (x)"；"老王"是焦点 F。x 是变量，"x $\in$［老王］^{A}"是变量的取值范围，"x $\neq$ 老王"是否定的焦点系联。例（8）是说对任一 x 而言，x 属于"老王"所在的选项集，如果 x 来了，则 x 不是老王。简言之，凡来者，皆不是老王。通俗的说法，就是"没"否定了句内成分"老王"。例（6）跟例（8）同义，其论证如下：

　　（9）a. $\neg \exists x(x=$ 老王 $\wedge$ 来 (x))

　　　　b. $\forall x \neg (x=$ 老王 $\wedge$ 来 (x))　　　　对 a 施用量词转换规则

　　　　c. $\forall x$［$\neg (x=$ 老王) $\vee \neg$ 来 (x))　　对 b 施用德·摩根定理

　　　　d. $\forall x$［$\neg$ 来 (x) $\vee \neg (x=$ 老王))　　对 c 施用交换律

　　　　e. $\forall x$［来 (x) $\to \neg (x=$ 老王))　　　对 d 施用实质蕴涵规则

例（9a）表示"不存在这样一个人，使得，他是老王，并且他来了"，例（9e）表示"对于任一 x 来说，如果 x 来了，则 x 不是老王"。又如：

（10）a. 张三不在学校读［小说］F

b. ∀x∈［小说］^A［张三在学校读 (x) → x ≠ 小说］。

例（10a）并不是否定读或在哪儿读，而是肯定张三在学校读了什么，只是这读物不是小说而已。否定词跟"小说"系联，是因为"小说"为焦点，并且跟"不"一起上移到 FocP 的域内。例如：

（11）

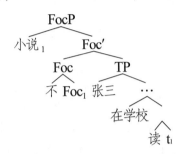

例（8）与例（10b）中的全称量词来自于语境，即这里的焦点范畴，因为对比焦点有穷尽义（exhaustiveness）。比如说：

（12）a. 老张和老王设计害了老李。

b. 老张设计害了老李。

（13）a. 是老张和老王设计害了老李。

b. 是老张设计害了老李。

例（12a）蕴涵例（12b），而例（13a）并不蕴涵例（13b），因为例（13b）中的"老张"是个有穷尽性（exhaustiveness）与排他性（exclusiveness）的对比焦点，这句话的意思是害老李的只是老张，没有别人。排他性使句子有否定的意味，比如说：

（14）a. 是我明天乘火车去广州。→不是"别人"

b. 我是明天乘火车去广州。→不是"别的日子"

c. 我明天是乘火车去广州。→不是通过"别的方式"

d. 我明天乘火车是去广州。→不是"去别的地方"

为简单起见，也可以直接采用算子表达，而不特意地表达成存在量词或全称量词，比如说：

（15）a. ［张三］$_F$ 没有批评李四。

　　　　¬-Foc［x = 张三］［x 批评李四］

b. 张三没有批评［李四］$_F$。

　　　　¬-Foc［x = 李四］［张三批评 x］

c. 张三没有［批评］$_F$ 李四。

　　　　¬-Foc［P = 批评］［张三 P 李四］

d. 张三没有［批评李四］$_F$。

　　　　¬-Foc［P = 批评李四］［张三 P］

例（15a）的意思是"不存在这样一个个体，它是张三，并且它批评李四"，即"对于任一个体来说，如果它批评李四，则它不是张三"。其他句子也可以作类似表达。否定词作为焦点敏感词，会跟焦点系联，在例（15a）中跟"张三"系联，在例（15b）中跟"李四"系联，在例（15c）中跟"批评"系联，在例（15d）中跟"批评李四"系联。

3.2　"只"

焦点有的时候并不影响句子的真值条件，只会影响到句子使用的适切性，即在某个语境中能否这么用的问题。例如：

（1）a. Q：张三推荐谁给王五？

　　　A：张三推荐［李四］$_F$ 给王五。

b. Q：张三推荐李四给谁？

　　　A：张三推荐李四给［王五］$_F$。

例（1a）与例（1b）中答句的差别在于对比重音，它们的真值条件相同，即在同一情境，两句或同为真，或同为假。在使用的时候，例（1a）中的答句不能用来回答例（1b）中的答句，例（1b）不能用来回答例（1a）中的答句。

"只""总是""必须"等在焦点句中常影响到句子的真值条件。这些词因与焦点系联，也叫焦点敏感算子。同一个焦点敏感算子与同一个句子中的不同的焦点相关联时，句子的真值条件会不同。例如：

（2）a. 张三只推荐［李四］$_F$给王五。

b. 张三只推荐李四给［王五］$_F$。

焦点敏感算子"只"在例（2a）和例（2b）中分别与焦点"李四"和"王五"发生关联。尽管例（2a）和例（2b）这两个句子都描述了"张三推荐李四给王五"这个基本事实，但焦点关联的不同可以导致两者的真值条件不同。假设张三推荐李四和赵六给王五，而且没有把李四推荐给王五之外的人，那么，例（2a）为假，而例（2b）为真；假设张三推荐李四一个人给王五，但又把李四与赵六一起推荐给钱七，那么，例（2a）为真，而例（2b）为假。

焦点成分为获得解释，在逻辑形式层面必须移位，并会引入索引。焦点敏感算子在逻辑形式层面必须靠近其关联焦点成分。焦点敏感算子大多为副词，其语义类为 $<<e, t>, <e, t>>$。作为副词的"只"在逻辑形式层面只能嫁接于焦点成分所引入的索引上。例如：

（3）张三只推荐［李四］_F给王五。

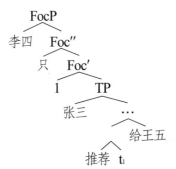

焦点成分"李四"经移位后在其原位上留下一个语迹，这样，该句的剩余部分是"张三推荐 t_1 给王五"，语迹 t_1 是一个自由变量，经索引"1"约束后变成受约变量，这样就得出了"λx.［推荐（王五）(x)(张三)］"。接着附加上焦点敏感词"只"，焦点"李四"着陆于 FocP 的指示语位置。例（3）的语义计算过程为：

（4）a. 变量赋值

$g= \{<1, x>, <2, y>\}$

$g(1) = x$

$\|t_1\|^g = g(1) = x$

b. 词项的指谓

$\|张三\| = 张三$

$\|李四\| = 李四$

$\|王五\| = 王五$

$\|推荐\| = λk.λm.λn 推荐 (k)(m)(n)$

$\|只\| = λP.λz.∀y.［P(y) → z = y］$ [①]

c. 语义计算

$\|TP\|^g = 推荐（王五）(x)（张三）$

---

① "只"的语义是仿照"only"给出的。在（3）中，Foc′ 的语义类是 $<e, t>$，Foc″ 的语义类也得为 $<e, t>$，所以"只"的语义类，只能为 $<<e, t>, <e, t>>$。根据语义类与语义表达式的对应性，"只"的语义表达式也只能是"λP. λz. ∀y.［P(y) → z = y］"。

$$\|\text{Foc}'\|^g = \lambda\, g(1).\|\text{TP}\|^g$$

$$= \lambda x.[\text{推荐}(王五)(x)(张三)]$$

$$\|\text{Foc}''\|^g = \|只\|^g(\|\text{Foc}'\|^g)$$

$$= \lambda P.\lambda z.\forall y.[P(y)\rightarrow z=y](\lambda x.[\text{推荐}(王五)(x)(张三)])$$

$$= \lambda z.\forall y.[[\text{推荐}(王五)(y)(张三)]\rightarrow z=y]$$

$$\|\text{FocP}\|^g = \|\text{Foc}''\|^g(\|李四\|^g)$$

$$= \lambda z.\forall y.[[\text{推荐}(王五)(y)(张三)]\rightarrow z=y](李四)$$

$$= \forall y.[[\text{推荐}(王五)(y)(张三)]\rightarrow 李四=y]$$

最后推导的结果是对任一个体而言，如果张三推荐它给王五，则它为李四，即"凡是张三推荐给王五的人都是李四"。

假定在焦点句中，焦点范畴不仅激发焦点成分移位，也激发焦点敏感词进行移位。焦点成分在其指示语位置参与合并，焦点敏感词跟焦点范畴融合。例如：

（5）a. 双分枝结构

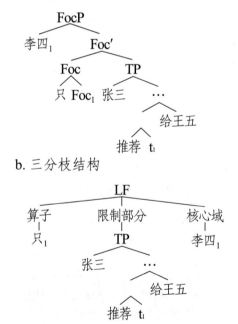

b. 三分枝结构

例（5a）是双分枝结构，其中"只 -Foc"是个复合算子。例（5b）是三分枝结构，焦点部分是核心域，预设部分是限制部分。例（5a）跟例（5b）是等价的。在例（5a）中，焦点引进话语指称 x，TP 的指谓为"推荐 (王五)(x)(张三)"，很显然，TP 的指谓为焦点句的预设。根据索引即为论元的观点，"李四$_1$"的指谓为"李四 (x)"。所以例（5a）的指谓可计算为：

（6）$\|FocP\|^g$

$\quad = \|只 -Foc_1 [李四 (x)] [推荐 (王五)(x)(张三)]\|^g$

$\quad = 只 -Foc\, x [李四 (x)] [推荐 (王五)(x)(张三)]$

Foc 算子将焦点的语义映射到核心域，即"李四（x）"要映射到核心域，将预设的语义映射到限制部分，即"推荐 (王五)(x)(张三)"要映射到限制部分，如例（5b）。此外，Foc 还会对焦点成分引进的话语指称进行限定。所以，例（6）可以改写为：

（7）只 $x \in [李四]^{A} . [_{核心域}李四 (x)]\ [_{限制部分}推荐 (王五)(x)(张三)]$

如果习惯于"限制部分前于核心域"的排列方式，则例（7）可以改写为：

（8）只 $x \in [李四]^{A} . [推荐 (王五)(x)(张三)] [李四 (x)]$

$[李四]^{A}$ 是由"李四"引进的选项集，如｛李四、张三、王五、赵六、钱七｝。对选项集而言，焦点成分是必须存在的一个元素。它在语境中至少包含"李四"。如果"只"类似于全称算子，则例（8）可以改写为：

（9）$\forall x \in [李四]^{A} . [推荐 (王五)(x)(张三) \rightarrow 李四 (x)]$

如果利用例（5b），则会忽略选项集。如果"只"类似于全称算子，则根据例（5b）可以直接写出以下表达式：

（10）‖LF‖ᵍ＝∀x［推荐（王五）(x)（张三）→李四 (x)］

焦点成分可大可小，可以小到语素，比如说"我是山东人，不是山西人"，其中的焦点就是语素"东"。句法操作不能作用到词内成分，焦点移位也就只能采用拖带移位，即将其所在的整个词进行移位。相应地，短语中的词也有可能拖带整个短语移位。例如：

（11）李四只［跟［张三］F 的妈妈］FP 交谈过。

（12）a.*

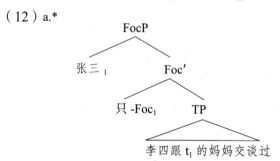

　　b.

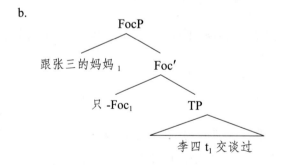

例（12）的指谓分别如下：

（13）a. ∀y∈［张三］^.［［交谈 (y 的妈妈)（李四)］→张三 (y)］

　　　a. ∀y∈［张三］^.［［交谈 (y)（李四)］→张三的妈妈 (y)］

例（12a）/ 例（13a）是说李四只跟张三的妈妈交谈了，而没有跟别人的妈妈交谈，如果张三有兄弟姐妹，例（12a）/例（13a）就不合适。例（12b）/例（13b）是说李四只跟张三的妈妈交谈了，没有跟别人交谈，即使张三有兄弟姐妹，这句话也可以为真。所以，移位成分可以是包含焦点在内的焦点短语。又如：

（14）张三只喜欢［推荐［李四］$_F$ 给王五的那个人］$_{FP}$。

由于"李四"在复杂的名词短语内，也只能拖带整个名词短语移位。例如：

（15）a. 结构指派

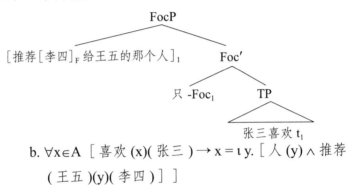

b. $\forall x \in A$［喜欢(x)（张三）$\rightarrow x = \iota y.$［人(y) $\wedge$ 推荐（王五）(y)（李四）］］

焦点敏感词及其关联的焦点成分通过移位在逻辑形式层面都落在焦点范畴的域内，焦点成分在焦点范畴的指示语位置，焦点敏感词跟焦点范畴融合。一般来说：

第一，有焦点敏感词的句子蕴涵着相应的不含焦点敏感词的句子，如例（14）蕴涵着"张三喜欢推荐李四给王五的那个人"。如果"推荐李四给王五的那个人"是"赵六"，则例（14）表示"张三只喜欢赵六"，这自然蕴涵着"张三喜欢赵六"，因为"张三只喜欢赵六"为真，则"张三喜欢赵六"必然为真。

第二，焦点敏感词对句子的意义起量化作用，即它们量化由焦点激发的相关选项集合。如例（15b）中的 $\forall x \in A$。

第三，焦点算子会使（这些焦点所激发的）选项被包括在其辖域中的开语句的可能取值中或被排除在它可能的取值之外。比如说例（14），焦点所激发的选项集假定为｛李四，张三，王五｝，由于句子的焦点为"李四"，因此在"只"的作用下，只有"李四"能使赋值后的语句表达真命题，用"张三"、"王五"给命题函数"张三喜欢［推荐 x 给王五的那个人］"赋值后，得到的命题为假。

3.3 "都"

"都"在语义上不仅可以指向左边的成分，也能指向右边的成分。上一章处理的是指向左边成分的情形。所指向的右边成分可以是代词、疑问短语与普通的名词短语。例如：

（1）我都认识<u>他们</u>。

（2）a. 你都读了<u>哪些书</u>？

    b. 他那天都买了<u>什么</u>？

    c. 都<u>谁</u>来了？

（3）a. 小李都买<u>呢子的衣服</u>。

    b. 他没吃别的，都吃的<u>馒头</u>。

第一组的代词是话题的复指代词，这里的"都"指向的实际上还是前面的话题，早先我们用语义约束进行过解释，换用现在的框架可表示为：

（4）我都喜欢他们。

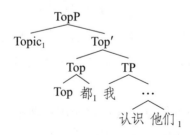

在例（4）中，空话题与"我认识他们ᵢ"都是"都"的论元，
"都"通过约束空话题引出的变量来约束"他们"这一变量。空
话题可能是承前省造成的。例如：

（5）a. 王萍、李茂生我都认识他们。

　　　b."王萍、李茂生你认识吗?""我都认识他们。"

（6）［王萍、李茂生］ᵢ，我都认识他们ᵢ。

第二组中的疑问短语是焦点。作为焦点的疑问短语在逻辑形
式层面需要移位到焦点范畴（这里标记作 Wh）的指示语位置。
例如：

（7）你都认识谁?

（8）结构指派

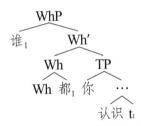

（9）Wh- 都 x［x＝谁］［你认识 x］

　　　＝Foc-Q- 都 x［x＝谁］［你认识 x］

　　　＝Q- 都 x［你认识 x］［x＝谁］

　　　＝都 x［你认识 x］［Q y［x＝y∧人 (y)］］

　　　＝∀x［你认识 x→Q y［x＝y∧人 (y)］］

例（8）中的疑问短语移到 WhP 的指示语位置，Wh 包含疑问算
子（Q）与焦点算子（Foc），如例（9）。焦点算子决定限制部
分与核心域，限制部分为预设，核心域为焦点。因为疑问短语受
"都"系联，所以也有复数性要求。例如：

（10）a. 你读过哪本书?　～ b. *你都读过哪本书?

（11）a. 你读过<u>哪些</u>书？ ～ b. 你都读过<u>哪些</u>书？

（12）a. 你读过<u>什么</u>书？ ～ b. 你都读过<u>什么</u>书？

从例（10b）可以看出，"都"跟疑问短语在数方面有强制性的选择限制关系。例（12a）中的"什么书"的预设可以是单数的、也可以是复数的；但是，例（12b）中的"什么书"的预设只能是复数的、不能是单数的。

第三组中的普通的名词短语是焦点。焦点范畴会吸引焦点成分与焦点敏感词进行移位。例如：

（13）小李都买［$_F$ 呢子的衣服］。

（14）结构指派

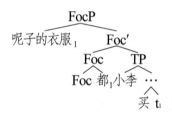

（15）Foc- 都 x［呢子的衣服 (x)］［小李买 x］

＝都 x［小李买 x］［呢子的衣服 (x)］

＝$\forall$x［小李买 x → 呢子的衣服 (x)］

例（13）中的［$_F$...］标记焦点部分，其中 F 为 Focus，也可以标作"［...］$_F$"。例（15）中的焦点算子将预设映射为限制部分，将焦点映射为核心域，整个句子表示凡小李所买皆为呢子的衣服，即呢子衣服是小李所购买的衣服的全部。"呢子的衣服"在数方面也有强制性的选择限制关系。例如：

（16）a．小李都买［$_F$ 这些呢子的衣服］。

b.* 小李都买［$_F$ 这件呢子的衣服］。

例（13）中"呢子的衣服"是焦点，可通过对比测试。例如：

（17）a. 小李都买［_F呢子的衣服］，不买［_F丝绸的衣服］。

b.* 小李都［_F买］呢子的衣服，不［_F穿］呢子的衣服。

（18）a. 他都说［_F英语］，不说［_F汉语］。

b.* 他都［_F说］英语，不［_F教］英语。

（19）a. 他都写［_F小说］，不写［_F报告文学］。

b.* 他都［_F写］小说，不［_F读］小说。

由于"都"需要同可量化的成分关联，所以例（17—19）中a组句子全部合法，而b组句子全部不合法。

"都"需要同可量化的成分关联，在对比焦点不可量化时删除"都"，不连贯的两个句子应该可以连贯。事实也是如此。例如：

（20）a. 小李［_F买］呢子的衣服，不［_F穿］呢子的衣服。

b. 他［_F说］英语，不［_F教］英语。

c. 他［_F写］小说，不［_F读］小说。

"呢子的衣服"为焦点还可以从隐性否定上寻找证据。凡有对比焦点，必有选择，选中其一，排除其他。正因为如此，"他都买［_F呢子的衣服］"表示"他不买呢子衣服之外的衣服"，"他都写［_F小说］"表示"他不写小说之外的文章"，"他都说［_F英语］"表示"他不说英语之外的语言"。这种"隐性否定功能"是由对比焦点造成的。在含对比焦点的句子中即使没有"都"，句子也会有"隐性否定"。例如：

（21）a. 他买［_F呢子的衣服］，不买［_F丝绸的衣服］。

b. 他说［_F英语］，不说［_F汉语］。

c. 他写［_F小说］，不写［_F报告文学］。

例（21）中"他买［_F呢子的衣服］"表示"他不买呢子衣服之外的衣服"，"他说［_F英语］"表示"他不说英语之外的语言"，"他写［ F 小说］"也表示"他不写小说之外的文章"。

徐烈炯（2014）①指出：当"都"指向它前面的名词时，会使前面的名词具有穷尽性，而当"都"指向它后面的名词时，并不会使后面的名词具有穷尽性，甚至没有排他性。如在某个情境中，只要小李买的衣服多数是呢子的，即使买了一两件棉布衣服也可以说"小李都买呢子的衣服"。例如：

（22）a. 他去百货商店，都买呢子衣服，还买些别的东西。

　　　 b.* 他去百货商店，只买呢子衣服，还买些别的东西。

徐烈炯（2014）用"都"和"只"的对比，论证"都"并不真的有排他性，这种对比是因为"只"具有典型的排他性。例如：

（23）a. 每次旅游，他都带妻子去，而且都带儿子去。

　　　 b.* 每次旅游，他只带妻子去，而且只带儿子去。

（24）a.? 小王都看英文书，不做别的事。

　　　 b. 小王只看英文书，不做别的事。

所以徐烈炯（2014）认为"都"右边的某个名词性成分作排他性解读是用"都"的充分条件，而非必要条件。

我们认为，例（23）是因为句子中出现了"每次"，这时的"都"会指向前边的"每次"，不会指向后边的"妻子"或"儿子"，所以合法；"只"只能后指，不能指向前边的"每次"，但后边没有排他性，既有"妻子"又有"儿子"，所以不合法。例（24）中的"都"只能指向后边的名词性成分，但对比的是动词性成分，如"看英文书"与"做别的事"，所以不合法，请参考例（17—19）中的 b 组句子；"只"既可指向名词性成分，也可以指向动词性成分，"看英文书"符合要求。对例（22a）而言，如

---

① 徐烈炯 2014 "都"是全称量词吗？《中国语文》第 6 期。

果它合法的话，则隐含着一个"每次"之类的话题成分，例如：

（25）每次他去百货商店，都买呢子衣服，还买些别的东西。

一个句子是合法的，但似乎又没有成分可以通过显性或隐性移位而映射到限制部分，这个时候就要考虑语境隐含。例如：

（26）a. It always rains.

　　　b. always $[C(s)]$ $[rains(s)]$

例（26b）就是由语境提供时空处所（spatio-temporal location）或类似的成分做限制部分的，C 为变量，由语境定值。例（22a）就是将"他去百货公司"映射为限制部分，如例（25），可图示如下：

（27）结构指派

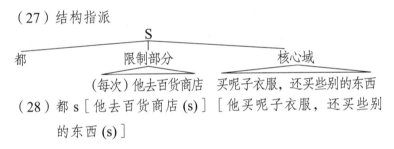

（28）都 s $[$他去百货商店 (s)$]$ $[$他买呢子衣服，还买些别的东西 (s)$]$

例（28）是说，对任一场合 s 而言，如果他在 s 场合去百货商店，则他在 s 场合买呢子的衣服并且他还买别的东西。

4. 本章结语

焦点像量化短语一样，在解释的时候会发生强制性移位，并由此会产生预设与预设集。对焦点句的诠释，会采用焦点、预设、预设集这些概念。预设集与选项集的实质相同，但侧重点不同。选项集强调的是与焦点成分相应的对比成分，在诠释焦点句的时候，也有考虑选项集的。焦点敏感词会移向焦点范畴，并跟焦点范畴构成复合算子，并对句子的语义发生影响。这里只描述了汉语中的否定词、"只"与"都"，它们都有对应的焦点系联的性质。焦点范畴提供的焦点算子，其作用是将预设映射到限制部分，将焦点映射到核心域。

◢ 推荐阅读

蔡维天　2004 谈"只"与"连"的形式语义，《中国语文》第 2 期。

冯予力，潘海华　2018 再论"都"的语义——从穷尽性和排他性谈起，《中国语文》第 2 期

胡建华　2007 否定、焦点与辖域，《中国语文》第 2 期。

蒋静忠，潘海华　2013 "都"的语义分合及解释规则，《中国语文》第 1 期。

李宝伦　2010 何处关联：焦点还是焦点短语，《当代语言学》第 1 期。

李宝伦　2012 修饰语量化词都对焦点敏感吗？《当代语言学》第 2 期。

李宝伦　2016 汉语否定词"没（有）"和"不"对焦点敏感度的差异性，《世界汉语教学》第 3 期。

李宝伦，潘海华，徐烈炯　2003 对焦点敏感的结构及焦点的语义解释（上、下），《当代语言学》第 1 期，第 2 期。

刘丽萍　2014 否定辖域及焦点否定之语义解释，《语言教学与研究》第 5 期。

刘丽萍　2015 《句法省略与汉语截省句研究》，北京：中国社会科学出版社。

潘海华　2006 焦点、三分结构与汉语"都"的语义解释，《语法研究和探索》（十三），北京：商务印书馆。

王　欣　2012 逻辑语法视角下"是"的同一性问题，《现代外语》第 2 期。

文卫平，方　立，等　2008 《动态意义理论》，北京：中国社会科学出版社。

熊仲儒　2007 否定焦点及其句法蕴含，《中国语文》第 4 期。

熊仲儒　2008 "都"的右向语义关联，《现代外语》第 1 期。

熊仲儒　2013《当代语法学教程》（第七章第二节），北京：北京大学出版社。

徐　杰，李英哲　1993 焦点和两个非线性语法范畴："否定""疑问"，《中国语文》第 2 期。

徐烈炯　2001 焦点的不同概念及其在汉语中的表现形式，《现代中国语研究》第 3 期。

徐烈炯，潘海华　2005《焦点结构和意义的研究》，北京：外语教学与研究出版社。

殷何辉　2017《焦点敏感算子"只"的语义研究》，北京：世界图书出版公司。

◤ 练习

1. 请解释以下句子的语法性。

　（1）John$_i$ loves his$_i$ mother.

　（2）John$_i$'s mother loves him$_i$.

　（3）His$_i$ mother loves John$_i$.

　（4）*He$_i$ loves John$_i$'s mother.

2. 请计算"张三看见了他的妈妈，李四也是。"的语义。

　（1）张三$_i$看见了他$_i$的妈妈，李四$_j$也看见了他$_i$的妈妈。

　（2）张三$_i$看见了他$_i$的妈妈，李四$_j$也看见了他$_j$的妈妈。

3. 解释下列问答的适切性。

　（1）小张请［谁］$_F$吃晚饭？

　　　　a. 小张请［小李］_F吃晚饭。

　　　　b.# 小张请［小李］_F吃［早饭］_F。

　　（2）［谁］_F请［谁］_F吃晚饭？

　　　　a.［小张］_F请［小李］_F吃晚饭。

　　　　b.#［小张］_F请［小李］_F吃［午饭］_F。

4. 请用一定的方式表达下面句子的语义。

　　（1）［张三］_F推荐李四给王五。

　　（2）张三推荐［李四］_F给王五。

　　（3）张三推荐李四给［王五］_F。

5. 请表达以下否定句的结构化的意义。

　　（1）［张三］_F没有批评李四。

　　（2）张三没有批评［李四］_F。

　　（3）张三没有［批评］_F李四。

　　（4）张三没有［批评李四］_F。

6. 请计算下句的语义。

　　（1）张三只推荐［王五］_F给李四。

　　（2）张三只推荐王五给［李四］_F。

7. 根据 even 句，描述"连张三都来了"的标准义、预设、预设
　　集及句子的语义。

　　（1）Even［John］_F was invited.

　　（2）标准义：John was invited

　　（3）预设：x was invited

　　（4）预设集：{x| x was invited }；λx. x was invited

　　（5）$\forall x \in$［John］^{A}［$x \neq$ John $\rightarrow$［probability(x was invited)
　　　　>probability(John was invited)］

8. 翻译以下材料，了解焦点敏感算子对语义的影响（Jacobson 2016）。

As noted above, focal stress in certain cases contributes nothing to the actual truth conditions of a sentence, yet it does create this additional dimension of meaning. Thus while (1a) and (1b) have the same truth conditions, they are appropriate in different contexts:

(1) a. COYOTES eat chipmunks.

b. Coyotes eat CHIPMUNKS.

(In these sentences, *coyotes* and *chipmunks* are not plural common nouns, but are what is known as bare plural NPs; see Carlson 1980.) (1a) is most likely uttered in a context where what is at issue is the question of what sort of animals are chipmunk-eaters; (1b) is more appropriate in a context where what is at issue is the feeding habits of coyotes.

Especially interesting is the fact that focus actually *does* contribute to the truth conditions in some cases. This emerges when sentences like these are embedded in constructions involving so-called focus-sensitive words like *only*. Thus take the pairs in (2) and (3) ((3) is considerably less natural but its analysis is simpler and so we will often use this kind of frame in this chapter):

(2) a. I only believe that COYOTES eat chipmunks.

b. I only believe that coyotes eat CHIPMUNKS.

(3) a. It is only the case that COYOTES eat chipmunks.

b. It is only the case that coyotes eat CHIPMUNKS.

(3a) denies that other relevant animals eat chipmunks while (3b) is entirely neutral on that point. Take, for example, the case of an environmentalist charged with figuring out what is responsible for the declining population of chipmunks in her region. A group of overly zealous homeowners who all love the local chipmunks are thinking that the solution is to thin out the population of wolves and mountain lions. "Not so," says the environmentalist, "It's only the case that COYOTES eat chipmunks." (Of course she probably utters a more colloquial version of (3a).) And so here (3a) entails that the wolves and mountain lions are not preying on the chipmunks. But (3b) has no such entailment. It might instead be uttered by a coyote defender (concerned with the fact that humans seem to feel that the coyote population needs to be thinned) in a context where chipmunks are quite plentiful. The coyote defender can argue against thinning the coyote population by uttering (3b)—here she is committed to the fact that coyotes are not bothering any other species. Thus the meaning of only (or, it is only the case) is such that it is sensitive to the role of stress. In general, then, the role of this kind of stress is to conjure up a set of alternatives (an intuition which is reflected by the common use of the term contrastive stress). Moreover, when embedded under a focus-sensitive word like only, those alternatives become relevant to the truth conditions.

9. 计算 "张三都读过［这些书］$_F$" 的语义。

10. 计算 "张三也推荐［李四］$_F$给王五" 的语义。

11. 说说下面各组句子的蕴涵关系。
    （1）a. 张三也买了《红楼梦》。
        b. 张三买了《红楼梦》。
        c. 除张三之外的其他人买了《红楼梦》。

（2）a. 光张三买了《红楼梦》。

　　　b. 张三买了《红楼梦》。

　　　c. 张三之外的人没有买《红楼梦》。

第十章　事件语义

　　定中结构中可以有多个定语修饰中心语，状中结构中也可以有多个状语修饰中心语。定中结构的语义计算，我们采用的是并列规则（谓词修饰规则）；状中结构的语义计算，我们也将采用并列规则。并列规则的前提是语义类的等同，为此，我们需要在基本语义类 e 与 t 的基础上对基本语义类进行扩充，如引进一个新的基本语义类 s。e 对应于个体，t 对应于真值，s 对应于情境（situation）。此外，我们还需要引进事件论元。从事件的角度考察句子或短语的语义，是本章的主旨。

1. 事件论元

　　我们在前面的章节将状语看作函数，动词短语或句子为其论元，动词短语的语义类为 <e, t>，则状语的语义类为 <<e, t>, <e, t>>。最后会造成充当谓语的成分在充当状语时需要重新指派语义类。例如（不考虑无关细节）：

（1）a. 他很机智。

　　　b. 他机智地解决了这个问题。

　　　c.（机智地（解决（这个问题）））(他)

（2）a. 他用筷子。

　　　b. 他用筷子吃饭。

　　　c.((用（筷子））(吃（饭)))(他)

"机智"的语义类在（1a）中为 <e, t>，在例（1b）中为 <<e, t>, <e, t>>。"用筷子"的语义类在例（2a）中为 <e, t>，在例（2b）中为 <<e, t>, <e, t>>。兼类或临时指派语义类的策略最好避免使用。例（1c）是例（1b）的语义，例（2c）是例（2b）的语义。

一个句子如果有多个状语，谓词就会嵌套得很深。不仅英语如此，汉语也是如此。例如：

（3）a. Jones buttered the toast slowly in the bathroom with a knife.

　　 b. ((WITH(k))((IN(b))(SLOWLY(BUTTER(t)))))(j)

（4）a. 张三在食堂用餐刀慢慢地吃牛排。

　　 b. ((在（食堂)）((用（餐刀)))(慢慢地（吃（牛排))))(张三)

例（3a）中的 BUTTER(t) 做 SLOWLY 的论元，SLOWLY (BUTTER(t)) 做 IN(b) 的论元，(IN(b))(SLOWLY(BUTTER(t))) 接着做 WITH(k) 的论元，BUTTER(t) 嵌套很深。例（4）中的"吃"也是如此。

状语和定语都是修饰语，但在定语上，我们作了不同的处理，即采用并列规则将定语处理作谓词。例如：

（5）a. 小土豆

　　 b. λx［小 (x) ∧ 土豆 (x)］

例（5a）中的"小"是定语，在例（5b）中被处理为以 x 为论元的谓词，通过并列规则跟"土豆 (x)"构成合取式。定语常常描述个体，如例（5）中的 x；状语常常描述事件，如例（6）中的 e：

（6）a. 张三在食堂用餐刀慢慢地吃牛排。

　　 b. λe［在食堂 (e) ∧ 用餐刀 (e) ∧ 慢慢地 (e) ∧ 吃（牛排）(张三)(e)］

　　为简单起见，我们认为例（6）中的各状语描述的都是事件，如"在食堂"是事件发生的场所，"用餐刀"是事件所凭借的工具，"慢慢地"是事件的方式，"张三吃牛排"是事件的内容。例（6）跟例（5）一样，都属于函数。例（6a）作为命题，其中的事件论元 e 需要借助存在量词封闭起来，例（5）做无定短语时也是如此。例如：

（7）a. 张三买了小土豆。

　　　b. $\exists x \left[\, 小\,(x) \wedge 土豆\,(x) \wedge 买\,(x)(\,张三\,) \right]$

（8）a. 张三在食堂用餐刀慢慢地吃牛排。

　　　b. $\exists e \left[\, 在食堂\,(e) \wedge 用餐刀\,(e) \wedge 慢慢地\,(e) \wedge 吃\,(\,牛排\,)\right.$
　　　$\left. (\,张三\,)(e) \right]$

例（8）的意思是说：

（9）至少存在一个事件 e，使得：

　　　e 发生在食堂；

　　　e 要用餐刀；

　　　e 慢慢地；

　　　e 是张三吃牛排。

　　有的学者觉得例（8b）还不够，还应该把动词的论元也独立出来。如例（10b）：

（10）a. 张三在食堂用餐刀慢慢地吃牛排。

　　　b. $\exists e \left[\, 在食堂\,(e) \wedge 用餐刀\,(e) \wedge 慢慢地\,(e) \wedge 吃\,(e) \wedge\right.$
　　　$\left. 牛排 = 受事\,(e) \wedge 张三 = 施事\,(e) \right]$

　　　c. $\exists e \left[\, 食堂 = 处所\,(e) \wedge 餐刀 = 工具\,(e) \wedge 慢慢地\right.$
　　　$= 方式\,(e) \wedge 吃\,(e) \wedge 牛排 = 受事\,(e) \wedge 张三 = 施事\,(e) \left.\right]$

动词指谓事件，"吃"指谓的事件可记作"吃 (e)"，"喝"指谓的事件可记作"喝 (e)"。动词的论元,如主语、直接宾语、间接宾语等对应于事件中的参与者。在"张三吃牛排"中,"张三"是"吃"事件中的施事,可记作"张三 = 施事 (e)";"牛排"是"吃"事件中的受事,记作"牛排 = 受事 (e)"。状语是对事件的限制与描述,可记作"状语 (e)",也可以根据语义进行描述,如例(10c)。标记是规约的,用 SUBJECT 而不用施事,用 OBJECT 而不用受事,用 TO 而不用目标,也可以。例如:

(11) a. I flew my spaceship to the Morning Star.

$\exists e(\text{FLY}(e) \wedge \text{SUBJECT}(e) = \text{I} \wedge \text{OBJECT}(e) = \text{my spaceship}$

$\wedge \text{TO}(e) = \text{the Morning Star})$

b. I flew to the Morning Star.

$\exists e(\text{FLY}(e) \wedge \text{SUBJECT}(e) = \text{I} \wedge \text{TO}(e) = \text{the Morning Star})$

c. My spaceship was flown to the Morning Star.

$\exists e(\text{FLY}(e) \wedge \text{OBJECT}(e) = \text{my spaceship} \wedge \text{TO}(e) = \text{the}$

Morning Star)

d. I flew.

$\exists e(\text{FLY}(e) \wedge \text{SUBJECT}(e) = \text{I})$

e. My spaceship was flown.

$\exists e (\text{FLY}(e) \wedge \text{OBJECT}(e) = \text{my spaceship})$

例(11a)蕴涵着例(11b—e)。蕴涵关系可通过"(P∧Q) → P"推导,这意味着主语、宾语可以从 fly 的论元结构中分离出来,表达成独立的合取项。又如:

(12) a. The wind broke the vase.

b. $\exists e [\text{break}(e) \wedge \text{Causer}(e) = \text{the wind} \wedge \text{Theme}(e) = \text{the vase}]$

(13) a. The vase broke.

b. $\exists e [\text{break}(e) \wedge \text{Theme}(e) = \text{the vase}]$

（14）a. Max washed the child.

      b. $\exists e \left[\text{wash(e)} \wedge \text{Agent(e)} = \text{Max} \wedge \text{Theme(e)} = \text{the child} \right]$

（15）a. Max washed.

      b. $\exists e \left[\text{wash(e)} \wedge \text{Agent(e)} = \text{Max} \wedge \text{Theme(e)} = \text{Max} \right]$

例（12）中的 break 是致使性的及物动词，例（13）中的 break 是去致使化的不及物动词。例（14）中的 wash 是及物动词，例（15）中的 wash 是反身动词。根据"（P $\wedge$ Q）$\rightarrow$ P"，例（12）能蕴涵例（13），例（14）不能蕴涵例（15）。在语义表达式中，英语单词可以大写或小写，可以全写或省写。

2. 包含题元角色的语义计算

2.1　题元角色

词项的语义在不同的框架中可以有不同的描述。D 是指谓（denote），s 跟 situation 有关，D_s 指谓情境；t 跟 truth value 有关，D_t 指谓真值；e 跟 entity 有关，D_e 指谓个体[①]。例如：

（1）a. $\|\text{打}\| = \lambda x \in D_e.\lambda y \in D_e. \left[\text{打}(x)(y) \right]$

     b. $\|\text{打}\| = \lambda x \in D_e.\lambda y \in D_e.\lambda e \in D_s. \left[\text{打}(x)(y)(e) \right]$

     c. $\|\text{打}\| = \lambda x \in D_e.\lambda y \in D_e.\lambda e \in D_s. \left[\text{打}(e) \wedge \text{受事}(e) = x \right.$
            $\left. \wedge \text{施事}(e) = y \right]$

     d. $\|\text{打}\| = \lambda x \in D_e.\lambda e \in D_s. \left[\text{打}(e) \wedge \text{受事}(e) = x \right]$

     e. $\|\text{打}\| = \lambda e \in D_s\ \text{打}(e)$

例（1a）是我们之前各章节的表达式，其中的"打"有两个个体论元。例（1b）是在例（1a）的基础上为"打"增加事件论元，

[①]　这里需要扩充一下语义类。例如：

a. e、t、s 是语义类。

b. 如果 a 是语义类，b 也是语义类，则 <a, b> 是语义类。

c. 除了由 (a) 和 (b) 生成的语义类之外，其他的都不是语义类。

属戴维森事件语义学的内容。例（1c—e）属新戴维森事件语义学的内容，即都认为"打"有事件论元，差别在于语义式内部含有多少参与者。例（1c）认为"打"有两个事件参与者：施事与受事，其中"受事 (e)"表示事件中的受事，"施事 (e)"表示事件中的施事，"打 (e)"表示"打"这一事件，它等于是将例（1a）进行了分解，将其中的变量 x 与 y 分别跟受事与施事关联起来。例（1d）认为"打"只有一个事件参与者：受事。例（1e）认为"打"没有事件参与者。如果采用例（1c）中的语义表达式，我们可以将相关的名词作如下定义，例如：

（2）a. ‖李四‖= 李四

　　 b. ‖张三‖= 张三

所以，"张三打李四"的语义计算如下：

（3）‖张三打李四‖

$\quad$ = ‖打‖(‖李四‖)(‖张三‖)

$\quad$ = $\lambda x \in D_e.\lambda y \in D_e.\lambda e \in D_s.$ [打 (e) $\wedge$ 受事 (e)= x $\wedge$ 施事 (e) = y] (李四)(张三)

$\quad$ = $\lambda y \in D_e.\lambda e \in D_s.$ [打 (e) $\wedge$ 受事 (e)= 李四 $\wedge$ 施事 (e) = y] (张三)

$\quad$ = $\lambda e \in D_s.$ [打 (e) $\wedge$ 受事 (e) = 李四 $\wedge$ 施事 (e) = 张三]

如果让动词只有事件论元，如例（1e），而且保证名词的语义不变，如例（2），就需要假定名词进入相关的题元位置。例如：

（4）"张三打李四"的部分结构

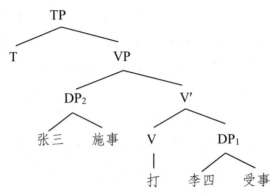

在例（4）中，"张三"进入施事位置获得施事角色，"李四"进入受事位置获得受事角色。句法理论，认为动词可以向特定的句法位置指派题元角色，如向宾语位置指派受事，向主语位置指派施事，论元在相应的句法位置会获得相应的题元角色，如例（4）中的"张三"在主语位置获得施事，"李四"在宾语位置获得受事。这种思想跟例（4）所反映的思想一致。

（5）$\|打\| = \lambda e_1 \in D_s$ 打 (e_1)

　　　$\|李四\| = 李四$

　　　$\|张三\| = 张三$

　　　$\|受事\| = \lambda x \in D_e \lambda e_2 \in D_s [x = 受事(e_2)]$

　　　$\|施事\| = \lambda x \in D_e \lambda e_3 \in D_s [x = 施事(e_3)]$

（6）a. $\|DP_1\| = \|受事\|(\|李四\|)$

　　　　　$= [\lambda x \in D_e \lambda e_2 \in D_s [x = 受事(e_2)]](李四)$

　　　　　$= \lambda e_2 \in D_s [李四 = 受事(e_2)]$

　　　b. $\|V'\| = \lambda e_4 \in D_s [\|V\|(e_4) \wedge \|DP_1\|(e_4)]$

　　　　　$= \lambda e_4 \in D_s [[\lambda e_1 \in D_s 打(e_1)](e_4) \wedge [\lambda e_2 \in D_s$

　　　　　$[李四 = 受事(e_2)]](e_4)]$

　　　　　$= \lambda e_4 \in D_s [打(e_4) \wedge 李四 = 受事(e_4)]$

c. $\|DP_2\| = \|施事\|(\|张三\|)$

$= [\lambda x \in D_e \lambda e_3 \in D_s [x = 施事(e_3)]](张三)$

$= \lambda e_3 \in D_s [张三 = 施事(e_3)]$

d. $\|VP\| = \lambda e \in D_s [\|V'\|(e) \wedge \|DP_2\|(e)]$

$= \lambda e \in D_s [[\lambda e_4 \in D_s [打(e_4) \wedge 李四 = 受事(e_4)]](e)$

$\wedge [\lambda e_3 \in D_s [张三 = 施事(e_3)]](e)]$

$= \lambda e \in D_s [打(e) \wedge 李四 = 受事(e) \wedge 张三 = 施事(e)]$

例（5）是词项的语义，包括施事与受事的语义；例（6a）与例（6c）采用的是函数运算规则，例（6b）与例（6d）采用的是并列规则，其中的 e_4 与 e 是变量。无论是例（3）还是例（6），都能表达出"张三打李四"这一动词短语的意义，"打"指示事件名称，"李四"指示事件中的受事，"张三"指示事件中的施事。例（3）与例（6）的计算结果是函数，还需要量化封闭。我们可以假定时制范畴 T 起着量化封闭的作用。例如：

（7）$\|T\| = \lambda P \in D_{<s,t>} \exists e [P(e)]$

T 与 VP 组合后可得到：

（8）$\|TP\| = [\lambda P \in D_{<s,t>} \exists e [P(e)]](\lambda e \in D_s [打(e) \wedge 李四$
$= 受事(e) \wedge 张三 = 施事(e)])$

$= \exists e [打(e) \wedge 李四 = 受事(e) \wedge 张三 = 施事(e)]$

如果考虑句子的时制因素，还可以增容 T 的指谓内容，如过去时：

（9）$\|T\text{-past}\| = Past. \lambda P \in D_{<s,t>} \exists e P(e)$

（10）$\|TP\| = Past. \lambda P \in D_{<s,t>} \exists e P(e)(\lambda e \in D_s [打(e) \wedge 李四$
$= 受事(e) \wedge 张三 = 施事(e)])$

$= Past. \exists e [打(e) \wedge 李四 = 受事(e) \wedge 张三 = 施事(e)]$

例（10）是根据例（4）计算的，其中的主语仍然留在动词短语内部的主语位置。如果主语移位到 TP 的主语位置后，则需要为之引进索引，如例（11）。索引的主要作用是谓词抽象与语义约束。

（11）

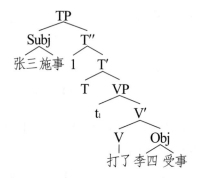

为简单起见，我们对动词与施事、受事中的事件变量不作 e_1、e_2 的区别。相关计算如下：

（12）词项的指谓：

$\|T\| = \lambda P \in D_{<s,\,t>} \exists e\,[\,P(e)\,]$

$\|打\| = \lambda e \in D_s\ 打\,(e)$

$\|李四\| = 李四$

$\|张三\| = 张三$

$\|受事\| = \lambda x \in D_e \lambda e \in D_s\,[\,x = 受事\,(e)\,]$

$\|施事\| = \lambda x \in D_e \lambda e \in D_s\,[\,x = 施事\,(e)\,]$

（13）变量赋值：

$g = \{\,[\,1 \to M\,]\,,\ [\,2 \to N\,]\,\}$

$g(1) = M$

$\|t_1\|^g = M$

（14）语义计算：

a. $\|Obj\|^g = \|受事\|^g\,(\|李四\|^g)$

$= \lambda x \in D_e \lambda e \in D_s\,[\,x = 受事\,(e)\,]\,(李四)$

$= \lambda e \in D_s\,[\,李四 = 受事\,(e)\,]$

b. $\|V'\|^g = \lambda e \in D_s \; [\; \|V\|^g(e) \wedge \|Obj\|^g(e)\;]$

$= \lambda e \in D_s \; [\; 打(e) \wedge 李四 = 受事(e)\;]$

c. $\|VP\|^g = \lambda e \in D_s \; [\; \|V'\|^g(e) \wedge \|t_1\|^g(e)\;]$

$= \lambda e \in D_s \; [\; 打(e) \wedge 李四 = 受事(e) \wedge M(e)\;]$

d. $\|T'\|^g = \|T\|^g(\|VP\|^g)$

$= \lambda P \in D_{\langle s, t\rangle} \exists e \; [\; P(e)\;] (\lambda e \in D_s \; [\; 打(e) \wedge 李四 = 受事(e)$

$\wedge M(e)\;])$

$= \exists e \; [\; 打(e) \wedge 李四 = 受事(e) \wedge M(e)\;]$

e. $\|T''\|^g = \lambda \, g(1). (\|T'\|^g)$

$= \lambda M \in D_{\langle s, t\rangle}. \exists e \; [\; 打(e) \wedge 李四 = 受事(e) \wedge M(e)\;]$

f. $\|Subj\|^g = \|施事\|^g(\|张三\|^g)$

$= \lambda x \in D_e \, \lambda e \in D_s \; [\; x = 施事(e)\;] (\,张三\,)$

$= \lambda e \in D_s \; [\; 张三 = 施事(e)\;]$

g. $\|TP\|^g = \|T'\|^g(\|Subj\|^g)$

$= \lambda M \in D_{\langle s, t\rangle} \exists e [\; 打(e) \wedge 李四 = 受事(e) \wedge M(e)\;](\lambda e \in D_s$

$[\; 张三 = 施事(e)\;])$

$= \exists e [\; 打(e) \wedge 李四 = 受事(e) \wedge \lambda e \in D_s [\; 张三 = 施事(e)\;](e)\;]$

$= \exists e \; [\; 打(e) \wedge 李四 = 受事(e) \wedge 张三 = 施事(e)\;]$

　　这里用到了一些语义成分或者说题元角色，如施事（agent）与受事（patient）。施事，是动作行为的实施者、执行者，凡某个动作行为是由某人或某物发出的，那这个人或物就是施事。受事，是动作行为的承受者，凡某个动作行为是由某人或某物所承受的，那这个人或物就是受事。除了施事、受事之外，像客体（theme）、目标（goal）、来源（source）、处所（location）、接受者（recipient）、受益者（benefactive）、经验者（experiencer）与刺激物（stimulus）等也经常被提到。客体大多时候类同于受事。

客体、来源、目标与处所跟位移相关，客体是移动或静止的个体，来源是客体移出的位置，目标是客体移向的对象，处所是静止的客体所在的位置。例如：

（15）a. ［客体球儿］滚出了 ［来源书包］。

　　　b. ［客体球儿］滚进了 ［目标池塘］。

　　　c. ［客体球儿］在 ［处所篮子里］。

例（15a—b）中的"球儿"是运动的客体，例（15c）中的"球儿"是静止的客体。目标、来源与处所，判断起来很简单。

人们在使用客体、目标、来源与处所这四个语义角色的时候，还会隐喻性地扩张到其他情境，如由位置变化扩张到状态变化上。例如：

（16）a. ［客体王冕的父亲］死了。

　　　b. ［客体王冕的手］冻［目标僵］了。

　　　c. ［张三］把 ［客体米饭］吃 ［目标光］了。

　　　d. ［那瓶白酒］把［客体小张］喝得［目标醉醺醺的］。

例（16a）中"王冕的父亲"的状态发生了变化，为客体。例（16b）中的"王冕的手"的状态也发生了变化，为客体；"僵"是状态变化的方向或终点，为目标。例（16c）中的"米饭"的状态发生了变化，为客体；"光"是状态变化的终点，为目标。例（16d）中的"小张"的状态发生了变化，为客体；"醉醺醺的"是状态变化的终点，为目标。这里的目标，也可以称为结果。从施受系统来看，例（16d）中的"那瓶白酒"是受事，"小张"施事。从位移关系来看，例（16d）中的"小张"为客体，因为他发生了状态上的变化；相应地，"那瓶白酒"为致事，因为它引发了"小张"的状态变化。

接受者与受益者主要是从领有关系（possession）来说的，客体所有权转向的个体为接受者，意欲拥有客体的个体为受益者，至于他最终是否拥有该客体不重要。例如：

（17）a. 张三送了一本书［接受者给李四］。

b. 张三［受益者为李四］买了一本书。

例（17a）中的"李四"是接受者，例（17b）中的"李四"为受益者。

经验者与刺激物主要是针对感知、情感类的动词来说的。经验者是感知、感觉某物的个体，刺激物是让经验者感知、感觉的某个个体。例如：

（18）a. ［经验者张三］喜欢［刺激物飞机］。

b. ［经验者李四］闻到［刺激物香味］。

c. ［刺激物那事］震惊［经验者国人］。

d. ［刺激物电影］激怒［经验者张三］。

例（18a）中的"飞机"是"张三"喜欢的对象，也是刺激张三使其体验喜欢这种感觉的刺激物。例（18b）中的"香味"是刺激李四使其闻到的刺激物。例（18c—d）中的刺激物分别是"那事"与"电影"。

2.2 量词理论

在事件语义学中，也可以计算量词，比如说"张三吃了所有的牛排"，其语义可以刻画为"$\forall x$［牛排(x) → $\exists e$［吃(e) ∧ $x=$受事(e) ∧ 张三 = 施事(e)］］"。推导过程可表示如下：

（1）张三吃了所有的牛排。

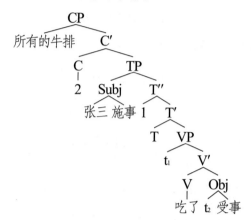

（2）变量赋值：

$g = \{ [1 \rightarrow M], [2 \rightarrow N] \}$

$g(1) = M$

$\| t_1 \|^g = M$

$g(2) = N$

$\| t_2 \|^g = N$

（3）词项的指谓：

$\| 吃 \| = \lambda e \in D_s \ 吃 (e)$

$\| 牛排 \| = \lambda m \in D_e \ 牛排 (m)$

$\| 张三 \| = 张三$

$\| 所有的 \| = \lambda P \lambda Q \forall x [P(x) \rightarrow Q(x)]$

$\| 受事 \| = \lambda x \in D_e \lambda e \in D_s [x = 受事 (e)]$

$\| 施事 \| = \lambda x \in D_e \lambda e \in D_s [x = 施事 (e)]$

$\| T \| = \lambda P \in D_{<s, t>}.\exists e [P(e)]$

（4）语义计算：

a. $\| Obj \|^g = \| 受事 \|^g (\| t_2 \|^g)$

$= \lambda x \in D_e \lambda e \in D_s [x = 受事 (e)] (N)$

$= \lambda e \in D_s [N = 受事 (e)]$

b. $\|V'\|^g = \lambda e \in D_s \left[\|V\|^g(e) \wedge \|Obj\|^g(e)\right]$

$= \lambda e \in D_s \left[吃(e) \wedge N = 受事(e)\right]$

c. $\|VP\|^g = \lambda e \in D_s \left[\|V'\|^g(e) \wedge \|t_1\|^g(e)\right]$

$= \lambda e \in D_s \left[吃(e) \wedge N = 受事(e) \wedge M(e)\right]$

d. $\|T'\|^g = \|T\|(\|VP\|^g)$

$= \lambda P \in D_{<s, t>} \exists e \left[P(e)\right] (\lambda e \in D_s \left[吃(e) \wedge N = 受事(e) \wedge M(e)\right])$

$= \exists e \left[吃(e) \wedge N = 受事(e) \wedge M(e)\right]$

e. $\|T''\|^g = \lambda g(1).\|T'\|^g$

$= \lambda M \in D_{<s, t>}. \exists e \left[吃(e) \wedge N = 受事(e) \wedge M(e)\right]$

f. $\|Subj\|^g = \|施事\|^g(\|张三\|^g)$

$= \lambda x \in D_e \lambda e \in D_s \left[x = 施事(e)\right] (张三)$

$= \lambda e \in D_s \left[张三 = 施事(e)\right]$

g. $\|TP\|^g = \|T''\|^g(\|Subj\|^g)$

$= \lambda M \in D_{<s, t>} \exists e \left[吃(e) \wedge N = 受事(e) \wedge M(e)\right] (\lambda e \in D_s \left[张三 = 施事(e)\right])$

$= \exists e \left[吃(e) \wedge N = 受事(e) \wedge \lambda e \in D_s \left[张三 = 施事(e)\right](e)\right]$

$= \exists e \left[吃(e) \wedge N = 受事(e) \wedge 张三 = 施事(e)\right]$

h. $\|C'\|^g = \lambda g(2).\|TP\|^g$

$= \lambda N.\exists e \left[吃(e) \wedge N = 受事(e) \wedge 张三 = 施事(e)\right]$

i. $\|所有的牛排\|^g = \|所有的\|^g(\|牛排\|^g)$

$= \lambda P \lambda Q \forall x \left[P(x) \rightarrow Q(x)\right] (\lambda m \in D_e 牛排(m))$

$= \lambda Q \forall x \left[牛排(x) \rightarrow Q(x)\right]$

j. $\|CP\|^g = \|所有的牛排\|^g(\|C'\|^g)$

$= \lambda Q \forall x \left[牛排(x) \rightarrow Q(x)\right](\lambda N. \exists e \left[吃(e) \wedge N = 受事(e) \wedge 张三 = 施事(e)\right])$

$= \forall x \left[牛排(x) \rightarrow (\lambda N \exists e \left[吃(e) \wedge N = 受事(e) \wedge 张三 = 施事(e)\right])(x)\right]$

$$= \forall x \left[\text{牛排}(x) \rightarrow \exists e \left[\text{吃}(e) \wedge x= \text{受事}(e) \wedge \text{张三} = \text{施事}(e) \right] \right]$$

量化事件的量词如 $\exists e$，取窄域；其他量词或算子如"$\neg$"与"$\forall x$"，取宽域。例如：

（5）John didn't laugh.

　　a. $\neg \exists e \left[\text{laugh}(e) \wedge \text{ag}(e) = \text{john} \right]$

　　"There is no event in which John laughs."

　　b.*$\exists e \neg \left[\text{laugh}(e) \wedge \text{ag}(e) = \text{john} \right]$

　　"There is an event in which John does not laugh."

（6）No boy laughed.

　　a. $\neg \exists x \left[\text{boy}(x) \wedge \exists e \left[\text{laugh}(e) \wedge \text{ag}(e) = x \right] \right]$

　　"There is no laughing event that is done by a boy."

　　b. *$\exists e \left[\neg \exists x \left[\text{boy}(x) \wedge \text{laugh}(e) \wedge \text{ag}(e) = x \right] \right]$

　　"There is an event that is not a laughing by a boy."

（7）John kissed every girl.

　　a. $\forall x \left[\text{girl}(x) \rightarrow \exists e \left[\text{kiss}(e) \wedge \text{ag}(e) = \text{john} \wedge \text{th}(e) = x \right] \right]$

　　"For every girl, there is a separate event in which John kissed that girl."

　　b.*$\exists e \left[\text{kiss}(e) \wedge \text{ag}(e) = \text{john} \wedge \forall x \left[\text{girl}(x) \rightarrow \text{th}(e) = x \right] \right]$

　　"There is a single event which was an event of John kissing every girl."

例（5）的解只能取例（5a），而不能取例（5b）；例（6）的解只能取例（6a），而不能取例（6b）；例（7）的解只能取例（7a），而不能取例（7b）。T引进约束事件的存在量词，否定是对句子（TP）的否定，所以否定算子高于 $\exists e$；存在算子与全称算子如果都必须提升到 TP 之上，它们自然也会高于 $\exists e$。

时制相对于约束事件的存在量词来说，取宽域。其意思是说，事件的存在受限于其所出现的时间。过去事件超过了一定的时间就不存在了，未来事件在没发生之前也是不存在的。比如说：

（8）John left.

　　　a. Past ∃e ［LEAVE(e) ∧ John=ag(e)］

　　　b.#∃e Past ［LEAVE(e) ∧ John=ag(e)］

例（8a）是说在过去的时间至少存在一个事件，这个事件是离开事件，John 是该事件中的施事；例（8b）是说至少存在一个事件，它在过去的时间里是个离开事件，John 是该事件中的施事。例（8a）更合适些，这种合适性对应于句法结构。又如：

（9）a. Brutus stabbed Caesar.

　　　b. Past ∃e ［Stabbing(e) ∧ Subject(e,B) ∧ Object(e,C)］

（10）a. Brutus stabs Caesar.

　　　b. Pres ∃e ［Stabbing(e) ∧ Subject(e,B) ∧ Object(e,C)］

（11）a. Brutus will stab Caesar.

　　　b. Fut ∃e ［Stabbing(e) ∧ Subject(e,B) ∧ Object(e,C)］

时制跟量化短语之间还会存在辖域上的歧义，一是量化短语取宽域，一是时制取宽域：

（12）The president visited BLCU.

　　　a. ［The x: President(x)］Past ∃e ［Visit(e) ∧ x= 施事 (e)∧ BLCU = 受事 (e)］

　　　b. Past ［The x: President(x)］∃e ［Visit(e) ∧ x= 施事 (e)∧ BLCU = 受事 (e)］

例（12a）是说，对于 The x 而言，x 是总统，在过去的时间有一个事件，该事件是访问事件，x 是该事件的施事，北语（BLCU）是该事件受事；例（12b）是说，在过去的时间，对于 The x 而言，x 是总统，有一个事件，该事件是访问事件，x 是该事件的施事，北语是该事件的受事。

3. 引进轻动词的语义计算

3.1 事件参与者的引进

按照事件语义学，动词可以只有事件论元；而早先理论中，动词主要是参与者论元。如"吃"，在早先可以规定它有两个论元，一是施事，一是受事，而现在只有事件论元。例如：

（1）a. 吃：$\lambda x \lambda y$ 吃 $(x_{受事})(y_{施事})$

　　　b. 吃：λe 吃 (e)

现在的问题是事件参与者是如何引进句法结构的。目前的句法学常采用轻动词扩展主动词，用轻动词为主动词选择事件参与者充当论元，此外，还让它为宾语位置的名词短语核查格特征。据此可以指派如下的具有一般性的句法结构：

（2）轻动词句法结构

在这个结构中，V 指示事件图景 e，即指谓事件，XP 与 YP 是轻动词 v 为 V 所选择的论元。YP 放在 V 的前后都可以，我们把它放在前边。

在上一节，我们假定句法位置带有题元角色，这跟早先的句法学是一致的，即假定题元角色由动词等指派。在这一节，我们假定题元角色由轻动词指派。当轻动词 v 为 Do 的时候，Do 会向所选择的论元指派施事与受事，如例（3）；Do 的语义可表达为例（4）：

（3）张三吃牛肉。

（4）‖Do‖=λf. λy.λx.λe.［f(e) ∧ y= 受事 (e) ∧ x= 施事 (e)］

当轻动词 v 为 Use 的时候，Use 会向所选择的论元指派施事与工具，如例（5）；Use 的语义可表达为例（6）：

（5）张三切这把刀。

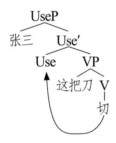

（6）‖Use‖=λf. λy.λx.λe.［f(e) ∧ y= 工具 (e) ∧ x= 施事 (e)］

在这里，动词和宾语并不能直接进行语义计算，因为动词的语义类为 <s, t>，宾语的语义类为 <<e, t>, t> 或 e。为方便起见，我们将这里的名词短语的语义类都降为 e。<s, t> 与 e 无法运用函数运算规则或并列规则。为了获得解释，我们假定动词会强制性地移位并擦除移位后留下的语迹。从语义学来说，不管是为了克服语义类错配的移位，还是为了约束变量的移位，都是为了获得解释。这里的移位自然也不例外。例如：

（7）张三吃牛肉。

（8）a. ‖Do‖

= λf. λy.λx.λe.⌈f(e)∧y= 受事 (e)∧x= 施事 (e)⌉(λe 吃 (e))

= λy.λx.λe.⌈吃 (e)∧y= 受事 (e)∧x= 施事 (e)⌉

b. ‖Do′‖

= λy.λx.λe.⌈吃 (e)∧y= 受事 (e)∧x= 施事 (e)⌉(牛肉)

= λx.λe.⌈吃 (e)∧ 牛肉 = 受事 (e)∧x= 施事 (e)⌉

c. ‖DoP‖

= λx.λe.⌈吃 (e)∧ 牛肉 = 受事 (e)∧x= 施事 (e)⌉(张三)

= λe.⌈吃 (e)∧ 牛肉 = 受事 (e)∧ 张三 = 施事 (e)⌉

例（7）中的"吃"嫁接在 Do 上，得到复合 Do，例（8a）是复合 Do 的语义。例（8）会继续跟 T 合并，并达成存在封闭。T 引进存在量词"∃"，起着封闭事件变量的作用。又如：

（9）张三切这把刀。

UseP
DP　　Use′
张三　Use　　VP
　　V Use　DP
　　切　　这把刀

（10）a. ‖Use‖

= λf. λy.λx.λe.⌈f(e)∧y= 工具 (e)∧x= 施事 (e)⌉(λe 切 (e))

= λy.λx.λe.⌈切 (e)∧y= 工具 (e)∧x= 施事 (e)⌉

　　b. ‖Use′‖

　　　　＝λy.λx.λe.［切 (e)∧y=工具 (e)∧x=施事 (e)］(这把刀)

　　　　＝λx.λe.［切 (e)∧这把刀 =工具 (e)∧x=施事 (e)］

　　c. ‖UseP‖

　　　　＝λx.λe.［切 (e)∧这把刀 =工具 (e)∧x=施事 (e)］(张三)

　　　　＝λe.［切 (e)∧这把刀 =工具 (e)∧张三 =施事 (e)］

例（9）中的"切"嫁接在 Use 上，得到复合 Use，例（10a）是复合 Use 的语义。例（10）也会继续跟 T 合并，并达成存在封闭。如果我们不想将"牛肉""这把刀"等名词短语的语义类降为 e，则可采用成分提升的方法解决。

　　为简单起见，我们上文采用了擦除语迹的方式。下面，我们采用变量赋值规则，为相应的索引和语迹赋值。如：

（11）a. 张三切这把刀

　　　b. g(1) =P

　　　c. ‖t₁‖ᵍ= P

　　　d. ‖Use‖=λy.λx.λe.［切 (e)∧y=工具 (e)∧x= 施事 (e)］

　　　e. 推导树

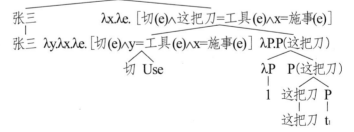

P 是"切"的语迹的值，如例（11c）。它以"这把刀"为论元，得到"P(这把刀)"；索引"1"起谓词抽象作用，根据附加规则，得到"λP.P(这把刀)"。例（11d）的计算过程参见例

（10a）。最后的计算结果跟例（10c）相同，如例（11e）。

3.2　轻动词的语义

在句法树上的每个范畴都有语义，功能范畴当然也是如此。如 C 有［force］义，T 有［tense］义，D 有［definite］义。v、n 等也应该有相应的意义。Dowty（1979）[①] 借助语义原子刻画事件图景，事件图景的类型大致有四类：状态、活动、达成与完成。例如：

（1）a. 状态（state）：$\pi_n(a_1,\ldots, a_n)$

　　　　e.g. John knows the answer.

　　b. 活动（activity）：$DO(a_1,［\pi_n(a_1,\ldots, a_n)］)$

　　　　e.g. John is walking.

　　c. 达成（achievement）：$BECOME［\pi_n(a_1,\ldots, a_n)］$

　　　　e.g. John discovered the solution.

　　d. 完成（accomplishment）：

　　　　$［［DO(a_1,［\pi_n(a_1,\ldots, a_n)］)］CAUSE［BECOME$
　　　　$［\pi_n(a_1,\ldots, a_n)］］］$

　　　　e.g. John broke the window.

π_n 是 n 元的状态谓词，DO 是活动谓词，BECOME 是达成谓词，CAUSE 是致使谓词。$(a_1,\ldots, a_n)$ 是各个谓词的论元，这里写的是通用式子，所以有 n 个论元。Rappaport Hovav & Levin（1998）[②] 也采用类似的方式定义事件图景，她们称之为事件结构模板。例如：

（2）a. 活动：$［x\ ACT_{<MANNER>}］$

---

①　Dowty, D. R. 1979. *Word Meaning and Montague Grammar.* Dordrecht: Reidel.

②　Rappaport Hovav, M. & B. Levin. 1998. Building verb meanings. In M. Butt & W. Geuder (eds.), *The Projection of Arguments: Lexical and Compositional Factors.* Stanford, CA: Center for the Study of Language and Information Publications, 97–134.

b. 状态：$[\,x <STATE>\,]$

c. 达成：$[\,\text{BECOME}\,[\,x <STATE>\,]\,]$

d. 完成：$[\,x\ \text{CAUSE}\,[\,\text{BECOME}\,[\,y <STATE>\,]\,]\,]$

e. 完成：$[\,[\,x\ \text{ACT}_{<MANNER>}\,]\ \text{CAUSE}\,[\,\text{BECOME}\,[\,y <STATE>\,]\,]\,]$

差别在于完成事件的语义表达式，Dowty 将 CAUSE 的第一个论元表达为活动，Rappaport Hovav & Levin 则认为个体与活动都可以作 CAUSE 的第一个论元。"< >"中的斜体部分为词根常量，作下标的词根常量为谓词的修饰语，非下标的词根常量为论元。常量具有开放性，如下面箭头左侧的为常量，右侧是其在事件模板中的位置。例如：

（3）a. manner → $[\,x\ \text{ACT}_{<MANNER>}\,]$

（e.g., jog, run, creak, whistle, etc.）

b. instrument → $[\,x\ \text{ACT}_{<INSTRUMENT>}\,]$

（e.g., brush, hammer, saw, shovel, etc.）

c. placeable object → $[\,x\ \text{CAUSE}\,[\,\text{BECOME}\,[\,x\ \text{WITH}\ <THING>\,]\,]\,]$

（e.g., butter, oil, paper, tile, wax, etc.）

d. place → $[\,x\ \text{CAUSE}\,[\,\text{BECOME}\,[\,x <PLACE>\,]\,]\,]$

（e.g., bag, box, cage, crate, garage, pocket, etc.）

e. internally caused state → $[\,x <STATE>\,]$

（e.g., bloom, blossom, decay, dower, rot, rust, sprout, etc.）

f. externally caused state → $[\,[\,x\ \text{ACT}\,]\ \text{CAUSE}\,[\,\text{BECOME}\,[\,y <STATE>\,]\,]\,]$

（e.g., break, dry, harden, melt, open, etc.）

DO、CAUSE、BECOME 等为语义原子，也称作谓词，最初由生成语义学家提出。

Huang（1997）[①] 等将 DO、CAUSE、BECOME 等引进句法结构，如所有活动谓词都充当类似于 DO 的谓词的补足语，肇始谓词（inchoative predicate）内嵌于 BECOME 或 OCCUR，状态谓词内嵌于 BE 或 HOLD，致使谓词内嵌于 DO 与 CAUSE。例如：

（4）a. 哭：［x DO ［x 哭］］

　　b. 看书：［x DO ［x 看书］］

　　c. 胖：［OCCUR/ COME ABOUT ［x 胖］］

　　d. 喜欢：［BE/HOLD ［ x 喜欢 y］］

　　e. 气死：［x DO［ x CAUSE［COME ABOUT［y 气死］］］］

例（4a—b）中的"哭""看书"是活动谓词，例（4c）中的"胖"是肇始谓词（变化谓词），例（4d）中的"喜欢"是状态谓词，例（4e）中的"气死"是致使谓词。

状态、活动、达成与完成，是情状（situation）或活动方式（aktionsart），也称为词汇体（lexical aspect），但从举例来说，它可以是词所反映的情状，也可以是短语反映的情状。例如：

（5）a. 状态：know、believe、have、desire、love、understand

　　b. 活动：run、walk、swim、push a cart、drive a car、build a house

　　c. 达成：recognize、spot、notice、find、lose、reach、die

　　d. 完成：paint a picture、make a chair、deliver a sermon、draw a circle

状态、活动、达成与完成这四种情状具有如下特征：

---

① Huang, C.-T. J. 1997. On lexical structure and syntactic projection. In *Chinese Language and Linguistics 3: Morphology and Lexicon*. Taiwan.

（6）　　　　　状态　　活动　　达成　　完成

动态性　　　－　　　＋　　　＋　　　＋

持续性　　　＋　　　＋　　　－　　　＋

终结性　　　－　　　－　　　＋　　　＋

从轻动词的角度看，情状可能跟轻动词有关。如状态跟 Be 有关，活动跟 Do 有关，达成跟 Bec(ome) 有关，完成跟 Caus(e)-Bec(ome) 有关。为方便表义起见，我们还可以细化出一些下位概念，如引进 Use 等，Use 属于 Do 的下位范畴。

3.3　题元角色的定义

语义角色大概有两个层面的，一是事件中的参与者角色，一是句法中的题元角色。事件中的参与者角色可以具体，也可以抽象，比如说：

（1）a. 张三吃了饭。

　　　b. 张三喝了茶。

具体地说，"张三"在例（1a）中是吃者，在例（1b）中是喝者；抽象地说，"张三"在例（1）中是活动者（actor）或称施事（agent）。施事在某种意义上说，既是事件中的参与者角色，又是句法中的题元角色。参与者角色可以用语义角色称之。例如：

（2）a. 那碗饭把张三吃得肚子鼓鼓的。

　　　b. 那杯茶把张三喝得整夜睡不着。

"那碗饭""那杯茶"，从参与者角色来说是受事，从题元角色来说是致事。

我们现在根据句法结构定义题元角色。假定例（1）两个句子中的动词"吃"与"喝"都受 Do 的扩展，例（1a）可指派如下结构：

（3）张三吃饭。

如果"张三"在这两个句子中指派的题元角色都是施事的话，则可以为施事与相对应的受事指派如下的定义：

（4）在以下构型中，x 为施事，y 为受事：

$$[_{DoP}\ [x]\ [_{Do'}\ [Do]\ [_{VP}\ [y]\ [V]\ ]\ ]\ ]$$

例（4）中的动词 V 是及物动词。非作格动词是潜在的及物动词，也受 Do 扩展，所以它们的主语也可以是施事。例如"张三哭了"中的"张三"为施事，其中的"哭"为不及物动词中的非作格动词。

还有一组题元角色非常重要，它们分别是致事、役事 / 客体与结果，其定义跟致使范畴与达成范畴有关。例如：

（5）在以下构型中，x 为致事；y 在构型 a 中为役事，在构型 b 中为客体；z 为结果：

a. $[_{CausP}\ [x]\ [_{Caus'}\ [Caus]\ [_{BecP}\ [y]\ [_{Bec'}\ [Bec]\ [_{VP}\ [z]\ [V]\ ]\ ]\ ]\ ]\ ]$

b. $[_{BecP}\ [y]\ [_{Bec'}\ [Bec]\ [_{VP}\ [z]\ [V]\ ]\ ]\ ]$

役事（Causee）与客体（Theme）相同，都是变化者，或位置发生变化，或状态发生变化，或数量发生变化等。句子中有致事（Causer）的时候，变化者可称为役事；无致事的时候，变化者可称为客体。致事可以是有生命的致事，也可以是无生命的致事，可以是有意愿的致事，也可以是无意愿的致事。例如：

（6）a. Jones broke the window.

　　b. The branch broke the window.

　　c. The storm broke the window.

例（6）中的 Jones、the branch、the storm 都是致事。Jones 有生命，the branch 与 the storm 无生命；此外，Jones 可以有意愿，也可以无意愿。这里的 the windows 都是役事，结果（Result）是暗含的，跟动词融为一体。例（6）中的三个句子都可以抽象为：

（7）a. x CAUSE ［BECOME ［broken(y)］］

　　b. ∃e ［break(e) ∧ Causer(e) = x ∧ Causee (e) = y］

例（7a）是用轻动词的语义表示句子的语义；例（7b）是用题元角色表示句子的语义。又如：

（8）a. The article angered Jones.

　　b. the article CAUSE ［BECOME ［angry(Jones)］］

　　c. ∃e ［anger(e) ∧ Causer(e) =the_article ∧ Causee (e) =Jones］

（9）a. Jones ran to the beach.

　　b. BECOME ［to_the_beach (Jones)］

　　c. ∃e ［run(e) ∧ Theme (e) =Jones ∧ Result(e) = to_the_beach］

例（8）中的 the article 在事件图景中是刺激物，题元角色是致事；Jones 在事件图景中是经验者，题元角色是役事；结果是暗含的，跟动词融为一体。例（9）中的 Jones 在事件图景中是施事或"跑者"，题元角色是客体；to the beach 在事件图景中是目标，题元角色是结果。例（6）是状态变化，即窗户由没破到破的变化；例（8）也是状态变化，即 Jones 由不生气到生气的变化；例（9）是位置变化，即 Jones 由不在海滩到在海滩的变化。又如：

（10）张三放了一本书在桌子上。

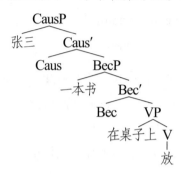

（11）张三送了一本书给李小姐。

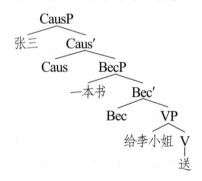

例（10）是位置的变化，即"书"的位置由不在桌子上变为"在桌子上"；例（11）是所有权的变化，即"书"的所有权由"张三"变更为"李小姐"。"张三"在例（10—11）两个句子中都是致事，"一本书"在两个句子中都是役事，"在桌子上"与"给李小姐"都是结果。在事件图景中可作不同描述，如"张三"为活动者，"在桌子上"为处所或目标，"给李小姐"为目标或接受者等。

4. 本章结语

这一章是事件语义学。首先引进事件论元，即认为所有谓词都包含事件论元，甚至以事件为唯一论元。然后谈句子的语义计算，这有两种方式，一是假定每个论元位置都会被指派一个题元角色，二是假定轻动词引进论元并指派题元角色，轻动词可以有事件义，也可以有非事件义。题元角色可以根据句法结构进行定义。

▲ 推荐阅读

黄瓒辉　2016 "总"从量化个体到量化事件的历时演变——兼论汉语中个体量化与事件量化的关系，《中国语文》第 3 期。

黄瓒辉，石定栩　2013 量化事件的"每"结构，《世界汉语教学》第 3 期。

李晓光　2002 事件量化中的全称量词，《外语学刊》第 3 期。

罗琼鹏　2016 匹配性与"都"对事件的量化，《解放军外国语学院学报》第 4 期。

吴　平　2007《句式语义的形式分析与计算》，北京：北京语言大学出版社。

吴　平　2009《汉语特殊句式的事件语义分析与计算》，北京：中国社会科学出版社。

吴　平，郝向丽　2017《事件语义学引论》，北京：知识产权出版社。

熊仲儒　2004《现代汉语中的致使句式》，合肥：安徽大学出版社。

熊仲儒　2015《英汉致使句论元结构的对比研究》，上海：上海外语教育出版社。

熊仲儒　2016 "总"与"都"量化对象的差异，《中国语文》第 3 期。

▲ 练习

1. 下面哪些句子之间有蕴涵关系，请采用"$(P \wedge Q) \rightarrow P$"的方式描述这种蕴涵关系。

（1）Jones buttered the toast slowly with a knife.

（2）Jones buttered the toast slowly.

（3）Jones buttered the toast with a knife.

（4）Jones buttered the toast.

2. 给下列句子指派语义表达式，并考虑其充分性。

（1）张三醉醺醺地与小王道别。

（2）张三在操场上看见了小明。

（3）张三在中午看见了小张。

3. 阅读以下语义图，该语义图让句法位置跟题元角色关联，并引进存在算子进行事件量化，其中语义类 v 相当于本书中的 s。请在此基础上引进时制范畴，并根据主语提升重新计算。

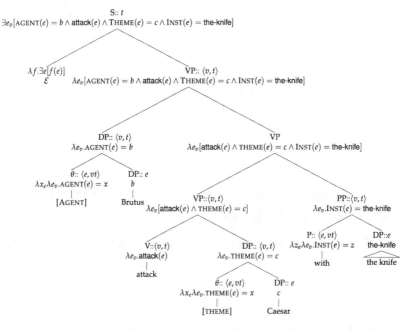

4. 阅读以下语义图，该语义图也让句法位置跟题元角色关联，最后一步采用的是存在封闭的语义类转换规则（Existential Closure type-shifting rule），其中语义类 v 相当于本书中的 s。请在此基础上引进时制范畴，并根据主语提升重新计算。

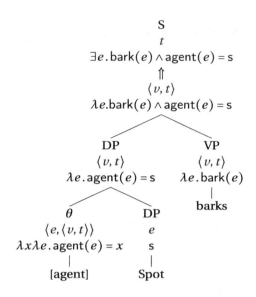

5. 根据下图计算 John did not laugh 的语义（‖not‖=λfλe.¬f(e)）。

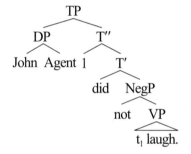

6. 根据下图计算 No boy laughed 的语义（‖no‖=λPλQ¬∃x.［P(x)∧Q(x)］）。

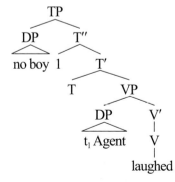

7. 根据下图计算 John kissed every girl 的语义。

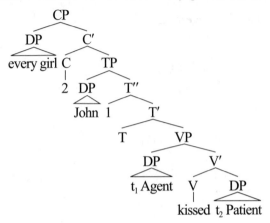

8. 阅读下图并计算"张三读了每本小说"的语义 [1]。

（1）戴维森事件语义学

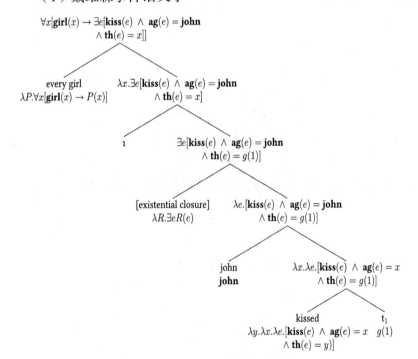

---

① Champollion, L. 2014. The interaction of compositional semantics and event semantics. *Linguistics and Philosophy* 38(1): 31–66.

（2）新戴维森事件语义学

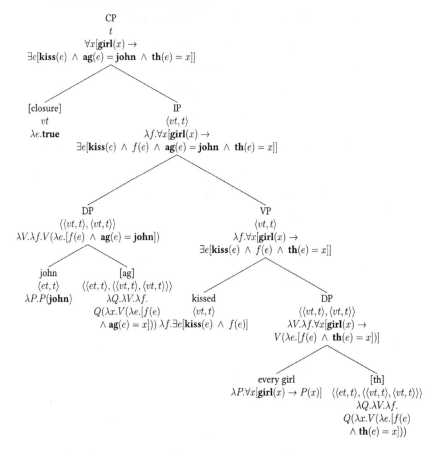

9. 阅读以下材料，了解事件的全称量化并感受哪种表达式更符合语感，然后写出（3—4）的语义表达式 [1]，其中 MATCH 是匹配谓词。

（1）a. I regret every time I had dinner with John.

b. $\forall e \, [\, [\, HAD\ DINNER(e) \wedge Ag(e) = I \wedge WITH(e) = John\,] \rightarrow$
$\exists e' \, [\, REGRET(e') \wedge Ag(e') = I \wedge Th(e') = (e)\,]\,]$

---

① Rothstein, S. 1995. Adverbial quantification over events. *Natural Language Semantics* 3: 1–31.

（2）a. Mary opens the door every time the bell rings.

b. $\forall e\ [\ [\ RING(e) \land Th(e) = THE\ BELL\ ]\ \rightarrow$

$\exists e'\ [\ OPEN(e') \land Ag(e') = MARY \land Th(e') = THE\ DOOR\ ]\ ]$

c. $\forall e\ [\ [\ RING(e) \land Th(e) = THE\ BELL\ ] \land [\ OPEN(e) \land$

$Ag(e) = MARY \land Th(e) = THE\ DOOR\ ]\ ]$

d. $\forall e\ [\ [\ RING(e) \land Th(e) = THE\ BELL\ ]\ \rightarrow$

$\exists e'\ [\ OPEN(e') \land Ag(e') = MARY \land Th(e') = THE\ DOOR$

$\land MATCH(e') = e\ ]\ ]$

（3）每次跟张三吃饭，我都后悔。

（4）每次上街他都买呢子的衣服。

10. 根据以下结构推导 "Mary opens the door every time the bell rings." 的语义，其中 MATCH 是匹配谓词。

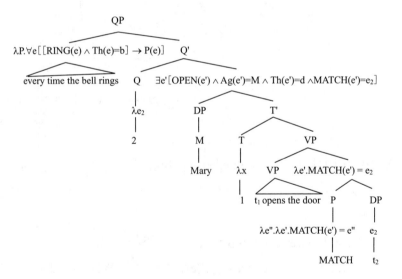

11. 以下是 Kratzer（1996）[①] 的图示与计算，她认为内部论元由动

① Kratzer, A. 1996. Severing the external argument from its verb. In J. Rooryck & L. Zaring (eds.), *Phrase Structure and the Lexicon*, 109–137. Dordrecht: Kluwer.

词引进，外部论元由语态范畴 Voice 引进。"Agent"与"［$_{VP}$ the dog feed］"的语义类分别是 <e, <s, t>> 与 <s, t>，按理不能计算。Event Identification（事件等同规则）用来解决计算问题的，即当 α 的语义类跟 β 的输出类相同时，可得到一个语义类跟 β 相同的 γ，我们采用的是并列规则。请采用本书的理论与结构重新计算"Mittie feed the dog"的语义。

（1）句法结构

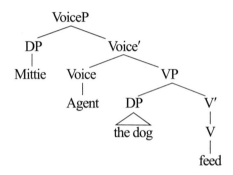

（2）语义计算

    a. ‖feed‖ =λxλe.［feed(x)(e)］

    b. ‖the dog‖ =the dog

    c. ‖the dog feed‖ =λe［feed(the dog)(e)］
      （对（a—b）运用函数运算规则所得）

    d. ‖Agent‖ =λxλe［Agent(x)(e)］

    e. ‖Agent (the dog feed)‖ =λxλe［Agent(x)(e) & feed(the dog)(e)］
      （对（c—d）运用事件等同规则所得）

    f. ‖Mittie‖ =Mittie

    g. ‖(Agent (the dog feed)) (Mittie)‖=λe［Agent(Mittie)(e) & feed(the dog)(e)］
      （对（e—f）运用函数运算规则所得）

12. 请根据参与者角色描述下面句子中的成分。

（1）张三追累了李四。

（2）张三追累了那匹马。

（3）张三追得李四气喘吁吁。

附　录

主要的句法范畴标记及其语义类

句法范畴标记	句法范畴	语义类	例示
S/CP	陈述句	t	贾宝玉喜欢林黛玉。
Q	量化范畴	<<e, t>, <<e, t>, t>>	所有的、有的、every、a、the
D	限定范畴	<<e, t>, <<e, t>, t>>	所有的、有的、every、a、the
		<<e, t>, e>	这、the
Num	数词	<<e, t>, <e, t>>	一
Cl	分类词	<<e, t>, <e, t>>	个
N	关系名词	<e, <e, t>>	父亲、father
	绝对名词	<e, t>	桌子、table
	专有名词	e	贾宝玉、John
		<<e, t>, t>	贾宝玉、John
V	不及物动词	<e, t>	笑、smile
	单及物动词	<e, <e, t>>	喜欢、love
	双及物动词	<e, <e, <e, t>>>	送、give
	系词	<<e, t>, <e, t>>	是、be
Pr	谓性范畴	<t, t>	是、be
Top	话题范畴	<t, <e, t>>	
C	标句范畴	<t, <e, t>>	that
c	标语范畴	<t, <e, t>>	
T	时制范畴	<t, <e, t>>	
P	介词	<e, <e, t>>	在、from
t	语迹	e	
Pron	代词	e	他、自己、he、himself
OP	空算子	<<e, t>, <e, t>>	

续表

句法范畴标记	句法范畴	语义类	例示
PRO	代语	<<e, t>, <e, t>>	
Neg	否定词	<<e, t>, <e, t>>	不、not
		<t, t>	不、not
CP	疑问句	<e, t>	——贾宝玉喜欢谁？ ——林黛玉。
IntP	疑问句	<t, t>	——贾宝玉喜欢谁？ ——贾宝玉喜欢林黛玉。
Int	疑问范畴	<t, <t, t>>	

英汉译名对照表

actor	活动者
affix rule	附加规则
agent	施事
alternative set	选项集
anaphor	照应代词
antecedent-contained deletion	包含先行语的删略结构
argument	论元
atomic individual	原子个体
basic type	基本类
binder	约束者
binding	约束
binding principle	约束原则
bound pronoun	受约代词
cardinality	基数
causee	役事
causer	致事

c-command	成分统制
check	核查
classifier	分类词
co-index	同标
collection	集体
conservativity	守恒性
constraint	限制
contradiction	矛盾
crossover	跨越
de re	涉物
de se attitude	涉己态度
denote	指谓
discourse congruence	话语协调
discourse referent	话语指称
discourse representation theory	话语表达理论
distributivity	分配性
ditransitive verb	双及物动词
donkey sentence	驴子句
downward-entailing	向下蕴涵
entailment	蕴涵
event	事件
exhaustiveness	穷尽性
existence clause	存在性子句
existential closure type-shifting rule	存在封闭的语义类转换规则
existential commitment	存在性承诺
existential presupposition	存在性预设
function	函数
functional type	函数类

inchoative predicate	肇始谓词
index	索引
input type	输入类
intransitive verb	不及物动词
inverse linking	逆反系联
inverse scope	逆反辖域
isomorphic principle	辖域同构原则
law of contradiction	矛盾律
law of excluded middle	排中律
lexical aspect	词汇体
logical semantics	逻辑语义学
meaning relation	语义关系
monotonic function	单调函数
monotonicity	单调性
necessity operator	必然算子
negative polarity item	否定极性词
nuclear scope	核心域
output type	输出类
possession	领有关系
predicate	谓词
predicate abstraction rule	谓词抽象规则
presupposition	预设
presupposition failure	预设失败
principle of compositionality	组合原则
pronoun	代词
proportionality	比例
pseudogapping	准空缺现象
quantifier	量词

recursive rule	递归规则
referential expression	指称语
referential pronoun	指称性代词
restrictor	限制部分
result	结果
rule of functional application	函数运算规则
saturated	饱和
scope	辖域
scope ambiguity	辖域歧义
semantic binding	语义约束
semantic type	语义类
semantically vacuous element	隐义词
situation	情境
spatio-temporal location	时空处所
standard meaning	标准义
state	状态
strong crossover	强跨越
strong quantifier	强量词
structured meaning	结构化的意义
subset	子集
sum	加合
superset	超集
symmetry	对称性
synonymous	同义
syntactic object	句法体
tautology	永真
text	语篇
the set of possible denotation	可能指谓集

theme	客体
trace	语迹
transitive verb	及物动词
truth-conditional semantics	真值条件语义学
truth value	真值
truth value gap	真值空缺
type-shifting rule	语义类的转换规则
type theory	类型论
uniqueness clause	唯一性子句
unsaturated	不饱和
unselective	非选择性
upward-entailing	向上蕴涵
vacuous binding	空约束
weak crossover	弱跨越
weak quantifier	弱量词

后　记

这本书的初稿，是我在安徽师范大学的讲稿。2018 年我回北京语言大学工作以后，适逢学校有教材出版项目，我就想把它整理出版，并且很荣幸地得到支持。

我 2000 年到北京语言大学跟随方立教授攻读博士学位，方老师给我们开了很多课程，其中语义学就有好几门。毕业以后，我在安徽师范大学也开始讲授语义学。在教学中，我尝试编写讲稿，并逐年修改，慢慢地就成了现在的模样。

本书的规则系统和英语例句主要取自 Heim & Kratzer（1998）的《生成语法中的语义学》（Semantics in Generative Grammar）与 Kearns（2011）的《语义学》（Semantics）等语义学著作。因为有了 Heim & Kratzer 的先导性著作，本书也选择了生成语法中的结构理论。我多年来一直用功能范畴研究语法，所以本书也特别凸显功能范畴在语义计算中的作用，如设置标句范畴 C、时制范畴 T、标语范畴 c 与话题范畴 Top、焦点范畴 Foc 等，让它们引进索引以约束相关语迹，这种语迹可以是成分显性移位留下的，也可以是成分隐性移位留下的。有了这些索引，我们就可以顺利地应用附加规则与函数运算规则。设置标语范畴，主要是凸显低位边界（low periphery）的语义作用；设置标句范畴，可以凸显高位边界（high periphery）的语义作用。区分焦点范畴与其他功能范畴，主要是凸显限制部分与核心域的不同映射，同样都是移到指示语位置，而焦点范畴的指示语会映射到核心域。

本书力求在词库与规则中找到一个平衡，会尽可能地避免灵活赋类与随文释义。比如说，"张三喜欢一个漂亮的女孩"，其中的"漂亮"的语义类可以为 $<e, t>$ 或 $<<e, t>, <e, t>>$，"喜欢"的语义类可以为 $<e, <e, t>>$ 或 $<<<e, t>, t>, <e, t>>$，"一"的语义类也可以为 $<<e, t>,<<e, t>, t>>$ 或 $<<e, t>,<<e, <e, t>>, <e, t>>>$。不同的赋类，就会有不同的语义，相应的规则也会不同。当"漂亮"的语义类为 $<<e, t>, <e, t>>$ 时，"漂亮的姑娘"的语义计算就不需要并列规则；当"喜欢"的语义类为 $<<<e, t>, t>, <e, t>>$ 或"一"的语义类为 $<<e, t>,<<e, <e, t>>, <e, t>>>$ 时，"喜欢一个漂亮的女孩"的语义计算就不需要量化提升与附加规则。也就是说，灵活赋类之后，函数运算规则可以包打天下，并列规则与附加规则都可以取消。语义规则少了，词库就会复杂；词库简单了，语义规则就会复杂。

语义学的内容很多，这是因为自然语言中的功能词、实义词、短语与句子都可以成为它的研究对象。从这方面讲，本书所涉及的内容很少，只是围绕着一些核心问题展开，引导学生去发现或理解一些规则或策略提出的动因。为了展示规则与策略的有效性，书中选用了大量的案例。教师在使用本书的时候可以取舍或增补案例。

本书的出版得到北京语言大学教务处和相关专家的支持与商务印书馆王飙编审的帮助，也得到北京市支持中央在京高校共建项目的资助。在编校的过程中，我的同事何雨殷博士通读全书并提出一些建设性的意见，我的博士生郭霞、刘星宇与王雷宏等同学也帮着仔细校稿，编审王飙先生更是耐心细致、严格把关，帮我避免了一些疏漏和错误。谨此一并致谢。

熊仲儒

2022 年 5 月

完成于北京语言大学

图书在版编目(CIP)数据

当代语义学教程/熊仲儒编著. —北京:商务印书馆,
2023
(商务馆语言学教材书系)
ISBN 978 - 7 - 100 - 21972 - 3

Ⅰ.①当… Ⅱ.①熊… Ⅲ.①语义学—教材　Ⅳ.①H030

中国国家版本馆 CIP 数据核字(2023)第 024136 号

商务馆语言学教材书系
当代语义学教程
熊仲儒　编著

商 务 印 书 馆 出 版
(北京王府井大街 36 号　邮政编码 100710)
商 务 印 书 馆 发 行
北京市白帆印务有限公司印刷
ISBN 978 - 7 - 100 - 21972 - 3

2023 年 12 月第 1 版　　　开本 710×1000　1/16
2023 年 12 月北京第 1 次印刷　　印张 25
定价:118.00 元